STUDIES OF
EUROPEAN AND AMERICAN

HISTORY   (Vol.**2**)

中国社会科学院
"登峰战略"欧美近现代史优势学科

欧美史
研究
（第2辑）

黄艳红
金 海 ╱主 编

社会科学文献出版社
SOCIAL SCIENCES ACADEMIC PRESS (CHINA)

《欧美史研究》编委会

目　录

论全球化进程中的时间标准化[*]

俞金尧　洪庆明

【摘要】对于全球化的历史，人们多关注人类活动空间范围的扩大和联系纽带的加强，说明和诠释人类从彼此相对孤立的状态，转向相互联系渐趋密切，并最终发展成为一个整体的过程。但这种关注欠缺一个重要的维度，即世界各地趋向于使用统一的时间体系的过程。事实上，在全球化的历史进程中，人类空间联系的逐渐扩大和加强，与人类为建立全球统一的时间体系做不断的努力是同步进行的。时间的标准化，既是全球化进程的产物，也是推动全球化向纵深发展的重要因素。人类的时间是社会文化时间，时间的社会性必然导致人类在全球交往层面上所使用的时间趋同。与全球化一样，全球时间标准化是一个必然的进程，与这个趋势的任何抵触都难免失败。不过，这不纯粹是一个自然的历史过程。由于时间又具有政治性，时间趋向统一的过程中充满了竞争和霸权。到19世纪后期，以格列高利历和格林尼治本初子午线为基础的全球通用时间体系和时间标准基本形成，体现了英美等西方国家在当时世界上所处的霸权地位。

【关键词】全球化　时间标准化　格列高利历　本初子午线　霸权

对于全球化的历史，无论是把它限定在最近的 30 年，还是将它追溯到 500 年前的大航海时代，人们关注的都是人类活动空间范围的扩大和联系纽带的加强。学者们从交通联系、人员和经贸往来乃至物种的交流传播，多视角多维度地说明和诠释人类从彼此相对孤立的状态，转向相互联系渐趋密切，并最终发展成为一个整体的过程。但在全球史叙述中，欠缺一个

---

* 本文主体部分发表于《中国社会科学》2016 年第 7 期。

重要的维度，即世界各地趋向于使用统一的时间体系的过程，这是一个普遍存在的问题[①]。事实上，时空不可分离，人类的一切活动都以相应的时间体系为参考，没有一个可以在全球范围内共享的时间体系，就会给人类在世界范围内的活动造成种种不便或阻碍，使全球交往难以顺利展开。在全球化的历史进程中，人类空间联系的逐渐扩大和加强，与人类为建立全球统一的时间体系做不断的努力是同步进行的，可以说，时间的标准化，既是全球化进程的产物，也是推动全球化向纵深发展的重要因素。因此，关于全球化的历史阐释，倘若缺乏"时间维度"，难免不够完整。

本文拟探讨时间观念和计时体制的全球统一进程。由于时间的社会性，全球化导致全球交往层面上的时间趋同。与全球化一样，全球时间标准化是一个必然的进程。但这不纯粹是一个自然的过程，其中充满了竞争和霸权。

一　时间的社会性

人类社会对时间规则的需要与对空间的需要一样，是基本的和必需的。没有空间，人就无法生存。而缺乏时间概念和规则，则人类的生活就缺少秩序，社会交往难以进行。对人类社会来说，时间就是用来协调人们之间的相互关系的工具[②]，有了共同遵守的时间规则，即使是涉及面广泛而复杂的社会活动，也能有序展开，人类的时间本质上是社会文化时间[③]。

[①] 例如中国学者吴于廑、齐世荣主编的，被称为体现整体世界史观的六卷本《世界史》（高等教育出版社，1992），美国学者杰里·本特利和赫伯特·齐格勒合著的《新全球史》（北京大学出版社，2007），都没有讨论"时间"这个主题。而斯塔夫里阿诺斯的《全球通史》（北京大学出版社，2006）即使以两章的篇幅分别讨论了"全球统一性的开始"（第 25 章）和"全球统一性的巩固"（第 35 章），也只字不提时间在全球统一性中的作用，全球交往仿佛可以在标准的时间体系缺位的情况下建立和发展起来。

[②] A. Irving Hallowell, "Temporal Orientation in Western Civilization and in a Pre-literate Society", *American Anthropologist*, New Series, Vol. 39, No. 4, Part 1 (Oct. -Dec., 1937), p. 647.

[③] 参见 Pitirim A. Sorokin & Robert K. Merton, "Social Time: A Methodological and Functional Analysis", *The American Journal of Sociology*, Vol. XLII, No. 5, (March 1937), pp. 615 - 629; J. David Lewis & Anndrew J. Weigert, "The Structures and Meanings of Social Time", *Social Forces*, Vol. 60, No. 2, Special Issue (Dec., 1981), pp. 432 - 462; Nancy D. Munn, "The Cultural Anthropology of Time: A Critical Essay", *Annual Review of Anthropology*, Vol. 21 (1992), pp. 93 - 123; Thrift, Nigel, "Time and Theory in Human Geography: Part I", *Progress in Human Geography*, 1977, 1, pp. 83-95.

　　有一些基本的时间度量单位就是人类创造出来的。如果说，地球自转一周产生由白天和黑夜构成的"一天"是自然形成的时间单位，那么，把一天分割为 24 个小时，把一小时分为 60 分钟，一分钟又分为 60 秒，这完全是人类的创造①，这些时间度量单位为人类从事相应的社会活动提供了规则和便利。把若干天设为一周，同样体现了人类独特的时间概念和活动节律②。然而，时间的社会性突出地体现在每个社会（无论是独立的小族群，还是古老的文明）都形成了一套与自身的条件相适应的时间体系上③。迄今为止，我们所知道的任何一个社会都有自己独特的时间体系，即使到 20 世纪仍处在部落社会阶段的非洲努尔人，也存在与自身的生存环境和社会条件相适应的"生态时间"和"结构时间"④。

　　的确，人类根据自身的生产和生活需要来建立、完善时间体系。在农业社会里，人类的生产和生活追随大自然的节律，人们根据季节的变换安排生产和生活，日常生活则遵循日出而作、日落而息的规律。在这种社会

---

① 例如，把一天分为 24 小时也是到近代以后才成为全球共享的时间标准。日本人在传统上将白天从日出到日落分为 6 个小时，这样一来，夏季一小时的长度要比冬季一小时长得多（参见 Carlo M. Cipolla, *Clocks and Culture, 1300 - 1700*, New York・London: W. W. Norton & Company, 1978, pp. 94-95）。中国人从汉代起就把一昼夜分为 12 个等份，每一等份为一个时辰，一个时辰就相当于现在的两个小时（可见刘乃和《中国历史上的纪年》，海豚出版社，2012，第 9~12 页）。一昼夜 24 小时是根据西方的计时标准，但西方人在中世纪早期，昼夜各均分 12 小时，那时的一小时时间也长短不一。等时的"小时"在机械钟出现以后才逐渐成为惯例，到中世纪末，西欧大部分地区采用一天均分为 24 个小时的方法（参见 Paul Glennie & Nigel Thrift, *Shaping the Day: A History of Timekeeping in England and Wales 1300 - 1800*, Oxford: Oxford University Press, 2009, pp. 25-40）。可见，"小时"完全是人为划分的结果。

② "周"作为一个时间单位的设立，有生物学基础，适合人类的自然状态。Anthony F. Aveni, *Empires of Time: Calendars, Clocks, and Cultures*, New York: Basic Books, Inc., Publishers, pp. 100-106; F. H. Colson, *The Week: An Essay on the Origin & Development of the Seven-Day Cycle*, Cambridge University Press, 1926; Eviatar Zerubavel, "The Language of Time: Toward a Semiotics of Temporality", *The Sociological Quarterly*, Vol. 28, No. 3 (1987), pp. 349-352.

③ 详细的研究可见 Anthony F. Aveni, *Empires of Time: Calendars, Clocks, and Cultures*, pp. 185-322; G. J. Whitrow, *Time in History: View of Time from Prehistory to the Present Day*, Oxford・New York: Oxford University Press, 1989。

④ 参见〔英〕E. E. 埃文思-普里查德《努尔人——对一个尼罗特人群生活方式和政治制度的描述》（修订译本），褚建芳译，商务印书馆，2014，第 113~126 页。A. Irving Hallowell, "Temporal Orientation in Western Civilization and in a Pre-literate Society", *American Anthropologist*, New Series, Vol. 39, No. 4, Part 1 (Oct. -Dec., 1937), pp. 647-670.

里，粗略的时间划分就足以应付日常的需要，"时"（无论是"小时"还
是"时辰"）就可成为分割一天时长的基本的时间度量单位。在中国传统
社会里，比"时"更小的时间单位是"刻"①。"刻"也是一个常用的时间
单位，不过，由于"刻"在古时已是一个很小的时间单位，所以，它也常
常被用来表示事物变化速度极快的关键节点，说明情势的紧迫或危险，如
"即刻""此刻""顷刻""刻不容缓"等。"时"与"刻"连用，形成
"时刻""时时刻刻"等用词，这同样意味着事情已处在重要的时间节点
了。由此可见，农业社会里比较粗略的时间划分，足以应对日常所需了。
但是，人类历史发展到近代以后，工商业发展起来，交通工具得到改善，
旅行速度加快，社会交往更加频繁，人类对时间的精细度及精确度有了更
高的要求，比如以前很少用到"分""秒"这些时长单位，到后来这些就
成了生活中的常用时间。"分秒必争"或"争分夺秒"这些用词只有到近
代社会生活节奏加快②，特别是铁路开通以后，才显示出实际的意义。可
见，人类的时间观念和规则是适应社会生活的需要而形成和发展起来的，
是人类文明不可或缺的组成部分③。文明在发展，时间标准就趋于复杂、
精细，时间体系也随之完善。

　　不过，任何一种时间体系都有其适用的限度，这在人类的历史处在
分散、孤立发展的时代显得尤为明显。由于人类时间的社会性，社会文

---

① 中国古代用漏壶计时，一昼夜共一百刻。近代以来，人们普遍接受西式的钟表计时，以
15分钟为一刻。

② 古巴比伦人已发明"分"这种时间单位，但在很长时期里，"分"在实际生活中的用处
不大。14、15世纪，机械钟被发明，但那时的时钟也没有分针。钟表上装配分针到16世
纪才常见。家庭用的时钟一般不安装分针，伦敦最早出现安装时针和分针的家庭用钟是
在1658年（Carlo M. Cipolla, *Clocks and Culture*, *1300 - 1700*, New York · London:
W. W. Norton & Company, 1978, p. 50; Paul Glennie & Nigel Thrift, *Shaping the Day*: *A
History of Timekeeping in England and Wales 1300 - 1800*, Oxford: Oxford University Press,
2009, p. 12）。大概除了铁路、车站等地方以外，在19世纪人们的日常生活中，一根时
针就足以划分一天的时间了。但是，到20世纪初，很多人不仅在乎"分"，而且也注意
"秒"。在赛马场上，甚至使用了半秒、五分之一秒这种时间单位 [Paul Glennie & Nigel
Thrift, *Shaping the Day*: *A History of Timekeeping in England and Wales 1300 - 1800*, p. 271;
Hannah Gay, "Clock Synchrony, Time Distribution and Electrical Time-keeping in Britain 1880 -
1925", *Past & Present*, No. 181 (November 2003), p. 117]。

③ Raija Julkunen, "A Contribution to the Categories of Social Time and the Economy of Time",
Acta Sociologica, Vol. 20, No. 1 (1977), pp. 5 - 8.

化共同体的边界就成了某一种时间体系适用的范围。也就是说，时间的社会性因为人类社会交往的空间限制而受到局限。尤其是当人类的生产力还比较低下时，人口、货物的流动和文化传播能力较弱，不同的社会和文化共同体之间难以建立较为密切的交流。相应地，各个时间体系的应用范围也必然止于各个社会或文化共同体的边界内。历史上的中东、东亚、南亚、美洲等文明都创造了各自的时间体系，古代的犹太人、希腊人和罗马人也是如此，时间体系的适用范围与这些文明的空间存在范围大体上是一致的。

当然，这也意味着，一旦人类文明分散发展的局面被打破，人类的交往范围得到进一步扩大，而且交往也更加密切，那么，来自不同社会文化背景的人群就很难在守着各自所熟悉的时间观念和规则的情况下，长期维持这样的交往。换言之，全球化需要有一系列相适应的时间规则和标准①，否则，时间上的麻烦和不便，甚至在社会交往中出现危险都在所难免。

的确，全球时间问题甚至在人类梦想进行环球旅行的时候就已经出现了，时差和日期差就是这样。14世纪下半叶就有人提出，假如两个旅行者分别从东西不同方向做环球旅行，并且在同一天回到出发地，会产生日期差的问题。向西的旅行者会发现，他算的日子会比留在老家的人计算的日期早一天。而向东做环球旅行的人，他算的日期又会晚一天。这种推测是正确的，等到地理大发现时代，西班牙人、葡萄牙人、意大利人的环球航行和殖民活动证明，的确存在日期差的问题②。

纪年和历法不统一也是一件麻烦事。在全球化以前，处在不同文明中的人们使用各自的纪年方式和历法计算日期，他们之间的偶尔交往不会特别在意时间观念上的差异。但是，当相互间的交往越来越密切时，这种差异引起的不便、不适就无法回避了，例如签订贸易协议，时间的不统一的确是个问题。到18世纪中叶，欧洲各国基本上改用格列高利历了，但信奉东正教的俄国人一直使用儒略历，两种历法的日期误差很大，俄国人与其

---

① Eviatar Zerubavel, "The Standardization of Time: A Sociohistorical Perspective", *American Journal of Sociology*, Vol. 88, No. 1 (Jun., 1982), pp. 1-4.

② Ian R. Bartky, *One Time Fits All: The Campaigns for Global Uniformity*, Stanford, California: Stanford University Press, 2007, pp. 10-11, 14.

他欧洲国家的商人签订贸易协议就得写两个日期。例如，在 1825 年，垄断了西伯利亚皮毛生意的俄美公司与英国签订协议，签署的时间分别是 1825 年 2 月 28 日和 1825 年 2 月 16 日，整整相差 12 天①。中国到 1912 年才正式开始采用公元纪年，在此之前，中国一直使用农历，并采用干支纪年、年号纪年等纪年方式，所以，中国与其他国家签订条约在时间上至少要标明中西两个日期，有时还要用上其他表明日期的方式。比如《辛丑条约》上有很多涉及时间的条款，均进行中西日期对照。这个条约涉及的时间有三种，包括公元纪年、年号纪年（光绪二十七年）和干支纪年（辛丑年）。甲午战争、《辛丑条约》的签订、辛亥革命等，是一些重要的历史事件，我们都能说出它们的公历年份，但要说乾隆二十三年是公历的哪年，一般人就难说了。好在年代学家已经把历史上的中西年代换算出来，我们现在可以方便地确定中国历史上的某个事件和某个人物与公元纪年的对应关系，否则，我们就不得不经常在中西方多种纪年方式之间来回换算，这当然是一件令人头痛的事情。

然而，在 19 世纪大众化交通和旅行兴盛的时代，人们的确遇到时间混乱的麻烦。随着全球化的发展，各地人们的交往更加密切、广泛，卷入交往的人也越来越多，海上运输更加繁忙，而铁路的开通和路网的迅速扩展，使人类的历史进入大众旅行的时代②。但是，无论是海上航行，还是铁路交通，由于时间不统一，人们在享受更快捷、更远距离的旅行的同时，也饱受了时间混乱所带来的不便。

在航海中，本初子午线是航船定位、定向和计算时间的依据，自大航海以来，各国航海人任选了自己心中的本初子午线，经过里斯本、巴黎、格林尼治、哥本哈根、斯德哥尔摩、加的斯、里约热内卢等地的经线，分别被不同的航海者认作本初子午线，形成了很多条本初子午线并存的局面。据统计，在 1884 年华盛顿国际子午线大会之前，光是欧洲人的地形图

---

① Ian R. Bartky, *One Time Fits All: The Campaigns for Global Uniformity*, p. 23.
② 1851 年伦敦博览会期间，坐火车旅行的游客达 600 多万人。Derek Howse, *Greenwich Time and the Discovery of the Longitude*, p. 105; Wolfgang Schivelbusch, "Railroad Space and Railroad Time", *New German Critique*, No. 4 (Spring, 1978), pp. 31-40.

上标注的本初子午线就多达 14 条①。这就是说，每一艘位于海洋某处的船只，至少可以依据 14 条本初子午线来表述它们的方位，这给航海中的人们在相互交流和沟通过程中造成了极大的混乱。有时，其中还隐藏着危险②。1912 年 4 月 15 日，泰坦尼克号撞上冰山沉没，这是世人皆知的海难。这一事件也给了人们一个警示，就是经度和时间计算标准应该尽快统一。其实，到那个时候，世界上主要的国家早已接受以经过英国格林尼治天文台的经线为零度经线，时间和经度的标准问题已经解决了。但法国不愿接受格林尼治经线为本初子午线，而坚持以巴黎的经线为本初子午线。泰坦尼克号在沉没的前两天，曾收到一封发自一艘法国轮船的无线电报，这份电报通报了浓雾和冰山的位置，使用了两个标准：在注明时间时，电报用了格林尼治时间；在说明浓雾和冰山的位置时，电报是以巴黎的经线为依据。这给换算成统一的时空数据带来一定的麻烦。虽说泰坦尼克号不是因为时间（经度）标准的混乱而撞上冰山沉没，但时间（经度）标准的混乱所隐藏的危险以及因此而导致的灾难开始为世人警觉。

与航海相比，陆上的时间标准更加复杂。大体上，在欧洲和北美时间标准化之前，每个城市都有自己的地方标准时间③，地域越是辽阔，地方时间就越多④。在使用传统的交通工具旅行的年代，人们一天也走不了多

---

① Ian R. Bartky, *One Time Fits All*, *The Campaigns for Global Uniformity*, p. 37.

② 华盛顿国际子午线大会主席、美国海军上将罗杰斯以自身的职业经历，讲述了在航海中有很多条本初子午线的种种弊端和危险性。参见 *International Conference Held at Washington for the Purpose of Fixing a Prime Meridian and a Universal Day. October* 1884. *Protocols of the Proceedings*, Washington, D. C.: Gibson bros. , 1884, p. 7。

③ 地方的标准时间是以阳光正午为依据计算的，但阳光以每分钟 12.5 英里（1 英里合 1.609 千米，下同）、每秒 1100 英尺（合 335 米）的速度在移动（确切地说是因为地球在转动），因此，几乎每个城镇（市）都有属于自己的阳光下的正午，它们都是自己的格林尼治。

④ 美国（不包括阿拉斯加和夏威夷）跨越的经度至少有 57 度，所以，那里的时间标准数以百计。19 世纪中叶，北美各地的官方时间多达 144 种。参见 Clark Blaise, *Time Lord*: *Sir Sandford Fleming and the Creation of Standard Time*, London: Weidenfeld & Nicolson, 2000, p. 39。还有一种说法，认为 1860 年时，美国的地方时间多达 300 种。参见 Nigel Thrift, "Time and Theory in Human Geography: Part I", *Progress in Human Geography*, No. 1 (1977), p. 87。

远，时差不成问题。但现代化的交通工具可以快速穿越东西①，就出现了明显的时差问题。例如在美国和加拿大这两个地域辽阔的国家，火车行进在横贯东西的大铁路上，就需要不断地调整时间。在1870年之前，如果有人从华盛顿旅行到旧金山，沿途所到的每个城市都要对表的话，他得对200多次表。铁路部门试图想让每一个地区使用不同的时间以解决这个问题，比如宾夕法尼亚铁路沿线的城市统一采用比纽约时间慢五分钟的宾夕法尼亚时间。但是，到1870年，美国仍有多达80种的铁路时间②。欧洲国家众多，时间体系更加复杂，例如，使用各自时间标准的法国和德国的列车，在使用当地时间的瑞士巴塞尔交会，就会同时出现三种不同的时间体系③。对铁路工作人员来说，他们或许还能分清三者的差别，但对一名旅行者来说，这种时间复杂性常常会引起时间意识上的混乱。一国内部也存在多种时间体系，如法国，在世界时间标准化之前，那里至少存在天文时间、地方时间、巴黎时间和铁路时间四种时间体系。其中，天文时间来自固定的天体，大约比每一种地方时间晚4分钟。而地方时间又有很多种，每个城市根据光阴的刻度得到属于本地的时间。铁路使用的是巴黎时间，比格林尼治时间早9分21秒。1891年，巴黎时间成为法国的法定时间。而铁路出于给旅客有更多的时间上车的考虑，实际的运行要比巴黎时间晚5分钟。于是，就出现了火车站内的时钟要比火车上的时钟快5分钟的情况④。在德国，铁路上所用的时间体系也多达5种，在德国的北部和萨克森地区，使用的是柏林时间；在巴伐利亚，使用慕尼黑时间；在符腾堡使用斯图加特时间；巴登使用的是卡尔斯鲁厄时间。而在莱茵河边的帕拉廷

---

① 1840年，美国客运列车的平均时速为15~20英里，到1864年，快车的平均时速提高到32英里，普通列车时速为26英里。到20世纪二三十年代，平均时速大约45英里。这种速度跟今天的高铁速度当然没法比，但与过去相比，这是前所未有的高速度了。参见 Carlene Stephen, "'The Most Reliable Time': William Bond, the New England Railroads, and Time Awareness in 19ᵗʰ-Century America", *Technology and Culture*, Vol. 30, No. 1 (Jan., 1989), pp. 22-23; W. F. Cottrell, "Of Time and the Railroader", *American Sociological Review*, Vol. 4, No. 2 (Apr., 1939), pp. 193-194。

② Stephen Kern, *The Culture of Time and Space 1880-1918*, Cambridge, Mass.: Harvard University Press, 1983, p. 12.

③ Ian R. Bartky, *One Time Fits All: The Campaigns for Global Uniformity*, p. 61.

④ Ian R. Bartky, *One Time Fits All: The Campaigns for Global Uniformity*, p. 128.

人使用的是路德维希港地方时间①。面对如此众多的时间标准和体系，时间观念错乱对陆上长途旅行者来说是常有的事。

总之，从大航海以来，全球层面上的时间问题就摆在人们的面前。到19世纪后期，时间标准的混乱更是影响到了普通人的日常生活。人类所遇到的上述种种时间问题，从时间的社会性这个角度来看，是由不同地方、不同文化中原有的时间体系不能适应新的社会交往引起的，这种交往越是广泛、深入，就越是需要有一系列与之相适应的新的时间规则或标准，就如"时间阁下"弗莱明所说的那样，人类很久以来都不需要一个公共的、统一的时间体系，但情况在变化，当空间距离逐渐缩小，世界各地成为近邻，人类就感觉到时间计算方面的不便和麻烦，现代文明要求有一个综合性的时间体系把时间这一抽象概念具体化②，制定出一套具有世界意义的时间体系。

二　全球时间趋向统一

事实上，人类在自己的交往实践中一直致力于建立可共享的时间体系。有时，这表现为各国自愿地接受某种本来是"地方性"，但越来越具有世界意义的时间规则；有时，一些国家或国际社会积极行动，有意推广某种现存的时间规则，使其成为具有普遍意义的时间标准；在必要的时候，人类还创制新的时间规则。于是，我们看到，在很长一段时期里，人类在遭受因时间混乱所带来的麻烦的同时，一直在采取各种方式推动时间的统一。从长时期来看，人类的努力展现出了一种趋势，那就是全球层面上的时间趋同。

我们称为公历的西方历法格列高利历，现在已成了世界通用的"公历"，这一发展过程便展现了这样一种趋势。

在教皇格列高利十三（1502~1585 年）进行历法改革以前，基督教世

---

① Ian R. Bartky, *One Time Fits All*: *The Campaigns for Global Uniformity*, p. 123.
② 见桑福德·弗莱明在 1884 年 10 月 14 日华盛顿国际大会上的发言。*International Conference Held at Washington for the Purpose of Fixing a Prime Meridian and a Universal Day. October* 1884. *Protocols of the Proceedings*, Washington, D. C.: Gibson bros., 1884, pp. 117-119.

界采用的历法是儒略历。325年，在尼西亚宗教会议上，整个基督教世界将3月21日或者3月21日后的头一个圆月的头一个星期日确定为复活节。那一年的复活节正是3月21日，且正好是春分日。但是，儒略历的时间误差较大，根据该历法计算得来的时间每年要多11分钟，年复一年积累的时间误差就会很大。到15世纪时，该误差已经引起了人们的关注。因为这不仅关系到复活节的日子需要每年重新计算，而且，由于复活节的日期不断延后，任其发展的话，复活节的日期在理论上可能延至仲夏的某一天。与尼西亚会议上所确定的复活节是在春分日那一天相比，这种错时可能就是季节性的。正是在确定复活节日期上产生的种种问题，导致教皇格列高利十三在1582年进行了历法改革①。

新的历法纠正了儒略历的错误，使日期计算恢复正常，也更加精确②。但是，放在16、17世纪欧洲正在发生宗教改革和反宗教改革的背景下，由教皇主持的历法改革首先具有宗教的意义，这导致格列高利历起初只能适用于天主教世界。1582年，西班牙、葡萄牙、法国、佛兰德尔、荷兰、洛林，意大利的大部分地区和德意志大多数信奉罗马天主教的诸侯国，首先采用了教皇主持修订的历法。在随后的几年里，又有巴伐利亚、波希米亚、匈牙利、摩拉维亚、波兰、西里西亚、奥地利的大部分地区，以及一些城邦采用格列高利历。1610年，普鲁士也采用该历法。至此，格列高利历成为一部绝对的天主教历法。

信奉新教的国家出于宗教上的原因，长期抵制罗马教廷主持修订的历法。不过，由于格列高利历的科学性和实用性，在英格兰，自格列高利历问世以后，就有人主张采用该历法。英国内战期间，又有人建议，考虑到基督教欧洲的整体性，应该采用格列高利历③。到17世纪末，新教国家的历法改革再次引起关注。因为在儒略历中，1700年是一个闰年，在格列高

---

① Alexander Philip, *The Reformation of the Calendar*, London: Kegan Paul, 1914, pp. 108-111.
② 儒略历把太阳年的长度取为365又1/4天，而太阳年的实际长度为365天5小时48分46秒，多了约11分钟。经历131年以后，误差就达到一天。而格列高利历的一年长度只有几秒的误差，历法上出现一天误差的情况需要经过三四千年才会出现，而且很容易调整。
③ Robert Poole, " 'Give Us Our Eleven Days!' ", *Past & Present*, No. 149, Nov. (1995), pp. 106-107.

利历中却不是，致使两者相差的时间从 10 天一下子扩大到 11 天。这一情形直接促使一些新教国家弃儒略历而改用格列高利历。这样，到 17、18 世纪，格列高利历在基督教世界的推广也成为大势所趋，挪威、丹麦、所有德意志地区和荷兰的新教国家，以及巴塞尔、苏黎世、日内瓦等瑞士的新教州，纷纷接受该历法。英国晚至 1752 年才采用格列高利历。不过，英国在这个时候采用新历法，除了让日期回归准确的计算这个原因以外，还有一个更直接的原因就是旧历法给越来越频繁的国际交往带来麻烦。尤其是出于方便与外国贸易的考虑，英国人呼吁并推动向格列高利历靠拢。英国最终采用了格列高利历，取消旧历上从 9 月 3 日到 13 日共 11 天时间，日期从 9 月 2 日星期三直接跳到新历 9 月 14 日星期四。英国的历法改革法案影响广泛，从此，格列高利历不仅适用于整个大不列颠，也适用于其殖民地和自治领①。瑞典和芬兰也在 1753 年先后采用格列高利历②。到 19 世纪末，格列高利历已成为基督教世界的历法，并且通行于美洲、非洲、亚洲和大洋洲的欧洲殖民地。

从 19 世纪 70 年代起，格列高利历的影响扩大到非基督教世界。1873 年和 1875 年，日本和埃及成为最早接受格列高利历的非基督教国家。随后，阿尔巴尼亚和中国（1912 年）、保加利亚（1916 年）、爱沙尼亚（1917 年）、俄国（1918 年）、南斯拉夫（1919 年）、希腊（1924 年）、土耳其（1925 年）等国家也陆续采用格列高利历③。就这样，格列高利历从一部"地方性"的天主教历法，逐渐地变为一部世界通用的"公历"。

从格列高利历的推广过程来看，早期的进程与宗教的关系比较明显，无论是接受它的还是抵制它的，皆因宗教、政治立场的差别而表现出不同的态度。但是，随着世界联系的不断发展，在对待格列高利历法的问题

① Mark M. Smith, "Culture, Commerce, and Calendar Reform in Colonial America", *The William and Mary Quarterly*, Third Series, Vol. 55, No. 4 (Oct., 1998), pp. 557-584.

② Spencer Bonsall, "Computation of Time, and Changes of Style in the Calendar", *The Pennsylvania Magazine of History and Biography*, Vol. 3, No. 1 (1879), p. 66.

③ Eviatar Zerubavel, *Hidden Rhythms: Schedules and Calendars in Social Life*, Chicago and London: The University of Chicago Press, 1981, pp. 98 - 99. 亦可参见 I. M. Kerzhner, "Converting Dates from the Julian (Old Style) or French Republican (Revolutionary) Calendars to the Gregorian (New Style) Calendar", *Taxon*, Vol. 33, No. 3 (Aug., 1984), p. 410.

上，宗教因素越来越淡，人们更注重时间的精确性和时间标准趋同在全球交往中的便利和实用性。英国及其殖民地在18世纪中叶最终接受格列高利历，与此因素关系极大。直接推动英国采用格列高利历的人是切斯特菲尔德勋爵，他曾任驻法大使，喜欢引入外国的文化和时尚。他在大使任内发现，用两种方式签署日期，实在令人生厌。这使他决心要消除现行的英国历法中存在的种种不便和丢人的错误，而这只要通过把英国的历法与欧洲大陆上通行的历法协调就可以做到。于是，他请一批科学家帮他起草了有关历法改革的议案，而改革的理由就是"进步、科学，甚至爱国主义，以及英国贸易方面的利益和影响"，尤其是有利于英国的对外贸易，并与欧洲大陆的历法相一致[①]。

格列高利历向世界传播，从一个方面看，反映了西方主导全球化进程的事实，是西方文化向全球的扩张和渗透；但从另一个方面来看，非基督教世界纷纷自愿地接受格列高利历，也可以理解为这些国家为融入"全球化"这一世界性潮流所做出的一种努力。

日本是较早学习西方的亚洲国家，明治维新以后，日本更加崇尚西方，日本人将西方文化简单地概括为"文明开化"四个字，这四个字成为日本人"当时的流行语"[②]。1871~1873年，日本派出使团考察美国和欧洲，通过这次访问，日本人再次认识到了欧洲文化的发达和国力强盛，下决心让日本也尽早跻身这些先进国家的行列[③]。日本人接轨西方，可以说是毫不犹豫，这在日本采用格列高利历上体现出来。1872年（明治五年）11月，天皇下诏决定采用公元纪年，并把这年的12月3日直接改为1873年（明治六年）1月1日，还将日本原来遵守的昼夜12小时制改为24小时制。1886年7月12日，天皇还下诏将格林尼治经线确定为日本计算经度的零度经线。1888年1月1日，又正式引进以格林尼治子午线为基础的标准时间。日本是参加华盛顿国际子午线大会的国家中最先接受国际时间标准的国家之一。

① Robert Poole, "'Give Us Our Eleven Days!'", *Past & Present*, No. 149, Nov. (1995), pp. 102, 111, 112.
② 〔日〕坂本太郎：《日本史》，汪向荣等译，中国社会科学出版社，2008，第401页。
③ 〔日〕坂本太郎：《日本史》，汪向荣等译，第372页。

对于中国来说，辛亥革命之后的新政权马上宣布采用公元纪年，这一行动固然有政治上的意义，但也显示出一种追随世界潮流的姿态。鸦片战争后，中国被迫向世界开放，以公元纪年的方式也开始在沿海传播。像上海这样的通商口岸，是中西方经济、文化交流的中心，中西方合作共事广泛而密切，因为这种交往，了解西方的纪年和历法成了很多中国人一种必备的知识①。19世纪六七十年代，上海的一些重要报纸以中西历并用的方式标记日期，方便读者对照时间。根据湛晓白的研究，清末，政府内已经有人认识到公历的便利，把采用公历看成"取世界大同之政策"，推动中国的历法改革。辛亥革命前夕，清政府正式下诏筹办采用公历事宜。可以说，改用公历已被当时的清政府提上议事日程②。只是因为辛亥革命爆发，清政府丧失了改用公历的机会。革命政府迅速宣布历法改革，表现出革命的姿态。如果撤去历法改革的政治意义，我们不难看到，采用公历其实也是近代以来中国与世界交往不断加深的必然结果，即使不发生辛亥革命，清政府也已准备好改用公历。当然，历法改革非一日之功，直到20世纪20年代末，国民政府还在不断地推动公历在全国范围内的实施，甚至将公历定为"国历"。这个过程与政治上的考量依然有关，不过，与世界接轨仍是"国历"运动的头号理由。1930年，政府编印了《什么叫做国历》的宣传大纲，列出了15条"实行国历宣传标语"，其中第一条标语写成这样："国历是世界上最通行，最进步的历法！"国民政府在把西方的历法尊为"国历"的同时，又把"国历"说成是"世界上最通行，最进步的历法"③，想让中国融入世界的急切心情跃然纸上。从这个意义上看，中国采用农历并推行公历的过程，迎合了时间统一的世界大势。

与历法和纪年方式的传播不同，国际通用的计时方式则是在19世纪由主导全球化的一些国家共同制定并建议各国遵守的时间标准，他们选择以经过格林尼治天文台的经线作为全世界的本初子午线，从而为各国计算经

---

① 湛晓白：《时间的社会文化史——近代中国时间制度与观念变迁研究》，社会科学文献出版社，2013，第2~11页。

② 湛晓白：《时间的社会文化史——近代中国时间制度与观念变迁研究》，第39~40页。

③ 参见湛晓白在《时间的社会文化史——近代中国时间制度与观念变迁研究》上影印的材料，第57~58页。

度和时间确立了世界通用的标准。

在全球时间标准化之前，一些国家的铁路公司率先致力于辖区内的时间标准化。

在英国，1840 年，西部铁路公司要求所属车站和火车时刻表都使用伦敦时间。在以后几年里，英国其他铁路公司也陆续跟进。随着格林尼治天文台承担起向社会提供时间的服务，铁路的标准时间就与格林尼治时间保持一致。到 1847 年，几乎所有的英国铁路公司都采用了格林尼治时间。由于坐火车出行变得更加普遍，铁路时间对人们的生活产生了广泛的影响。结果，英国很多城市也开始放弃自己的地方时间，改用格林尼治时间。到 1855 年，占英国 98%的公共时钟使用了格林尼治时间[1]。1880 年，格林尼治时间成为英国的法定时间。

1883 年 4 月 8 日，美国铁路方面决定将当时仍在使用的 50 个左右的时间标准减少到 4 个，11 月 18 日，铁路标准时间在北美正式施行，分别命名为东部时间、中部时间、山区时间和太平洋时间。这一变革尽管被人认为是"用老式的美国人商业革新"的方式实现的[2]，但它对美国社会各方面产生了根本性的影响，没过几天，大约有 70%的学校、法庭和地方政府采用铁路时间为自己的官方时间[3]。到华盛顿国际子午线大会之前，美国人口在一万人以上的城市中，有 85%已采用了新的标准时间，使用标准时间的铁路线达到全部线路长度的 97.5%[4]。而且，它在世界时间标准化的进程中也起到重要的推动作用[5]。

1891 年以后，德国、奥匈帝国、罗马尼亚、比利时、丹麦、荷兰、意

---

① Derek Howse, *Greenwich Time and the Discovery of the Longitude*, p. 113.

② Clark Blaise, *Time Lord: Sir Sandford Fleming and the Creation of Standard Time*, p. 99.

③ Clark Blaise, *Time Lord: Sir Sandford Fleming and the Creation of Standard Time*, p. 104.

④ *International Conference Held at Washington for the Purpose of Fixing a Prime Meridian and a Universal Day. October* 1884. *Protocols of the Proceedings*, Washington, D. C.: Gibson bros., 1884, p. 189.

⑤ 在华盛顿国际子午线大会期间，美国铁路部门致信，认为美国和加拿大的铁路公司采用了以格林尼治子午线为依据的时间体系，这一体系运转情况令人满意，任何改变都是不适宜和不必要的。参见 *International Conference Held at Washington for the Purpose of Fixing a Prime Meridian and a Universal Day. October* 1884. *Protocols of the Proceedings*, Washington, D. C.: Gibson bros., 1884, p. 103。

大利、瑞士等欧洲国家也纷纷采用了与格林尼治子午线相联系的计时体系，时间统一进程在欧洲很快推进。

关于航海上的时间标准，多数国家也在向格林尼治时间靠拢。1853年，俄国海军上将废弃了专为俄国准备的航海历，把以格林尼治经线为基础的英国航海历引进到俄国海军中使用。学术界也在努力推动时间统一，1871年，第一次国际地理学大会在安特卫普召开，会议决定，各国航海图都要以格林尼治子午线为零度经线，并且还建议，不论何时，航船在海上交流经度时，应当以格林尼治经线为基础。在1871年以后的12年里，有12个国家在新出版的海图上以格林尼治经线为基础计算经度。1883年，第七次国际大地测量学大会在罗马举行，这次会议上达成的共识成为次年在华盛顿举行的国际子午线大会的基础。这次会议指出，无论是出于科学研究的目的，还是基于航海、商业、国际交往的考虑，都需要经度和时间的统一。会议决定，任何企图寻找一条中性的子午线作为新的本初子午线的观点，都不予考虑。考虑到当时从事外国贸易的航海人中已有90%的人是根据格林尼治子午线来计算经度的，罗马会议建议各国政府将格林尼治经线作为本初子午线①。

1882年8月3日，美国国会通过一个法案，授权总统召集一次由与美国有外交关系的各国派代表团出席的在华盛顿召开的国际会议，以确定一条能在全世界通用的计算时间和经度的本初子午线②。当年10月23日，美国国务院致信各国，征求是否需要召开这样一次会议的意见。美国的建议得到积极的响应。1884年10月1日，由27国代表参加的华盛顿国际子午线大会正式召开，会议就一些主要的议题达成协议。会议决定采用一条所有国家都通用的本初子午线，建议派代表参加会议的各国政府接受经过格林尼治天文台中星仪中心的经线为本初子午线。自该子午线起，双向计算经度至180度，东经为正，西经为负。会议还建议各国，在不影响各地使用地方时间或其他标准时间的情况下，为方便起见采用世界日

① 参见 Ian R. Bartky, *One Time Fits All*: *The Campaigns for Global Uniformity*, pp. 74-81, 88。
② *International Conference Held at Washington for the Purpose of Fixing a Prime Meridian and a Universal Day. October* 1884. *Protocols of the Proceedings*, Washington, D. C.: Gibson bros., 1884, Annex I.

（universal day），该世界日为平太阳日，全世界都以本初子午线的平午夜那一刻为起始点，与民用日和本初子午线日期的开始相吻合，时间从零点计算，直至 24 点。会议还建议，一旦采用世界日，世界各地的天文和航海上的日子也要从平午夜开始算起①。

1884 年在华盛顿召开的国际子午线大会无疑是全球时间标准化进程中的一个重要时间点，国际社会通过这样一次具有外交性质的学术会议，制定了一些全球适用的时间标准，对于推动全球化的发展有深远的意义。

三　趋势不可阻挡：以法国革命历的废除为例

时间统一成为大势所趋，不可抵挡。世界近现代史上还存在过一些与这种趋势不符或抵挡这种趋势，但最终归于失败的事例，例如法国大革命时期颁布过与格列高利历极为不同的历法，巴黎公社也仿照大革命推行过新历②，但无一不归于失败。

我们在这里重点分析法国大革命历法的推行及其最后被废止的历史，反证全球时间趋向统一的必然性。

1793 年 10 月 5 日，国民公会颁布"确立法国人纪年的法令"，在法国推行一种新的历法，史称共和历，又称法兰西历。根据该历法，新年从 9 月 22 日开始，这一天既是共和国的诞生日，又是自然界的秋分；一年分为 12 个月，但每个月均为 30 天，每月又等分为三旬（décade），每天被均分为 10 小时，每小时为 100 分钟，每分钟为 100 秒。由于一年只有 360 天，革命的历法在年末另加 5 天或 6 天作为公民节日补足一年的时间③。10 月

---

① 这次会议的详细记录见 *International Conference Held at Washington for the Purpose of Fixing a Prime Meridian and a Universal Day. October* 1884. *Protocols of the Proceedings*，Washington，D. C.：Gibson bros.，1884。

② Matthew Shaw，*Time and the French Revolution*，*The Republican Calendar*，*1789 - Year XIV*，The Boydell Press，2011，p. 57.

③ "Décret qui fixe l'ère des Française"，5 Octobre 1793，J. B. Duvergier（éd.），*Collection complète des lois*，*décrets*，*ordonnances*，*réglements*，*et avis du Conseil d'Etat*，Tome 6，Paris，1825，pp. 257-258.

24 日，法布尔·戴格朗蒂纳为新历月、日命名的报告在国民公会获得通过，他按照自然节律为每个月份起了富有诗意的名字，用大自然恩赐的各种动植物指称每一天，并将年末补充日命名为"无套裤汉节"（les sansculottides）①。

该历法堪称近代以来世界历史上最激进、最具革命性的历法②，它颠覆了在法国已经实施了 200 多年，并在当时的基督教世界发展势头强劲的格列高利历，呈现的是一种体现科学与理性、崇尚自然和"普世"主义的新时间体系。1793 年 9 月 20 日，法兰西共和历的首要设计者罗姆在向国民公会所做的报告中，就新日历蕴含的象征意义和"普世"价值充满激情地宣称，9 月 22 日，"太阳同时照亮两极，继而照亮整个地球。同一天，纯洁通透的自由火炬，有史以来第一次闪耀在法兰西民族上空，有朝一日，它必将照亮整个人类"③。19 世纪法国史学家茹勒·米什莱也对共和历及其精神内涵予以高度的赞美，称"共和历的诞生，使人类在这个世界上首次拥有真正的时间度量"；共和纪年意味着正义、真理和理性的时代，是人类走向成年的神圣时代④。

然而，共和历并没有如他们所期许的那样普及开来并惠泽整个人类，从 1793 年 10 月 5 日正式诞生，到 1806 年 1 月 1 日被最终废除，共存在 12 年 2 个月零 27 天。在其短暂的生存历史中，它只是在政治和军事权力的护卫下，扩展到被法国吞并的领土、第一共和国的"姊妹共和国"和殖民地；在其身后的历史中，除在 1870 年巴黎公社时期被短暂地复活之外，它也没有在法兰西民族的集体记忆中留下长久的印记。"作为历史上一种引人好奇的事物，革命历在废除后就没有复生，它极其迅速地陷入遗忘，不

① 戴格朗蒂纳的报告与国民公会法令，见 M. J. Guillaume, *Procès-verbaux de Comité de 'Instruction Publique de la Convention Nationale*, Tome 2, Paris, 1894, pp. 696-713。

② Zerubavel, Eviatar, *Hidden Rhythms: Schedules and Calendars in Social Life*, Chicago and London: The University of Chicago Press, 1981, p. 83.

③ G. Romme, *Rapport sur l'ère de la République*, *Séance de la Convention nationale du 20 septembre* 1793, imprimé par ordre de la Convention nationale, 1793, p. 5. 亦参见 M. J. Guillaume, *Procès-verbaux de Comité de 'Instruction Publique de la Convention Nationale*, Tome 2, pp. 440-451。

④ J. Michelet, *Histoire de la Révolution française*, Tome 2, Paris, 1869, pp. 1546-1547.

仅未能与永恒聚首，同时也未能与集体记忆相约。"[1]

众所周知，自法国大革命以降，正是现代性一路高歌猛进成为现代世界主流的时代。那么，以科学、理性和"普世"价值标榜的共和历，为什么没能像同时代其他公制单位改革一样流行于后世？对于这个问题，史学家们给出的答案主要集中在以下几方面。一是宗教信仰的强烈，法国首位系统地梳理和研究共和历的学者乔治·维兰认为，在法国广大乡村民众明显同情倾向于限制共和历应用的天主教的情况下，没有可能在新旧两种历法的实施方面达成折中调和，这是共和历失败的原因，尽管它比旧历高明许多[2]。二是传统和习惯的惰性，英语世界研究共和历的先行者 G. G. 安德鲁提出，新历失败的主要原因是社会的惰性、习俗和宗教情感[3]。三是拿破仑的政治需要：出于地缘政治考虑欲修复与天主教会的关系；试图消除人们的共和国记忆以便以帝国代之[4]。

这些解释无疑都符合历史实情，因为作为法国大革命重要的制度性创新，共和历与当时法国社会的各个方面都有这样或那样的关系，所以其兴衰成败绝非出于某一种因素，而是各种因素辐辏且交互作用的产物。但在我们看来，上述诸多解释都将注意力放在共和历产生和应用的特定环境——时势不断变动的革命法国本身，主要探讨革命法国的政治、意识形态、宗教及社会对共和历成败的影响。他们没有注意到的是，从空间结构上来说，革命法国不是孤立存在的，它与外部世界有着割裂不断的关联与

---

① Bronislaw Baczko, "Le calendrier républicain", Pierre Nora (dir.), *Les lieux de mémoire*, Tome1, Paris, Gallimard, 1997, pp. 100-101.

② Georges Villain, "Étude sur le calendrier républicain", *La Révolution française Revue historique*, Tome 8, p. 457.

③ George Gordon Andrews, "Making the Revolutionary Calendar", *American Historical Review*, Vol. 36, No. 3 (1931), pp. 531-532。安德鲁的这一看法，在后来几部有关共和历的研究著作中得到了进一步的阐述，如 James Friguglietti, *The Social and Religious Consequences of the French Revolutionary Calendar*, unpubl. Ph. D diss. Harvard University 1968; Noah Shusterman, *Religion and the Politics of Time*, Washington D. C.: The Catholic University of America Press, 2010; Matthew Shaw, *Time and the French Revolution*, New York: The Boydell Press, 2011。

④ Robert Beck, *Histoire du dimanche, de 1700 à nos jours*, Paris: Les Éditions de l'Atelier/Éditions Ouvrières, 1997, p. 156; Service des Calculs et de Mécanique Céleste, *Le Calendrier républicain de sa création à sa disparition*, Paris: Imprimerie Argraphie, 1989, p. 90.

互动，因此，革命法国内部的结构和事件不可避免地会受到外来因素的影响，共和历也概莫能外。换言之，共和历最终失败的命运结局，并不仅仅取决于法国内部的诸因素，也与更广阔的外部背景密切相关。

如前所述，从时间史的角度来看，近代世界历史进程的一个显著特点，就是计时体系逐渐趋同化，而革命法国的历法改革恰恰与外部这样的发展趋势相抵牾。共和历处处体现着鲜明的法国"特殊性"，其时间节律与日渐普及的格列高利历完全不一致，其节日和名称对国外人民来说毫无意义①。这种情形，势必会给商贸往来以及社会和文化交流带来诸多不便，法国此举无异于自我放逐于国际社会之外。实际上，置身当时具体历史环境的法国人业已深刻地认识这一点，它构成了共和历不断遭到抨击并被最终废除的重要理由。

早在共和历问世之前的 1792 年 1 月 2 日，就自由纪年究竟是从 1 月 1 日还是从 7 月 14 日算起的问题，立法议会内部曾有过较为激烈的辩论。议员多里齐（Dorizy）先生提出的议案是，为货币故，为会谈纪要故，自由纪年应遵循绝大部分欧洲国家都在使用的年序转换时间，也就是自由纪年从 1792 年 1 月 1 日开始，而不是 7 月 14 日②。不难看出，多里齐议案所考虑的，正是为了避免因时间体制不同而给法国对外交往带来不便。雷波尔（Reboul）议员对此表示明确的支持："不可否认，7 月 14 日是我国大革命中最荣光的日子，但我认为，全欧洲各国采用同一日历——格列高利历，已有 200 年时间。不应任由错误的激情扰乱长久以来便已存在，且几为所有国家所共有的既定秩序。"③

1793 年 10 月共和历出台之际，正是激进意识形态和非基督教化运动如火如荼的时代，反对的声音遭到压制。即便在此背景下，质疑之声也未断绝。1793 年 11 月，一位署名"拥护共和的无套裤汉"在致国民公会的信中问道："采用不同的日历后，我们如何与外国建立关系往来，外国又

---

① Eviatar Zerubavel, "The French Republican Calendar: A Case Study in the Sociology of Time", *American Sociological Review*, Vol. 42 (December) 1977, pp. 875-876.

② *Archives parlementaires de 1787 à 1860*, sous la direction de J. Mavidal et E. Laurent, Tome 37, Paris, 1891, p. 6.

③ *Archives parlementaires de 1787 à 1860*, Tome 37, p. 6.

怎么与我们建立关系往来？"他据此断言，法国的商业会因采用共和历而
遭殃①。

热月政变后，随着大恐怖时期政治高压机制的解体，反对共和历的声
音喷薄而出。在共和三年雪月和雨月（1795年初）有关旬日节的激烈争辩
中，大量的小册子抨击共和历是恐怖和暴政的象征，对宗教、道德和社会
生活构成了毁灭性的冲击。让-德尼·朗若伊耐②的指斥尤为激烈，其中一
条重要的理由就是共和历妨害了法国的对外商贸往来："两种历法世界的
商业关系受到束缚或阻碍。除实行周制的中国人之外，商界分为犹太教
徒、基督教徒和伊斯兰教徒三大教派，所有这些教派采纳的均为周制，七
天固定为一个周期。"③ 来自地方的声音也同样直言不讳，鲁昂市府第26
区的公民在牧月19日致国民公会的信里，吁请"摧毁这个荒唐的、毫无
意义的历法"，因为它在计时体制上把法国与欧洲和美洲分离开来，"不仅
妨碍了对外商业关系，而且扰乱了国内（商业）运作"④。

共和五年果月18日（1797年9月4日）政变后，转向激进的督政府
颁布一系列法令，强迫人们严格遵循共和历的时间节律，尤其是旬日节⑤。
但该政策在推行中不仅遭遇到许多地方官僚和民众的抵制，而且也没有给
共和历带来更多的合法性，批评的声音仍不绝于耳。1797年，在一本题为
《对新历的批判性研究》的小册子中，作者饶弗莱神甫对共和历的特殊性

---

① Archives nationales，档案编号：F/17/1008/A。

② 大革命期间温和的自由派议员，因反对山岳派激进的政策主张，1793年逃亡外省藏匿起
来，直至热月反动时期重返巴黎。

③ Jean-Denis Lanjuinais, *Sur l'introduction du calendrier des tyrans*, *imprimée par ordre de la
Convention Nationale*, 1795. 类似的小册子还有不少，篇幅所限难以尽述。

④ *Annales patriotiques et litteraires*, *ou la tribune des homes libres*, *Journal de politique et de
commerce*, Rédigé par L. S. Mercier, No. 174（24 Prairial, l'an 3 de la Répub.「12 Juin
1795」）, p. 844.

⑤ "Arrêté du Directoire . exécutif, qui prescrit des mesures pour la stricte exécution du calendrier
républicain", 14 Germinal an XI（3 avril 1798）; "Loi contenant des mesures pour coordonner
les jours de repos avec le calendrier républicain", 17 Thermidor an XI（4 août 1798）; "Loi
relative à la célébration dès décàdis", 13 Fructidor an XI（30 août 1798）; "Loi contenant des
dispositions nouvelles pour l'exacte observation de l'annuaire de la République", 23 Fructidor an
XI（9 September 1798）, J. B. Duvergier（éd.）, *Collection complète des lois*, *décrets*,
ordonnances, *réglements*, *et avis du Conseil d'Etat*, Tome 10, pp. 292-294, 380-381, 398,
413-414.

而致法国处于孤立状态进行大张挞伐。在他历数的共和历诸多流弊中，其中重要的一个，就是共和历的"特殊性"，认为它将法国与世界其他国家永久地隔离开来。"它各个月份的命名，既不符合热带和寒带地区，也不符合温带部分地区的现实。譬如它的第一个月，对英国以及德国的大部分地区都不是葡月，对根本没有葡萄可收的北方诸国亦复如是。雾月对法国南部地区和欧洲几乎毫无意义，冬天的三个月对法国根本没有冬天的岛屿来说毫无意义"，这导致其信条和风尚不能见容于每一个政府，其神圣化的仪式孤立在各种风俗和环境之外①。

共和八年（1799 年）雾月 18 日政变，是共和历命运的又一个转折点。到 1806 年 1 月 1 日被废除，这最后六年"无疑是它的衰落史"②。它为法国人规定的时间节律和意义，在此期间陆续遭到抛弃。1805 年 9 月上旬，由雷涅奥和拉普拉斯起草的两份报告书，先后提交到元老院，判决共和历的死亡。雷涅奥除列举共和历在科学上存在的两大基本缺陷，哀叹这些缺陷使它不能享有成为整个欧洲历法的尊荣之外，还清醒地意识到了近代世界时间统一化的趋势，"格列高利历……是欧洲几乎所有民族共同遵循的，享有无法估量的优势"。正因为如此，皇帝才提议恢复格列高利历③。9 月 9 日，拉普拉斯在报告中则更加明白地指出："新历最严重的缺点，是在我们对外关系中制造了诸多不便，使我们在欧洲处于孤立状态。"而与之相对的格列高利历，由于被普遍采用，拥有共和历想要获得却无法获得的普遍性，这是它"最大的优势"④。同一天，拉普拉斯的提案在元老院正式表决通过，这则短短 2 款的法令宣布："自次年雪月 11 日，即 1806 年 1 月 1 日起，在法兰西帝国全境使用格列高利历。"

---

① Gaspard-Jean-André-Joseph Jauffret, *Examen critique du noveau calendrier*, Paris, 1797, pp. 6-7.

② Bronislaw Baczko, "Le calendrier républicain", p. 98.

③ Saint-Jean-d'Angély Regnauld, "Projet de sénatus-consulte relatif au rétablissement du calendrier gréorien", *Archives parlementaires : Recueil compliet des débats législatifs et politiques des chambres françaises de 1800 à 1860*, publiée par J. Mavidal et E. Laurent, Tome 8, Paris, 1866, pp. 720-722.

④ Laplace, "Project de sénatus-consulte portant rétablissement du calendrier gréorien", *Archives parlementaires : Recueil compliet des débats législatifs et politiques des chambres françaises de 1800 à 1860*, publiée par J. Mavidal et E. Laurent, Tome 8, pp. 722-723.

革命的历法是法国大革命中极具象征意义的符号，深受历史学家的关注。对于该历法的出台和被废除，人们多谈论宗教方面的原因，这当然也符合实情。然而，体现在法国革命历法中的理性，并不符合人类时间所特有的社会文化特征，它既违背了法国人长期形成的习惯和传统，也不利于人们的社会交往。而从全球化及伴随而来的时间标准化的长期趋势来看，大革命历法由于与这一大势相抵触，最终逃不过被废除的命运。法国革命当局坚持革命历法，不仅给贸易往来、文化和社会交流带来诸多不便，在某种程度上还使自己孤立于国际社会。就此而言，即使没有宗教上的原因，法国大革命历恐也难以长久。

四　时间统一进程中的竞争和霸权

全球时间体系是一个适用于全球层面的公共时间服务体系，但这一体系并不完全是超越国家利益的，在这一体系的建立过程中，始终存在国与国之间的竞争，尤其是英法之间的竞争。而标准时间的最终认定，基本上也是国家霸权的反映。换言之，时间标准的制定过程其实就是国家实力较量的过程，把经过格林尼治天文台的经线定为本初子午线，以格林尼治时间作为世界各地的参考时间，表面上看是国际社会讨论协商的结果，但实际上折射出当时大英帝国的世界霸权。

在地理大发现时代，欧洲一些国家积极参加航海和探险活动，这些活动或者是出于海外贸易的需要，或者是为殖民活动做准备。有时，它们甚至直接就是殖民扩张的一部分。那个时代的航海和探险活动，与欧洲各国有重大的利益关系。不过，在大航海时代，海上的经度测量是个难题，而经度的测量又直接与航船的准确定位和航向有关。不难理解，航海所需的经度测量就这样成了国家利益链中的重要一环。

1714 年春，伦敦航行界的各路人马向议会发起请愿，要求政府关注经度问题。同年夏，英国国王颁布了经度法案，承诺为解决经度问题者提供一笔两万英镑的奖金。在那个时代，关心经度测量的国家不止英国，法国、西班牙、意大利等欧洲航海大国都在鼓励人们寻找在海上能够精确测量经度的办法①。为了解决在海上测定经度问题，一些欧洲国家还专门建起了天文观象台。1667 年，法国国王路易十四支持建立巴黎天文台。1676 年，英国国王支持建立的格林尼治天文台也开始工作。

在寻找能在海上精确地测量经度的方法过程中，英、法互为主要的竞争对手。法国人清楚，谁主宰了海洋，谁就主宰了世界②。英国成为一个大国，就是因为它的海上力量，而根据一般的标准来比较英法两国，无论从哪个方面看，英国只应当是一个二流国家。但英国人也知道，要发展海外商业贸易和建立强大的海上力量，没有天文学不行。所以，英国不惜一切代价把天文学发展到极致。英法的竞争表现在很多方面，比如，为了奖励寻找在海上测量经度的办法，英国成立了一个由科学家、海军军官和政府官员组成的经度局，经度局负责发放奖金。法国人深受启发，仿照英国也成立了经度局。寻找解决在海上测量经度问题的办法的竞争，也发生在两国的钟表制造方面。因为经度相当于时间③，如果能在海上知道确切的时间，那么，水手就可以方便地算出经度，从而给航船定位、定向。所以，英法两国都把适用于航海的钟表设计和制造当作机密。

但是，法国在很多方面不如竞争对手。以钟表制作来说，英国钟表匠约翰·哈里森率先造出了可以用于测定海上经度的计时器。库克船长在远航时就带着这样的计时器，并在它的帮助下，制作了南太平洋诸岛的第一张高精度的海图。有人这样评价哈里森的工作，说他"帮助英国征服了海洋，因而成就了大英帝国的霸权"④。或许，因为有了这样一种精密的计时器，英国才可以降服汹涌的波涛而领先于其他国家。

不过，为格林尼治经线被选为本初子午线奠定基础的是英国在天文学方面取得的成就。17 世纪，水手在海上测量经度的主要方法之一就是"月距法"。这种方法需要航海员非常精确地测量月亮与太阳（或行星）之间的角度，以及这两者在地平线以上的高度。通过长期持续的天文观察就可

① Derek Howse, *Greenwich Time and the Discovery of the Longitude*, pp. 10-12, 51-57; 〔美〕达娃·索贝尔：《经度》，肖明波译，世纪出版集团·上海人民出版社，2007；Whitrow G. J., *Time in History: View of Time from Prehistory to the Present Day*, pp. 140-146.
② Derek Howse, *Greenwich Time and the Discovery of the Longitude*, p. 78.
③ 一小时相当于 15 个经度，一经度则相当于 4 分钟。
④ 〔美〕达娃·索贝尔：《经度》，肖明波译，第 133 页。

以得知月亮、太阳或其他行星的运动规律，为航海员在海上比较方便地测量经度提供相关的数据，比如，若能掌握月亮的运行规律，那么，人们就能预测未来很多年月亮在星空中的位置。巴黎天文台和格林尼治天文台就是为此而建。但是，英国天文学家的工作十分出色。1761 年，英国天文学家对月距的精确观察，已可以保证在海上测量经度的误差不超过一度。1766 年，英国首次发表了以格林尼治经线为基础的航海历。这一航海历使得航海员在海上测量经度变得十分方便，测量所需的时间从以前的四个多小时，减少到半小时左右。自那以后，英国的航海历每年都出版，其在国际航海界所产生的影响广泛而深远。以前，航海员在海上测量经度或表示海船所在的位置，都选择适合自己的一条经线为本初子午线，通常是以航船的始发港或目的地的经线为依据，所以，在实际的航海中存在很多条本初子午线。现在，水手们纷纷放弃了以前的做法，使用了基于格林尼治经线的英国航海历。1774 年至 1788 年，甚至在那些使用了以巴黎天文台所在的经线为基础的法国官方天文历的地方，也转而采用英国的航海历①。由于航海员需要在航海图上标注自己的位置，地图和海图出版商也开始提供以格林尼治经线为基础的经度刻度图。最早的系列海图《大西洋海神》（Atlantic Neptune）于 1784 年首次出版，覆盖了从拉布拉多到墨西哥湾的北美东海岸的范围，系统地把格林尼治经线作为本初子午线来应用。在以后的半个世纪里，该系列海图成为大多数美国人航海图的主要资料来使用。至此，已不难看出格林尼治子午线作为公认的本初子午线的明显优势②。1884 年的华盛顿国际子午线会议确定以经过英国格林尼治天文台的经线为零度经线，其实不过是对现实的认可。

但法国人并不心甘情愿，认为本初子午线的选择应当绝对中性，要确保所选的子午线对科学和国际贸易都有利，尤其是该子午线不应分割欧洲

① Derek Howse, *Greenwich Time and the Discovery of the Longitude*, pp. 63-66.
② 英国海军部所制系列航海图在很多国家广泛使用，据统计，从 1877 年至 1884 年第一季度，英国海军部出售的航海图达 177795 份，其中，有约 1/5 的航海图为法国、德国、美国、意大利、俄国、土耳其、奥地利政府或其代理机构所买。在同期，英国出售给世界各地的航海历每年基本上在 1.5 万本以上。参见 *International Conference Held at Washington for the Purpose of Fixing a Prime Meridian and a Universal Day. October* 1884. *Protocols of the Proceedings*, Washington, D. C.: Gibson bros., 1884, pp. 97, 98。

大陆或美洲大陆。但是，英美的代表则提出子午线如何能保证绝对中性的问题。法国的立场只是一厢情愿，实际的利益已经决定了格林尼治经线必须被选为零度经线。当时全世界 65% 的船只和占总吨位数 72% 的船只使用了格林尼治经线为本初子午线。而使用巴黎经线为子午线的船只，只占总数的 10% 和总吨位的 8%[①]。

华盛顿会议以后，基于格林尼治本初子午线的世界时区体系也逐渐被很多国家所采用。法国在这一问题上仍然特立独行，在时间标准上不愿使用"格林尼治"这个词。当然，时间标准在 20 世纪有所调整，来自巴黎的"协调世界时"后来取代了格林尼治平均时间，成为真正意义上的世界时间。但是，这种变化主要是技术上的进步所致，"协调世界时"与格林尼治平均时间的差别仅在一秒之内，人们在日常生活中感觉不到明显的变化。关键在于，本初子午线和世界时间仍然穿过格林尼治老天文台，这是国际社会于 19 世纪后期定下的标准。

而 19 世纪恰恰就是大英帝国的全盛时期。选择格林尼治子午线为本初子午线的直接原因当然是出于科学上和航海实际的考虑，但这些实情不正是英国在当时处于霸权地位的具体体现吗？作为当时的世界头号强国，英国有发达的工业、繁荣的海外贸易、庞大的舰队、遍布全球的殖民地，还有曾经是它的殖民地但后来已经独立的国家尤其是美国的支持，美国自身的时间标准已经依据格林尼治子午线，它就不可能在自己召集的会议上再选择别的本初子午线。英美两国携手，以"方便"为理由，引导参会者选择格林尼治经线为本初子午线。因此，英国在全球时间标准化的竞争过程中胜出，实际上是政治权力和商业贸易的迫切性共同作用的结果[②]，或者说，世界时间也可以被看成当时的霸权国家进行全球政治和经济整合的工

---

① 大英帝国代表桑福德·弗莱明在华盛顿国际子午线大会上提供的数据。*International Conference Held at Washington for the Purpose of Fixing a Prime Meridian and a Universal Day. October 1884. Protocols of the Proceedings*, Washington, D.C.: Gibson bros., 1884, p. 77.

② Clark Blaise, *Time Lord: Sir Sandford Fleming and the Creation of Standard Time*, pp. 203-204.

具①。格林尼治子午线及格林尼治时间应当被看成强盛的大英帝国的符号，而标准时间体系提供了一张全球性的网络，通过这张网，地图上的每一处空间位置都可以与英国相联系而在时间上确定下来②，它以提供日常所用的标准时间的方式，充当了支配全世界的追随者的角色。

五　余论

人类的时间适应社会交往的需要，本质上是社会时间。随着全球交往的兴起和发展，全球社会开始形成，全球层面上的时间统一越来越成为人类社会的迫切要求，正如 1882 年 10 月 23 日美国国务院致相关国家派代表参加在华盛顿召开的国际子午线大会的信中所讲到的那样，在缺乏一种国际共享的时间计算标准的情况下，在现代商业贸易的日常事务中，人类要经受诸多困境。由于美国和各大陆拥有多种独立的、差别广泛的计算时间的子午线标准，电报和铁路交通的发展使人类尤其感受到这种窘境。在此之前的很多年里，美国和欧洲的一些商业组织和科学团体一直都在探讨一条公用的子午线的问题，认识到选择统一的标准需要得到广泛的认同③。

全球时间趋向统一的过程是与人类从分散走向整体发展的历史相一致的，它们是全球化进程中不可分割的两面。如果说，全球化是人类历史发展的一个必然的结果，那么，全球时间的统一也是大势所趋，不可抵挡。我们从过去几个世纪的历史中看到，一方面，人类一直在努力使参与全球化进程的人们拥有可共享的时间体系，另一方面，任何与这种趋势相违背的行动，注定是徒劳的。

需要指出的是，我们所说的"趋势"是指一种不可抗拒的动态的进程，全球时间趋向"统一"，也是相对而言。华盛顿会议远非全球时间标

---

① Hannah Gay, "Clock Synchrony, Time Distribution and Electrical Time-keeping in Britain 1880-1925", *Past & Present*, No. 181（November 2003）, p. 126.

② Adam Barrows, "'The Shortcoming of Timetables', Greenwich, Modernism, and the Limits of Modernity", *MSF Modern Fiction Studies*, Vol. 56, Number 2（Summer 2010）, pp. 262-263.

③ *International Conference Held at Washington for the Purpose of Fixing a Prime Meridian and a Universal Day. October* 1884. *Protocols of the Proceedings. Annex* Ⅲ, Washington, D. C.: Gibson bros., 1884.

准化的终点，而只是开始了时间标准化进程的一个新的阶段。例如，时区时间到 20 世纪初基本上已成为世界性的时间①，但在 20 世纪的大部分时间里，仍有不少国家和地区陆续采用该时区体系②。一天从何时开始、何时结束，长期没有统一，天文学家、海员各有各的日期计算方法，与民间日常生活中的日期计算都不同，华盛顿会议试图终结这种乱象③，但这得等到 20 世纪 20 年代，航海天文历和天文学家才开始接受以午夜为一天的开始的日期计算方法。关于格林尼治标准时间，即使在大不列颠，都柏林时间和格林尼治时间两种时间在很长一段时期里都是法定的时间，爱尔兰使用都柏林时间是以都柏林丹辛克天文台（Dunsink Observatory）所在的子午线为依据确定时间，比格林尼治时间晚 25 分 22 秒，这个二元的时间体系存在到 1916 年 10 月 1 日，以都柏林时间的结束而告终。荷兰尽管早在 1892 年就已采用格林尼治时间为铁路和电报使用的标准时间，但这个国家到 1908 年时仍选择以比格林尼治早 19 分 32 秒的阿姆斯特丹时间为法定时间。到第二次世界大战时，荷兰才最终转向与格林尼治时间相联系的时区时间。有意思的是，尽管格林尼治时间曾被西方主导下的国际社会确定为"标准"时间，但随着科学的进步，人们逐渐发现这个"标准"其实也不是那么标准，地球自转速度在减慢，而原子钟运转更加稳定，从而也更加"标准"。现在，经过原子钟时间和地球自转时间协调以后的"世界协调时"（UTC），几乎取代"格林尼治标准时间"（GMT）成为全球通行的时间标准，还在使用格林尼治时间的只有英国一个国家了④。有研究者指出，

---

① Ian R. Bartky, *One Time Fits All*, *The Campaigns for Global Uniformity*, p. 137.

② 见 Derek Howse, *Greenwich Time and the Discovery of the Longitude*, Oxford：Oxford University Press, 1980, Table Ⅲ, pp. 154-155.

③ 例如，在日常生活中的星期一早上 6 点，对于航海者来说仍是上午 6 点，但对天文学家来说则是星期日的下午 6 点。不过，再过 12 小时以后，即日常生活中的星期一下午 6 点，对于航海者来说，这个时间已是星期二下午的 6 点，而对天文学家来说，这是星期一的上午 6 点。由于一天的始末标准不同而引起时间的混乱由此可见。参见 Derek Howse, *Greenwich Time and the Discovery of the Longitude*, p. 149。

④ Clark Blaise, *Time Lord*：*Sir Sandford Fleming and the Creation of Standard Time*, London：Weidenfeld & Nicolson, 2000, p. 205. 又据媒体报道，2012 年 1 月 16~20 日，在日内瓦召开的国际电信联盟会议讨论"闰秒"的存废。如果闰秒被废，就意味着世界时间与格林尼治时间彻底脱钩，完全转入原子时间的轨道，"格林尼治时间或成历史"。见《北京日报》2012 年 1 月 17 日。

直到 21 世纪初，向着统一的世界性的时间体系的转变也尚未结束①。可见，全球时间的趋同是一个相对的、趋势性的进程，它趋向统一，但不一定终于某个时刻。

我们还要看到，时间的统一性和多样性是并存的。全球层面上的时间标准化并不排斥很多地方使用着的、适合本地实际的"地方标准时间"，如"北京时间"。历法和纪年也可以多种并存，如中国的农历和公历并存，这既保留了中国人的文化传统，又适应了中国与世界交往的需要。可见，全球时间的标准化不一定以牺牲地方时间，以及改变各个文明或文化共同体传统的时间体系为代价。

---

① Ian R. Bartky, *One Time Fits All*, *The Campaigns for Global Uniformity*, p. 241, note 52.

中印边界问题的前世今生
与中国的和平发展[*]

孟庆龙

【摘要】 决定中国和平发展国际成本的主要有两个国家，即亚洲大陆之外的美国和大陆之内的印度。棘手、复杂的中印边界问题，对于中国的健康发展具有极其重要的影响。自20世纪50年代以来，对于英国统治印度时期遗留下来的边界问题的态度和处理方法，在很大程度上决定着中印这两个世界上人口最多的国家间关系的发展。妥善应对这一挑战，不仅是亚洲大陆乃至整个亚洲和平发展的重要前提和保证，也关系到中国倡导的"一带一路"倡议的进程。因此，把边界问题的过去和现状以及与此相关的问题梳理清楚实属必要。近年来印度外交日趋灵活，力图"实""势"兼谋，博取更大利益，这对我国来讲既是挑战，也是机遇。我们应抓住各种有利时机，排除干扰，在继续有效管控边界问题的同时，积极争取推动中印关系全面发展，为中国的和平发展营造良好的外部环境。

【关键词】 中印边界问题　中国　印度　和平发展

中国和印度这两个世界文明古国，历史上长期和平、友好相处，曾在各自的民族革命以及自由、独立事业和国家建设中相互鼓励和支持。20世纪50年代后期之前，"印中人民是兄弟"一直是两国关系的主流，但由于在西藏问题上的分歧以及与此相关的边界争端、武装冲突乃至1962年的边界战争，中印关系跌入低谷。此后，边界问题成为影响两国

---

* 本文原载《四川大学学报》（哲学社会科学版）2017年第4期。

关系健康发展的主要障碍。自 20 世纪 80 年代末中印关系正常化以来，两国在边界问题上虽然仍存有分歧，甚至偶尔发生对峙，但在言辞和行动上都鲜有激烈对抗。然而，由于历史的原因及双方对边界问题的认识、解读、意图和立场的严重差异，特别是印度方面由于心态失衡，近年来直接和间接针对边界问题的小动作频频，又进一步加重了最终解决边界问题的复杂性、艰巨性。继续妥善应对和处理边界问题，不但事关中印两国关系的健康发展，而且直接影响到中印两国与南亚其他国家的关系，也对中印两国与美、日等主要大国的关系具有不可忽视的影响，关系到中国和平发展的前景。

一 中印边界问题的影响不容忽视

对于中印关系而言，纠纷的焦点是英国殖民印度时期遗留下来的边界问题。20 世纪 50 年代以来，两国因西藏问题以及与之密切相关的边界问题发生过分歧、对峙、武装冲突，乃至边界战争，双边关系因边界争端有过挫折和起伏。近 30 年来，从表面上来看，边界问题对中印关系大局的影响在减弱，双方对边界问题实行了卓有成效的管控，在对待和处理双边关系时更加务实，边界矛盾的尖锐性时起时伏。然而，我们需要对解决争端的长期性做好足够的准备，就边界问题对中印双边关系、南亚地区关系、整个亚洲地区的国际关系的长远、深刻和复杂影响给予高度的重视。以下就中印边界问题的几个主要方面进行具体考察和分析。

第一，中印边界大体分为东、中、西三段，总体上来看均未划定（只有锡金段已划定），但争议程度不一。其中，东部和西部边界争议较大，多次引发对峙、冲突甚至战争。从历史来看，酿下中印边界祸端的是英国人，而使边界争端长期不能解决，且不时搅动中印边境地区局势和南亚地区关系甚至影响国际关系的则是印度人。19 世纪末 20 世纪初，为了扩大英属印度的势力范围，并试图以文件形式划定英属印度的地理边界，英国想尽办法图谋西藏"自治"，一手操办 1913～1914 年的西姆拉会议，并炮制出东部边界的"麦克马洪线"。当时的中国中央政府代表陈贻范，在英方的胁迫下，用英文草签了会议文件草稿。中国中央政府很快通过三个管道①声明其草签无效，而且该会议正式文件规定，必须要当事方在正式文本上签字和盖章后才算生效。因此，陈贻范草签过的西姆拉会议的文件和所谓"麦克马洪线"并不具有法律效力，这一点英国政府是心知肚明的，不少印度学者也是承认的。然而，印度政府一贯置文件规定的生效条件于不顾，强词夺理，片面强调英国与中国中央政府及西藏地方政府三方都签了字，条约就是有效的，并轻描淡写地说"中国政府的批准，对西藏与印度之间边境条约的有效性，并不起实质作用"，故一直单方面声称西姆拉会议"确定了印度—西藏，西藏—中国之间的边界"②。时至今日，中印双方对边界问题的历史"证据"和法理"依据"分歧依旧。对于边界的整体状况，印度官方一直坚持其立场，即中印边界东、中、西段都已不存在问题，"不是习惯上早已被承认，就是已被条约所确定，或两者兼而有之"。其东段边界已在西姆拉会议上"正式确定下来"，"麦克马洪线""具有完全合法的地位"③。印度总理尼赫鲁在中国人民解放军入藏后于1950年11月20日接受议会质询时称，从不丹到伊洛瓦底江—萨尔温江的边界"已经由1914年的西姆拉会议上确定的麦克马洪线所清晰界定"，此后其将继续作为印度与中国西藏之间的边界④。关于西段边界，印方所列的"理由"是1684年的丁莫冈条约以及1842年10月查谟邦多格拉族统治者、克什米尔国王古拉伯·辛格与西藏喇嘛古鲁莎黑巴以及清朝皇帝的代表三方签订的一项协议，而且辩称根据1842年条约，拉达克的边界线"从古时候就已确定了下来"，而这"明确无误地表明，拉达

---

① 这三个管道是：当时的中国中央政府代表陈贻范在西姆拉会议期间通知英方，称中国政府拒绝对他草签条约的行为承担责任，不会接受此种解决方案；中国政府照会英国驻北京公使，声明界务一端，不能承认；中国政府电告驻伦敦公使，指示他到英国外交部声明，中国谈判代表陈贻范在没有得到中央政府指示和被迫的情况下草签草约，中国政府不能承认。

② 〔印〕D. R. 曼克卡尔：《谁是六二年的罪人》，杨双举、王鸿国译，范名兴校，西藏社会科学院西藏学汉文文献编辑室编印，1985，第7~8页。

③ 印度国防部军史部内部资料，参见 Sinha P. B., Hthale A. A., *History of the Conflict with China, 1962*, Government of India, New Delhi: History Division, History of Defence, 1992, pp. 1,5。

④ "Boundaries between India, Tibet and China, 1950"，英国外交部文件，档案号 FO371/84464。

克与西藏之间的界线是众所周知的，无须什么正式划定"①。但事实上，西段边界甚至连地图上的一条线都不存在。相比东段和西段，中部边界争议较少，锡金段则没有争议，已由 1890 年《中英会议藏印条约》确定，印度历届政府多次以书面形式对此予以确认，承认双方对锡金段走向没有异议，甚至在 1962 年中印边界战争时，这一段边界也是相安无事的。20 世纪 60 年代后期，中印曾在锡金段发生对峙甚至武装冲突，但最终以印军撤走在边界非法建设的军事设施而告终。印度现在明确提出中印边界锡金段并未划定，强调 1890 年条约只是提供了这段"边界走向的基础"，这是对历史界约的否认，将会给中印边境管控及两国关系埋下更大的隐患②。中国和不丹虽尚未签署边界协定，但向来少有事端，且在 2012 年接近达成协议。然而，让人难以理解的是，近年来，在本来没有什么争议的中段边界，印方却时常无理挑起事端。一个世纪以来，历届中国政府均不接受西姆拉会议的结果，不承认"麦克马洪线"的合法性，中华人民共和国政府更是明确认为中印边界从未划定，但是态度灵活、友好、务实，主张可根据历史实际情况，通过与印度进行友好谈判协商，重新商定边界线，而印方一直不愿相向而行。

第二，印度对于中国立场的片面理解、主观臆测和严重误读。印度在历史上视西藏为其势力范围，印度政府认为 1949 年 12 月初西藏地方政府给毛泽东主席写信"很傻"③。印度官方把中华人民共和国成立初期在中印边界问题上未做明确表态臆想成是对印度主张的同意或默认。例如，1951 年和 1952 年双方讨论印度在西藏的利益时，"中国政府均未提出有何边境问题需要谈判"④；1953～1954 年中印就西藏问题进行谈判和签署协定的过程中，中国也没有提出边界问题。印度竟然据此武断地认为中国政府已经失去了"就西藏与印度边境提出问题的一个机会"。印度官方间接承认，印度在新中国成立之初对华友好，在中国的联合国席位问题、朝鲜战争尤

---

① Sinha, Hthale, *History of the Conflict with China*, p. 2；〔印〕D. R. 曼克卡尔：《谁是六二年的罪人》，杨双举、王鸿国译，范名兴校，第 31 页。

② 《中国驻印大使谈印军越线：首次出现如此严重事态》，http://news.ifeng.com/a/20170705/51376559_0.shtml，2017 年 5 月 21 日。

③ "Policy towards Tibet, India, UK and American Views, 1949"，英国外交部文件，档案号 FO371/76317。

④ 〔印〕D. R. 曼克卡尔：《谁是六二年的罪人》，杨双举、王鸿国译，范名兴校，第 12 页。

其是停战谈判、万隆会议等重大国际事务中帮助、支持、同情中国，最主要的目的，就是在边界问题上从中国方面得到报答或补偿。根据印度官方透露的意思，1954 年 4 月中印签订关于中国西藏地方和印度之间的《通商和交通协定》时，印度"为了表示友善之意"才"承认西藏是中国的一个地区"[①]。但是，无论从法律上还是从逻辑上来看，印度上述态度和立场显然是站不住脚的。中国政府未在当时向印度政府提出抗议或异议，绝非等同于默认印方对"麦克马洪线"及其他争议边界段的主张。周恩来总理在 1959 年 1 月给尼赫鲁的复信中说："中印边界是从未经过正式划定的。在历史上，中国中央政府和印度政府之间从未订过有关中印边界的任何条约或协定。"他还主动把"麦克马洪线"的非法性与这条线本身区别开来，说中国政府感到有必要对此线"采取比较现实的态度"，释放了很大的善意[②]。

第三，印度对中国戒心很大，心态严重失衡，在很大程度上决定着印度对边界问题的态度，而消除或减弱它们需要一个很长的过程。中印两国 1962 年边界战争的影响极其深远，西方称之为"几十年回音不绝的战争"。几十年来，中印就边界问题进行了旷日持久的谈判，在若干问题上达成了一些共识，取得了阶段性成果，对分歧进行了有效管控，增进了互信，但双方对于如何解决习惯线和实际控制线之间的分歧，立场差异还很大，至今未有实质性进展。虽然中印关系总的来看呈向友好发展趋势，但印度在边界问题上一直对中国存敏感之心，高度戒备，时常有防范之举，小动作频频。印度的这种心理以及与其大国身份和地位极不相称的做法不仅仅来自边界问题本身，边界局势的动态与印方对于中印关系的战术行为和战略考量有着双向影响，正在相互作用。

由于以上多方面的原因，近年来，尽管中印边境地区局势已趋和缓，但印度仍有人担心实际控制线纠纷可能阻碍印中建立互信的举措，边界问

---

① Hthale Sinha, *History of the Conflict with China*, 1962, pp. 23-27.
② 《周恩来总理给尼赫鲁总理的信》（1959 年 1 月 23 日），见《尼赫鲁总理给周恩来总理的信》（1958 年 12 月 14 日），中华人民共和国外交部：《中国和印度关于两国在中国西藏地方的关系问题、中印边界问题和其他问题来往文件汇编（1950 年 8 月-1960 年 4 月）》，1960，第 177 页。

题会对中印关系产生不利影响，也有人不时在边界问题上做文章，一是出于国内政治的考虑，二是企图增加印度与中国打交道时的筹码。对于中国在边界地区正常的军事部署和经济活动，印方也往往指责为所谓"中国威胁"。2015 年 8 月，印度多家媒体报道说，中国将在中印边境地区的西藏岗巴拉山新建 3 个无人值守雷达，认为这是针对印度的战略部署。对于中国在自己境内的一些经济活动，印方神经也过于敏感。如 2015 年 10 月印度媒体对中国开始全面运行在雅鲁藏布江上的西藏最大的水电工程进行了报道，担心此举会影响印度的供水，甚至会使中国拥有在中印发生冲突时放水从而导致严重洪水威胁的能力。执政的印度人民党甚至花不少力气用"中国威胁"培训党员。印度还不时打"西藏牌"，增加自己与中国谈判的筹码，如在 2017 年 4 月放行达赖窜访我藏南地区（印度自称阿鲁纳恰尔邦），还派政府官员陪同，意在给中国增添麻烦，施加压力。

为了"防范"中国，印军屡有针对性极强的动作。如 2015 年 9 月，印度军队和"印藏警察"部队越界拆除了中方在德普桑平原修建的一所哨所，与解放军在克什米尔拉达克北部发生"剑拔弩张"的对峙。同年 12 月，印度陆军方面声称，关于中印边界，最好的主权声索就是加强对边境地区的实际控制。2016 年 5 月底，印度空军重新启用了我藏南地区处于印度控制下的门久卡的前沿机场，意在加强其空军在东北部地区的后勤保障能力。2017 年 4 月，印度因不满中国公布藏南地区六个增补地名，宣布在两国边境敏感地区增设两个前沿机场。还有印军方高级将领妄言中国处处"遏制印度"，如 2015 年 11 月，印度空军参谋长阿鲁普·拉哈称："中国与印度所有的邻国都加强了经济和军事关系。"在一些印度人看来，中国快速推进西藏基础建设，建成世界海拔最高民用机场和通往拉萨的铁路线，建设瓜达尔港和中巴经济走廊，修建西藏至中印边境的公路，以及中国加强与斯里兰卡、孟加拉国、尼泊尔、不丹和缅甸的军事关系等，"所有这些战略步骤都意在遏制印度"①。2016 年 6 月，有印媒炒作中国的歼轰-7 战机在阿克赛钦"入侵"印度领空；而因担心"太靠近"中印边界

① 《印度空军参谋长警告：中国正在采取措施遏制印度》，《印度快报》2015 年 11 月 10 日，见《参考消息》2015 年 11 月 11 日。

实际控制线，印度国防部反对与中国合修边境地区连接达旺和维查耶纳伽尔的高速公路①。10 月 30 日，莫迪在排灯节到访中印边境的偏远地区慰问印度士兵，意在宣示印度在边界问题上的立场。

应该看到，中印边界问题一直都高度敏感，涉及两国主权、历史认知和国民情感，特别是决策者、议会、军方、媒体、大众的心理等诸多问题。双方虽然采取了一些互信措施，但信任程度还远远不够，边境地区并不总是那么平和。2017 年 3 月，联合国安理会支持经过巴控克什米尔的中国项目，首次把中国的"一带一路"倡议纳入联合国决议，印度深感担忧，认为此举会削弱印度方面的领土主张。

二 中印关系事关中国与南亚国家关系的发展

前面提到，印度在对待周边国家的态度上，继承了英国殖民者的价值观，这在深度和广度上对印度统治阶层心理的影响绝对不可小觑。印度一向把南亚看作自己的势力范围，视印度洋为其后院，一直对中国在南亚影响力的不断扩大高度警惕。尽管中国一向本着平等互利、和平友好的方针发展与巴基斯坦、尼泊尔、不丹、孟加拉国、斯里兰卡等南亚国家的关系，但印度却十分敏感，对中国与这些国家发展正常的经济、贸易、外交、军事关系高度关注。2015 年 7 月，有印度学者称，莫迪总理南亚外交的目标是：让北京默认南亚是印度的"地盘"，游说小的邻国不要讨好中国②。因此，中印关系的阴晴直接影响到印度对中国南亚政策的评估以及所采取的应对措施。

被印度视为宿敌的巴基斯坦，与中国的关系在互利共赢的原则下稳步发展。1959 年 9 月，作为美国盟友的巴基斯坦不愿追随美国参与联合国在所谓西藏问题上含有谴责中国性质的行动。中印边界战争爆发后，巴基斯坦总统阿尤布汗给尼赫鲁的复信以及巴外交部的声明都宣称，巴基斯坦非常关注南亚地区的和平与稳定，致力于世界和平并与所有邻国都保持友好

---

① 《印度军方反对与中国合修边境高速》，《环球时报》2016 年 6 月 24 日。
② 《中国的"双赢"外交惹恼印度》，香港《亚洲时报在线》2015 年 7 月 6 日，见《环球时报》2015 年 7 月 7 日。

关系，希望中印边界争端能够得到和平解决。与此同时，巴基斯坦方面强
调了解决克什米尔问题的重要性①。1962 年 10 月，中印边界战争爆发不
久，中巴开始进行边界谈判。为了缓和与巴基斯坦因克什米尔争端一直紧
张的关系，印度于 1963 年 1 月邀请巴基斯坦总统访问印度。但巴基斯坦总
统及国内舆论仍然激烈批评西方国家对印度的武器援助②。中印边界战争
结束后不久，1963 年 3 月，中巴签署了边界协定。此后至今，中国与巴基
斯坦在经济、军事、外交上虽关系密切，但在处理印度最为敏感的克什米
尔问题时一向持中立原则，谨言慎行，然而印度仍有不少人对目前正在推
进的中巴经济走廊建设心有不悦，在克什米尔问题上制造对中国不利的舆
论。还有印媒对 2015 年 6 月中国潜艇首次停靠巴基斯坦卡拉奇港进行过度
解读。当印巴关系出现紧张局面特别是印度境内发生恐怖袭击事件和印巴
发生冲突时，印度官方和部分舆论常常"迁怒于"与巴基斯坦关系友好的
中国，并针对中国采取一些极不友好的举动，如 2016 年印巴发生流血冲突
事件后，有些印度社交媒体在 10 月下旬掀起了波及印度多个地方的"抵
制中国货"浪潮。

对中国与尼泊尔关系的发展，印度一直极为敏感，将中尼关系视为印
度在尼传统影响力消长的重要参照。印度有人认为，尼泊尔作为地处中印
两国夹缝间的内陆国家，对印度来说相当于防止中国在南亚扩大影响力的
"缓冲地带"。对于中国对尼泊尔长期提供经济援助，发展双边关系，在尼
向来居有主导地位的印度戒心很重，屡屡对尼"提醒""警告"，多方施加
影响。1953 年 12 月 14 日的《印度时报》就夸张地渲染"在西藏的共产
党"对尼泊尔的"红色威胁"。1956 年，印度与尼泊尔签署防务协定，但
真正关注的是尼泊尔与西藏之间的边界。1957 年 6 月，印度就中国在尼泊
尔的"渗透"向尼提出"警告"。1959 年 11 月，中印发生边界武装冲突

① "Internal Political Situation in Tibet, 1959"，英国外交部文件，档案号 FO371/141601；"Chinese Political and Economic Consolidation of Tibet, 1959"，英国自治领事务部文件，档案号 DO35/8983；"Frontier Dispute with India, 1962"，英国外交部文件，档案号 FO371/164921；"China/India Frontier Dispute, 1962"，英国首相府文件，档案号 PREM11/3838。
② "Military Guarantees to India and Pakistan, 1962-1963"，英国自治领事务部文件，档案号 DO196/147。

后，印度批评尼泊尔在中印边界争端上态度不鲜明、没有谴责中国①。尼泊尔则努力在中印之间维持平衡、微妙的关系。如 1960 年 1 月，面对美国等西方国家的压力，尼泊尔内政部长否认有中国军队进入尼境内。1962 年 1 月时，就连英国驻尼泊尔官员也认为中国"没有颠覆尼泊尔的企图"②。1964 年 1 月初，美国国防部长麦克纳马拉称中国向尼泊尔提供经济和包括武器弹药在内的军事援助，但尼泊尔外长称尼只从中国获得了经济援助而未得到任何军事援助。3 月下旬，尼泊尔在尼印边界部署重兵，防止来自印度境内的袭击③。然而印度未有过激反应，与尼泊尔的关系反而有所改善。1964 年 12 月，中国援建的尼泊尔山间公路通车，对尼泊尔的经济发展发挥了重要作用。1962 年边界战争后中印关系陷入低谷，尼泊尔是此时中印保持官方联系的主要管渠之一。如 1965 年 4 月上旬，印度驻尼泊尔大使应邀出席了尼政府为来访的中国副总理兼外长陈毅举行的欢迎宴会。1965 年 4 月下旬，印度总理访问尼泊尔并发表了联合公报；12 月，尼泊尔国王访问印度。1966 年 2 月，尼泊尔国王和王后访问印度并发表联合公报；4 月，尼泊尔和印度发表联合声明。在与印度关系改善的同时，尼泊尔也明显拉近了与中国的关系。1966 年 8 月，尼泊尔王储比兰德拉首次访华，拜会了毛泽东主席。此后，中尼关系虽有过小曲折，但总的趋势是不断改善和发展。随着自身经济的快速发展，中国加大了对尼泊尔援助和支持的力度。2015 年 10 月，印度因对尼泊尔宪政改革不满封锁尼印边境，导致尼汽油严重短缺，中国应尼请求通过陆路向其提供石油以解燃眉之急，在南亚和国际上产生了很大影响。有印度资深外交官称，印尼关系已经受损，印度的封锁在尼民众心中造成的真空已经被中国填补。有美国媒体声称，中国向尼紧急提供

① "India's Relations with Tibet, 1952-1954"，英国自治领事务部文件，档案号 DO35/6709；"Sino-Indian Relations, 1952-1959"，英国自治领事务部文件，档案号 DO35/8817；"Sino-Indian Relations, 1959"，英国自治领事务部文件，档案号 DO35/8820。
② "Frontier Dispute with India, 1960"，英国外交部文件，档案号 FO371/150438；"Frontier Dispute with India, 1962"，英国外交部文件，档案号 FO371/164910。
③ "Relations with India and China, 1964-1966"，英国自治领事务部文件，档案号 DO196/260。

汽油意味着"印度将尼泊尔推进中国怀抱"①。外国媒体这些明显带有炒作和煽动意味的论调，自然会对印度民众的心态产生影响。2016 年 12 月初，中国打通广东—西藏—尼泊尔公路铁路联运通道，令印度不安。2017年 3 月，中国国防部部长在时隔 15 年后再度访问尼泊尔，并宣布将举行首次联合军事演习，令尼的"老大哥"印度又感紧张。

对于中国与斯里兰卡、孟加拉国、不丹等印度邻国关系的发展，印度也抱持同样的心态。印度在历史上把斯里兰卡当作小兄弟，视其为"战略后院"，但斯里兰卡与中国发展建设性关系、与中印都保持友好的步伐从未停止。1959 年西藏平叛后不久，4 月 4 日的《锡兰时报》等多家媒体，随着印度的调门，称西藏平叛是"悲剧"，对中国政府进行批评甚至谴责。为了拉拢锡兰（今斯里兰卡），尼赫鲁罕见地主动要求与其讨论西藏局势。同月，朗久事件发生后，斯里兰卡曾试图在中印之间进行调解②。中印边界战争爆发后，中国刚一宣布停火，锡兰总理班达拉奈克夫人即于 1962 年11 月 22 日致信给阿联（埃及和叙利亚合并而成）、缅甸、柬埔寨、加纳、印尼等国首脑，建议六国召开会议，就中印边界争端进行调解，随后于 12月主办了科伦坡会议，锡兰外长还请求英国为访问新德里和北京的科伦坡会议代表团途经香港提供方便。1964 年 5 月，锡兰还就解决拉达克争端向中印双方提出建议；8 月，锡兰再度试图调解中印争端③。近年来，印度对斯里兰卡与中国关系的快速发展常感不快，如 2015 年 7 月，斯里兰卡政府批准与中国合作建设连接安伯兰托特与马特勒的高速路，令印度感到恼火。2016 年 11 月初，印度担忧中国趁与斯里兰卡在安伯兰托特港项目上的合作在该港口"永久存在"。自 20 世纪 80 年代以来，中国一直积极参

---

① 《尼泊尔震后远离印度转投中国》，日本《每日新闻》2016 年 4 月 25 日，见《参考消息》2016 年 4 月 26 日；《中国填补了印度留下的真空》，《印度教徒报》2015 年 10 月 18 日，见《参考消息》2015 年 10 月 19 日；《印度将尼泊尔推入中国怀抱》，美国《外交政策》2015 年 10 月 23 日，见《参考消息》2015 年 10 月 26 日。

② "Chinese Political and Economic Consolidation of Tibet, 1959"，英国自治领事务部文件，档案号 DO35/8981；"Border Dispute between India and China, 1959-1960"，英国自治领事务部文件，档案号 DO133/148。

③ "Frontier Dispute with India, 1962"，英国外交部文件，档案号 FO371/164923；"Frontier Dispute with India, 1962"，英国外交部文件，档案号 FO371/164926；"Sino-Indian Relations, 1964"，英国自治领事务部文件，档案号 DO196/242。

与孟加拉国的基础设施建设，两国关系发展顺利，至 2016 年 10 月提升到战略层面，中国还承诺使孟加拉国全面融入"一带一路"倡议。2005 年，中国取代印度成为孟加拉国最大的贸易伙伴。印度对此多有不甘，极力拉拢孟加拉国，如 2016 年 8 月表示将向孟提供 45 亿美元的优惠贷款。2016 年 11 月中旬，孟加拉国购买两艘中国潜艇，被印度视为"挑衅行为"，是旨在包围印度的战略的一部分。印度还不断加紧对不丹和锡金的控制。1958 年 12 月，印度在表示不干涉不丹内政和外交的同时，又对不丹与西藏的边界问题做出"保证"。1959 年 8 月，英国表示担心中国要"解放"不丹、锡金和拉达克地区，加重了印度的不安。尼赫鲁在议会称，印度政府"负责保护锡金和不丹的边境和领土完整，对不丹和锡金的侵略就是对印度的侵略"。12 月初，尼赫鲁再次在议会发表同样的言论①。与此同时，印度通过签署条约加强了对不丹和锡金的控制，此种控制在中印边界战争后进一步强化。1964 年 9 月，印度指责中国"侵扰"锡金，诬指中国占领不丹某些村庄。1965 年 1 月，中国抗议印度在中锡边界修建据点和侵犯中国领土②。9 月，中国就印度侵犯中锡边界提出强烈抗议，要求印度拆除中锡边界军事设施。印度先硬后软，先是称"将为自由而战"，"蔑视中国的最后通牒"；12 月，中印在锡金边界爆发冲突，造成士兵伤亡，印度最后拆除了相关设施。此后，中国和不丹的关系稳步改善，到 2012 年两国领导人会谈后首次显示出建立全面外交关系的迹象，引发印度"严阵以待"，并导致印度在当年不丹大选前夕取消了对它的石油补贴。2016 年 8 月，中不举行第 24 轮边界会谈，就争议领土接近达成解决方案，引起印度密切关注③。

近年来，虽然印度在南亚邻国中仍具有重大影响，但影响力已有所减弱。有印媒认为，"中国的邻国大都在经济上对其十分依赖，印度无法改

① "Sino-Indian Relations, 1952-1959"，英国自治领事务部文件，档案号 DO35/8817；"Violation of Borders of India by China, 1959"，英国外交部文件，档案号 FO371/141271；"Relations between Nepal, Bhutan, Sikkim and India, in Event of Chinese Aggression, 1959-1960"，英国自治领事务部文件，档案号 DO35/8977。

② "Sino-Indian Relations, 1964"，英国自治领事务部文件，档案号 DO196/242；"Sino-Indian Relations, 1964"，英国自治领事务部文件，档案号 DO196/243。

③ 《印度以大手笔贷款拉拢孟加拉国》，见《参考消息》2017 年 4 月 10 日；《印度紧盯不丹走近中国》，《环球时报》2016 年 10 月 17 日。

变这一现实"；反观印度，由于干涉尼泊尔制宪政权、封锁尼印边界，插手斯里兰卡的政权更迭，干涉马尔代夫内政，对邻国持高人一等的姿态，不讲外交策略，派驻这些国家的外交官的行为反而像当地总督，印度由此在邻国不那么受欢迎①。但必须看到，由于历史、地理、民族、宗教等各方面的因素，印度依然是南亚地区"老大"，对任何域外国家与南亚国家之间关系的发展，都会高度关注并做出反应。只是印度政府、议会、军方、媒体和公众对中国与南亚其他国家发展关系不再像以前那样高度敏感了。例如，2016 年印度国防部报告就与以往不同，没有直接点中国和巴基斯坦的名。对于中国与南亚其他国家的关系，印度以往以警惕、对抗为主调的心态似乎在逐渐被审视、竞争所替代。

三　域外因素对中印关系的影响不可轻视

20 世纪 50 年代以来，英、美、苏联（俄罗斯）等国对中印关系的发展产生过较大影响。随着中印关系正常化以及南亚地区关系和整个国际局势的变化，域外因素总体来说对中印关系的直接影响趋于减弱，但上述国家以及日本等国对中印关系的干扰较以前更为复杂。近年来，一直追求世界强国地位的印度在外交方面更加积极、主动、灵活，与其他大国及具有地区影响的国家的关系基本上是基于利益原则。它既想从对华交往中获得尽可能多的经济利益，又试图通过加强与美国、日本、俄罗斯、法国、澳大利亚、越南等国的军事关系谋取更大的战略利益，进而增加对华谈判的筹码，谋取更多实惠。有印度媒体对此直言不讳，称印度可从中日之间的经济角力中"渔翁得利"，虽"永远不愿公开与美国携手"，但为了平衡中国可以与美国及其盟友进行合作②。

值得注意的是，近年来，美、日等西方国家极力遏制中国的迅速发展，千方百计为中国制造障碍，与中国有边界争端的印度自然成为它们拉拢、利用的对象。许多西方国家利用印度急于成为世界强国的"雄心"，

---

① 《失去邻居》《莫迪应学习中国人刻意回避自我推销》，《印度教徒报》2016 年 5 月 18、24 日，见《参考消息》2016 年 5 月 25、26 日。

② 《印度防长微妙时刻将访华》，《参考消息》2016 年 4 月 16 日。

不但在军事、经济、技术等方面援助印度，在国际舞台上为印度站台、造势，而且频频炒作中印之间的"竞争"、"相互制衡"以及"中印将在南亚争霸"，甚至追溯到1962年的中印边界战争。如2015年5月，日本媒体称莫迪频访不丹、尼泊尔、日本等国，就是为了遏制中国；7月，莫迪展开史无前例的中亚之行，英国媒体称其是为了与中国争夺在该地区的主导权，在中亚追赶中国的影响力；9月，日本和澳大利亚媒体称印度和澳大利亚举行首次联合海上军事演习是剑指中国潜艇；10月，美、日、印在印度南部举行"马拉巴尔"海上联合军演，一些外国媒体报道此事时不断强调此举是针对中国；12月，日本首相安倍晋三访问印度，日、印签署铁路和防务协议，有日本和美国媒体称，日印两国走近图谋制衡中国，意在应对"中国崛起"①。

印度有人认为中国是在"遏制印度"，有媒体则较为谨慎、理性，还有媒体提醒政府要对美国保持戒心。2016年4月，美国国防部长卡特在高调登上美军航母横穿南海后访问印度，大谈美印"注定要在本世纪成为战略伙伴"。有印度媒体直言卡特的印度之行有中国因素，印度应"睁大眼睛"，不要被他国利用②。印度国防部长帕里卡尔在卡特访印几天后便前往中国访问，主要目的是落实两国2013年达成的边界安全协议。此后不久，中俄印三国外长在莫斯科发表南海问题声明，支持了中国在南海问题上的立场。

印美关系与中印关系形影相随，美国在20世纪50年代中期中印关系明显恶化特别是西藏平叛后，不断加强对中国西藏和南亚地区的渗透，对印度提供经济、军事援助，在国际上替印度发声。1959年11月，美国国务卿赫脱谴责中国在中印边界争端中使用武力③。中印边界战争爆发后，美国与印度的关系不断升温，双方签署了一系列经济、军事等方面的协议。但一向奉行独立自主外交的印度不大可能与美国正式结盟，它在加强

---

① 《莫迪开展"远交近攻"战略遏制中国》，日本《产经新闻》2015年5月26日，见《参考消息》2015年5月29日；《印澳首次海军演习剑指中国潜艇》，《环球时报》2015年9月2日；《日印增进关系图谋制衡中国》，《参考消息》2015年12月14日。

② 《美防长访印大谈"世纪战略伙伴"》，《参考消息》2016年4月13日。

③ "Violation of Borders of India by China, 1959"，英国外交部文件，档案号FO371/141273。

与美国的军事、外交关系的同时，并没有令中印关系明显降温、滑坡，目的是要为自己获取最大的现实利益和战略利益。2005 年，美印双方签署《美印防务关系新框架协议》（2015 年更新后又续期 10 年），2012 年又签署了《防务技术与贸易协议》。2015 年 9 月，印度政府批准了向美国波音公司购买价值约 25 亿美元军用直升机的交易。美国媒体认为，莫迪是"在建立与美国的桥梁的同时挑战中国"。2016 年 2 月，美国批准印度陆军采购 145 门"理想山地作战武器"超轻型榴弹炮，这批武器将列装 2021 年前建成的专门针对中国的印度陆军的"山地打击军"。6 月，莫迪两年来第四次访美，第七次会见美国总统奥巴马，印度外交部称此次访问是为加强印美关系进行的"巩固性访问"。美国媒体则声称，鉴于中国成为亚洲战略环境规则制定者的可能性令印度深感不安，后者希望通过加强与美国的关系来制衡中国在巴基斯坦、斯里兰卡、吉布提等国家的一些举措。一些西方媒体评论别有用心地说，莫迪引领印度外交全面转向美国①。8 月底，有美媒将美印即将签署的《后勤交换协议备忘录》称为两国之间的"作战公约"，有英国媒体认为该协议"在美印防务关系史上堪称里程碑"，台湾媒体称"这象征美印进一步迈向军事同盟"；法新社认为，美印加强安全和贸易领域的合作，在某种程度上是为了"应对中国影响力的增长"②。2017 年 6 月 25 日，莫迪再度访美，传言双方要加强军事合作，俄罗斯媒体称其矛头直指中国。但印度方面则对印美关系的热络反应谨慎。有印媒提醒说，印度政府要认清形势，与中国对着干会拖累印度正在快速增长的经济③。

印度力争在国际舞台上扩大自身的影响，但囿于综合实力有限，加强与美、日等域外国家的合作与联系，便成为其必选之路，这使得一些国家在某些方面乃至战略层面影响了印度的对外政策，从而间接地对中印关系产生了不同程度的干扰。最能说明印度与域外因素相互影响、相互利用的例子，是 2016 年 11 月中旬莫迪访问日本以及与安倍的会晤。访问期间，

---

① 《莫迪引领印外交全面转向美国》，《参考消息》2016 年 6 月 10 日。
② 《美印签后勤协议密切防务合作》，《参考消息》2016 年 8 月 31 日。
③ 《莫迪访美矛头直指中国 莫迪希望能够加强美印伙伴关系》，http://m.xianzhaiwang.cn/show_ 17_ 551897.html，2017 年 6 月 2 日。

日本与未加入《不扩散核武器条约》的印度签署了《日印核能协定》，两国首脑还在发表的联合声明中提及南海，重申尊重航行和飞行自由的承诺，要求所有各方应该最大限度地尊重联合国海洋公约法，以及在此基础上建立起来的国际海洋秩序，称将在"印度洋—太平洋战略"和"东进政策"框架下展开合作。印度报业托拉斯的报道直言此乃印度和日本"在南海问题上针刺中国"①。然而，印度是否会加入日本正在不遗余力拼凑的反华联盟，答案多半是否定的。对于日本、美国等域外国家来说，如果中印关系能够持续健康发展，就能对印度与这些国家的关系的发展起到牵制甚至弱化的作用，从而降低这些域外国家对中国打"印度牌"的空间和余地。反过来看，如果中美关系能保持基本稳定，在亚洲多竞争、少对抗，印度可利用的国际空间也很有限。

四　中印之间分歧难掩共同利益

作为两个历史上长期友好，在民族独立和解放运动中相互支持、相互声援，人民之间感情笃深，世界上人口最多的发展中国家，中印之间虽在边界、反恐、地区关系等问题上存在分歧，但目前看来都不足以影响两国关系发展的大局。2014 年 7 月习近平访印与莫迪首次会晤时表示，双方要以积极和向前看的态度管控和处理分歧，通过友好协商，尽早找到公平合理、双方都能接受的边界问题解决办法；印中都是世界重要一极，拥有许多战略契合点。中印用一个声音说话，全世界都会倾听；中印携手合作，全世界都会关注。莫迪表示，印方欢迎中国企业投资印度铁路等基础设施建设，在印度建立工业园区，印方愿以友好协商方式和平解决两国边界问题。印中两国要加强在国际和地区事务中的协调和配合，共同促进亚洲和世界和平、发展、繁荣。习近平和莫迪的讲话虽侧重点略有不同，但都极为重视中印关系的发展前景及两个发展中大国在国际关系中的影响。2015年莫迪访华被一些印度媒体赋予与 1954 年尼赫鲁首次访华、拉吉夫·甘地

---

① 《日印签核能协定 联合声明提南海被指"针刺中国"》，http：//world. huanqiu. com/exclusive/2016-11/9668829. html，2017 年 5 月 15 日。

1988 年访华同等的重要性。

印度越来越多的有识之士认为，中印两个有世界影响的大国进行健康性竞争实属正常，但不能破坏对方和双方的发展大局，更不可再起战端。有印度专家、学者称，印度的实力对中国是个挑战，而中国的实力却可以对印度的生存构成威胁，印度应认清这一现实，尽量避免与中国发生冲突。莫迪上台后比较侧重邻国和大国外交，把经济外交置于重要地位，通过各种手段向世界展示印度要成为全球强国的"雄心壮志"，在对华关系上虽小动作不断，但不大可能采取极端、冒进、引发武装冲突的行动。如印度在南海问题上就拿捏得较有分寸，态度从 2014 年时的高调介入转变为 2016 年下半年时的谨言慎行。面对印度国内 2016 年 10 月下旬开始的抵制中国货的浪潮，莫迪对中国未露只言片语，在国内也是默不作声。

有印度学者清醒地指出，莫迪政府应在加强与美国和其他亚太国家合作的同时，积极推动与中国的经济联系，"这种双线并进的做法最终将帮助印度缓和与中国有关一些双边、地区和全球性事务的分歧"；而印度如果表现得像美国的一个"排头兵"，则它同中国的关系必将受损①。

不可否认，由于历史、文化、民族心理、战略考量、国际媒体宣传等方面的原因，中印之间的相互了解和互信还远远不够。对印度来说，1962年战败对尼赫鲁和整个国家都是羞辱，心理上和战略层面的深刻影响持续至今。印度有人认为，"1962 年的中印战争从根本上改变并歪曲了印度对中国的态度"，"也模糊了中国自 1962 年以来所发生的一切"，使"印度对中国的认识和分析少之又少"②。可喜的是，近年来中印之间官方多层次交往频繁，民间学术、文化交流日渐活跃，这些都有力地促进了双方之间的沟通和了解，有助于最终消除分歧和误解，重拾历史上的友好关系。自 20世纪七八十年代以来，中、印都开始集中精力搞经济建设。虽然边界问题仍未解决，在某些战略方面存在竞争，但两国拥有诸多共同的经济利益和商业利益。两国在地区和国际上利益相同或接近的方面远大于分歧，其演进前景绝对应当是双赢，而非零和博弈。

---

① 〔印〕狄伯杰：《印度不会做美国制华的副手》，《环球时报》2016 年 4 月 21 日。

② 《莫迪应学习中国人刻意回避自我推销》，《印度教徒报》2015 年 5 月 24 日，见《参考消息》2015 年 5 月 26 日。

对于中国的"一带一路"倡议,目前印度国内意见分歧很大,质疑、抵制的力量较强,迄今为止其官方反应一直比较冷淡,但主张积极对待、有选择参与、中印发展战略适时对接的声音在逐渐增强。印度因担忧克什米尔问题国际化和中国在印度洋不断增长的影响而反对中巴经济走廊建设,甚至为表达不满而在达赖、台湾、南海、反恐等一些中国关心的核心和重大利益问题上给中国制造麻烦。但有印度媒体指出,尽管印度"战略界"对中国的"一带一路"倡议充满了矛盾的看法和担忧,但在印度推动的"东进政策"和孟加拉国-中国-印度-缅甸经济走廊发展方面,中印两国有着许多合作机会,印度加入丝绸之路计划以及中国增加对印度基础设施建设的投资,将减少中印之间巨大的贸易逆差,印度应搭上中国海上丝路的班车①。该媒体还提到了中国的"一带一路"倡议给印度带来的机遇,指出中国"将西藏纳入中国通往欧洲的交通走廊","而印度和尼泊尔将成为把西藏与南亚相连的支线"②。2016 年 1 月,有印度媒体称,中国采取了一系列行动来"主动营造周边环境,并且利用其经济实力打造互联互通和各种机构,促进欧亚大陆一体化并将邻国与自身拴在一起",已是其所有邻国最大的贸易伙伴。因此,世界应当习惯崛起的中国③。有印度分析家敦请政府对"新丝路"采取克制态度,并支持其中部分内容来为自己谋福利。6 月,印度央行行长拉古拉姆·拉詹表示,应把中国视为一种"鼓舞"而非"竞争",希望印度能在 10~15 年里达到中国现在的水平。7 月,印度前国家安全顾问 M. K. 纳拉亚南认为,"一带一路"倡议给中国带来的经济优势会增强,印度的周边外交对此无力抗衡。一份由前国家安全顾问梅农主导、24 名多国专家完成的有关中印关系的最新报告,对印度"刺耳的反华声音"提出警告,指出印度必须重新审视其在"一带一路"倡议上所持的立场,建议印度不要盲目地反对中国的"一带一路"倡议,而应积

① 《与新丝绸之路建立联系》,《印度教徒报》2015 年 6 月 29 日,见《参考消息》2015 年 6 月 30 日。

② 《将西藏融入世界》,《印度教徒报》2015 年 7 月 13 日,见《参考消息》2015 年 7 月 14 日。

③ 《中国已然崛起,我们应习以为常》,印度"连线"网站,2016 年 1 月 1 日,见《环球时报》2016 年 1 月 4 日。

极参与其中，增加印度与亚太地区的连通性①。8 月，有印度媒体称，若印度选择游离于北京日益重视的"一带一路"之外，只会使自己更加孤立，加速终结其地区主导地位，甚至错过利用中国经济实力来促进印度自身发展的千载难逢的机遇。为避免出现此种局面，印度需要拥抱"一带一路"。11 月，杭州 20 国集团峰会后，一些印度学者认为中印经济合作潜力巨大。12 月，有印媒直呼印度要发展经济就该拥抱中国。2017 年 3 月，印度一些媒体和前外交官认为，印度一味消极应对"一带一路"没有好处，应该更重视、更加积极地评估"一带一路"②。2017 年 5 月，莫迪和印度官员没有出席中国举办的第一届"一带一路"国际合作高峰论坛，招致印度国内不少批评。不少印度媒体和高官认为，中国是发展"最好的榜样"。"一带一路"倡议、亚投行、金砖国家开发银行、区域全面经济伙伴关系等，都是为了建立亚太新秩序。印度不必担忧中国的意图，心态应更加开放，搭上中国的"丝路班车"。当然，要使印度对"一带一路"的态度发生根本性变化，有赖于其内部心态、认知等各种因素的变化，同时也需要外部因素的促动，最终需要内部和外部因素的相互影响和综合作用。中国"一带一路"倡议的有效推进特别是与沿线国家的良性互动，必将对印度做出正确抉择起到十分积极的作用。

2016 年 4 月，中印高层表示要妥善处理边界问题，深化经济、安全等各领域合作，推动两国关系取得更大发展，成为亚洲发展的"巨大引擎"。莫迪 6 月访美期间，顾及中国的利益和感受，刻意不提及南海争端问题。他一方面说美国是一个"不可或缺的伙伴"，另一方面又谨慎地表示美国温暖并不意味着中国冰冷。8 月，中国外长王毅访问印度后，中国外交部表示，中印之间的共同利益远大于分歧，不能让具体分歧影响两国友好大局。10 月，在第四次中印战略经济对话上，双方就能源、高铁建设和沿海制造业发展等方面的合作达成共识，签署了一系列协议。11 月，印度陆军参谋长访华时重申，中印双方将维护边境和平，并保持两国高级别军事交流的良好态势。有印度学者认为，只要中印友好，亚洲就能和平；"莫迪

---

① 《印度报告敦促政府参与"一带一路"》，《环球时报》2016 年 7 月 9 日。

② 〔印〕逸书：《印度应更加积极地评估"一带一路"》，见《环球时报》2017 年 4 月 13 日。

政府清楚，印度既需要与美国进行安全合作，也需与中国开展经济合作"①。近几个月来，印度对华关系方面出现了一些不友好、非建设性的迹象，但未能在国际上获得支持。如印度外交部取消了对主张加强对中国的研究、奉行务实对华外交的中国研究所等印度著名智库的资助，被外界认为是短视之举。印度政府放行达赖窜访藏南，我外交部反应适当，媒体没有进行爆炸性报道，得到国际称赞。印度反对中巴经济走廊建设，没有一国支持其立场，反而引起南亚其他国家的不满。最近印度又在本无争议的中印边界锡金段越界阻挠中国施工，横生事端，完全置国际条约于不顾，举止无理、蛮横，而中国反应相当克制，印度将会更加孤立。相信一向十分看重实际利益的印度，在看到靠给中国制造麻烦无利可图之后，会重归健康、互利的对华关系轨道上来。

虽然中印边界问题的复杂性极为罕见，解决问题需要有异常艰苦的努力和长期准备，中印关系也还有许多重要问题需要处理，今后的发展过程不可能一帆风顺，但我们应体认到，边界问题对中印关系的消极影响趋于减少，维护边境地区的安宁、寻求共同发展已成为中印两国的共识。近年来，中印在政治、经济、地区和国际事务及文化等领域的双边对话机制达30多种，2017年2月22日又进行了第一轮中印战略对话。只要双方都采取主动行动，进一步加强交往和互动，切实照顾彼此的利益关切，妥善管控分歧，就会实现共赢。因此，特别需要从历史、现在和未来角度对边界问题进行审视，跳出传统的地缘政治的窠臼，不使这一问题成为中印关系顺利发展的绊脚石和"定时炸弹"，而使它变为促进中印合作、发展，维护亚洲与世界和平的润滑剂和助推力量。

---

① 《印度称，美国温暖并不意味着中国冰冷》，《印度快报》2016年6月11日，见《参考消息》2016年6月13日；狄伯杰：《印度的打算没那么复杂》，《环球时报》2016年8月31日。

美国保守主义权势集团对杜鲁门政府对华政策的影响[*]

金 海

【摘要】二战前后，美国的保守主义权势集团在塑造中国形象方面发挥了决定性的作用。中国被他们塑造成为一个需要美国指导和帮助的蛮荒之地，蒋介石政府则被描绘为西方文明影响中国的最好媒介。在这种舆论影响下，保守主义权势集团成功地挫败了杜鲁门政府中希望尽早摆脱蒋介石政府并与新中国建立联系的自由主义主张，极大地限制了美国在对华政策上的选择余地，从而导致美国未能及时调整政策以适应新中国成立在东亚大陆造成的局势巨变。

【关键词】美国 保守主义权势集团 杜鲁门政府 对华政策

对于研究美国史和国际关系史的学者来说，杜鲁门政府的对华政策并不是一个新课题，研究它的论文和著作早已汗牛充栋①。甚至是对于杜鲁

---

* 本文原载《历史教学》（下半月刊）2016 年第 10 期。

① 20 世纪 70 年代之后，中国就出现了大量关于杜鲁门政府时期对华政策的文章和著作。其中最著名的是资中筠的《追根溯源——美国对华政策的缘起与发展》。在资料文献方面，则有陶文钊主编的《美国对华政策文件集》等。在研究杜鲁门政府时期的对华政策方面，中美学者的焦点在很大程度上是相同的，即杜鲁门政府时期，中美之间是否有改善关系的可能，这种关系的改善在政策上则体现为美国承认新生的中华人民共和国。1997 年沃伦·科恩在《外交史》上发表的文章《简介，在中国是否有过"失去的机会"》一文中提出了所谓"塔克-科恩命题"，它认为中美之间存在和解的机会，但是双方没有抓住，错失了这个机会。而以约翰·加迪斯、罗伯特布拉姆等人为代表的反对者则认为"塔克-科恩命题"忽视了这个时期美国对华政策的双重性。没有看到尽管艾奇逊愿意听任新中国解放台湾，但是美国国防部却从军事安全的角度认为台湾对美国在太平洋的防御体系是至关重要的，而且新中国将必然成为苏联的附庸。这种双重性存在于杜鲁门政府的对华政策和艾奇逊的外交思想中（这方面的具体描述，见崔丕《中国学术界对国际（转下页注）

（转下页注）

门政府内部在对华政策问题上进行的辩论以及从意识形态角度来考察这个时期的美国对华政策，也出现了许多相关研究成果①。然而，这些研究往往将着眼点放在政府层面上，而忽视了民间舆论在塑造中国形象方面所起的重大作用，以及这种舆论通过政府内部的在野党力量对美国外交战略施加的影响②。本文希望从国内政治的角度出发，探讨保守主义权势集团是如何塑造一种在美国社会上流行的中国形象，并通过这一形象来影响杜鲁门政府的对华政策的。

一　二战前后保守主义者在美国大众中对于中国形象的塑造

美国人对于中国的态度是非常复杂的。一方面，在宗教狂热和追求财富的冲动下，他们渴望接近中国。对于美国许多虔诚的教徒来说，中国是一块没有接触到基督教文明的蛮荒之地，需要美国人对它进行启蒙和重建。一个长老会传教士曾经写道："基督教文明将给中国带来关于人的本质的更加真实的概念，使它能更好地理解人的关系、责任、尊严和命运。"③换言之，美国应该给中国提供指导，让它根据美国的政治、精神和文化形象重新塑造自己。因此，对于大多数相信美国应该通过给其他国家树立榜样来发挥其世界作用的保守主义者来说，中国正是将这种理想付诸实施的一个极好区域。许多保守主义者来到中国，进行传教、开办学校。

（接上页注①）冷战史研究的现状与课题》一文）。在中国方面也存在类似的研究，比如杨彪的《战后初期美国政府与军方在对华政策上的争论及其影响》。

① 这方面较早的一篇论文是袁明 1985 年在《世界历史》上发表的《从 1947～1948 年的一场争论看杜鲁门政府的对华政策》。较近的则是杨彪 1998 年在《近代中国》上发表的《战后初期美国政府与军方在对华政策上的争论及其影响》。王立新 2005 年在《中国社会科学》上发表的《意识形态与美国对华政策——以艾奇逊和"承认问题"为中心的再研究》则强调了反共主义和中美关系神话所构成的独特对华意识形态在杜鲁门政府的对华政策中所起的重要作用。

② 在王立新的《意识形态与美国对华政策》一文中，他指出了反共主义意识形态和中美关系神话对杜鲁门政府对华政策的重要影响，这是一个突破，但是他没有详细阐述这种神话和反共意识形态是如何主导美国社会的。

③ T. Christopher Jespersen, *American Images of China, 1931～1949*, Stanford: Stanford University Press, 1996, p. 1.

这些在华经历使得他们能够以"中国通"①的形象出现在美国公众面前，对于塑造美国大众心目中的中国形象起了重要作用。

另一方面，中国市场所具有的巨大潜力对美国人也有着极大的吸引力。美国的工业家、制造商和投资者们，在中国市场上看到了无限的机会。而且半殖民地的中国在列强的武力压迫下，不得不允许它们拥有在华"片面最惠国待遇"和"治外法权"，并且开放通商口岸，削减关税。对于美国保守主义者来说，这似乎为推行他们所信奉的自由市场经济，进行"自由竞争"提供了理想条件。许多美国人来华经商，中美之间的经济关系日益密切。美国西部和南部由于具有地理上的便利条件，和中国的关系尤为密切。这些地区正是美国保守主义势力集中的地方。因此，经济因素也是保守主义者要求在中国采取积极行动的重要原因。

虽然宗教狂热和经济利益使美国人渴望接近中国，但是与此同时，由于白人至上的种族主义心理，再加上 19 世纪末中国劳工的大量拥入，美国人对中国又表现出一种排斥和鄙视的态度。许多美国人把中国人，特别是劳动阶层的中国人，视为可能会破坏他们生活方式的劣等种族成员。那些支持与中国进行贸易的美国人也强烈反对允许中国人进入美国。比如，美国的著名劳工领袖塞缪尔·冈珀斯就曾经在 1902 年支持恢复排华法案，而且声称劳联其他领导人在这个问题上的态度和他一样。

这两种看似矛盾的态度实际上并不冲突，它们都基于这样一个假设，即中国是没有受到西方宗教和文化之光照耀的"蛮荒之地"，从本质上来说，它是不同于西方文明的异端文化。如果不受干涉地发展下去，那么中国力量的发展可能会对西方生活方式造成威胁。但是，美国可以用它自己的榜样在政治、经济和文化上影响和同化中国，使它接受西方文明，并且按照西方的轨道发展。20 世纪三四十年代，当保守主义者在美国公众中着力塑造中国形象的时候，这两种态度同时在起作用。信奉基督教的蒋介石夫妇及其领导下的国民党政府被说成是中国文明和民主的希望之火，而他

---

① 我们通常所说的"中国通"，常常是指那些罗斯福政府时期曾经在中国任职的使馆官员和学者，比如谢伟思、戴维斯、拉铁摩尔等人。实际上，还有另一批曾经在中国生活、工作和研究过很长时间的保守主义的"中国通"，他们在美国的影响更大，但目前研究他们的著作还为数甚微。

们的敌人（先是日本，后来是苏联和中国共产党）则被描绘为野蛮的侵略
势力和违背大多数中国人民意愿为侵略者服务的傀儡政权。对于那些不甚
了解和关心海外情况的普通美国大众来说，这样的宣传虽然在很大程度上
是虚假的，却是既容易理解又能够接受的。因此，保守主义者塑造的这种
中国形象在美国深入人心，极大地影响了美国公众舆论，并且给政府的对
华政策造成了巨大压力。

在这方面，美国媒体巨头亨利·卢斯发挥了十分重要的作用。卢斯相
信，美国是负有解决世界问题使命的唯一国家，而它的解决之道就是慈善
地使用手中的权力在世界上推动自由。他说："我们这个时代的挑战首先
就是对于美国的挑战。……没有什么东西比这种感觉更加美国式的了，即
认为应该做的事情就能做到，而且能够做到的事情就是应该做的。"① 中国
正是卢斯认为美国发挥领导作用的理想区域。在他看来，中国庞大的领土
和众多的人口就已经决定了美国必须在未来的世界结构中给予中国一个独
特的地位。两国应该结成一个全面和完善的联盟，其中美国将是中国的保
护者和援助者，而中国则处于被保护和被恩赐的地位。因此，在抗日战争
爆发后，卢斯积极呼吁美国大力援助中国。为了让美国人民能够接受他的
主张，首先他必须塑造一个他们可以接受的中国形象。为此，卢斯要求他
拥有的三家著名刊物《时代》、《生活》和《财富》都要尽可能地用赞许
的眼光来看待和介绍中国，并为它们制定了一系列的宣传政策。

首先，这 3 份杂志被要求强调中美两国之间在地理、政治和历史上的
类似性。1941 年的一期《财富》杂志这样描绘国民党："当你看到国民党
的时候，你就会想起民主党。当你看到重庆的工业时，你就会想起芝加
哥。"② 尽管这些类比过于简单，而且往往并不正确，但是它确实在美国普
通群众中唤起了对中国的亲切感，使他们觉得这是一个与美国有着共同地
理特征和历史经验的弱小民主国家正在遭受野蛮的侵略蹂躏，从而加强了
对中国的同情程度。其次，这 3 份杂志应该大力赞扬中国政府官员和国民
党军队。蒋介石的两个姐夫孔祥熙和宋子文成为这些杂志吹捧的首要对

---

① 1944 年 7 月 2 日卢斯对斯坦福大学毕业班发表的演说，联合救济中国-联合服务中国组织
文件（UCR-USC Papers），box 48。

② "New China", *Fortune*, 1941 (4): 121.

象，他们被说成是中国"最伟大、最温文尔雅的外交官"①。《财富》杂志断言："中国最好的军队已经证明了所有认为中国人怯懦和冷漠的老观点都是不正确的。"它还着重描绘了中国军队在配给物资极少的困难情况下长期作战的能力，声称："如果而且只要有人为中国士兵提供武器，他们就能把工作干好。"② 这些宣传在美国人心目中树立了中国以弱敌强的英雄形象，加强了美国人民对于中国胜利的信心。再次，卢斯要求他的杂志对蒋介石采取一致赞扬的态度。1938 年 1 月 3 日的《时代》杂志把蒋介石作为封面人物加以介绍。1940 年 12 月的《财富》杂志刊登了《美国的外交政策》一文，认为蒋介石是一个政治上精明、军事上敏锐和道德上正直的领导人。他企图把中国带进信仰基督教的民主国家阵营之中，而且最终将帮助美国实现它对于中国市场所抱的希望。以此为起点，中美两国就能够朝着它们建立一个基督教的资本主义世界秩序的目标前进③。通过这些宣传，蒋介石被极好地描述为美国在华利益的最佳代表，能够领导中国接受西方文明，走美国模式的发展道路。这样，援助中国就和美国的利益联系起来了。

当然，也有一些到过中国的自由主义者强调蒋介石政府的独裁、腐化和无能，但他们很快就遭到了保守主义权势集团的反击。在这方面最积极的就是来自明尼苏达州的共和党众议员周以德，他的目标就是要推动美国政府的政策向着毫无保留地支持蒋介石政府的方向发展。为此他发表了大量演说，狂热地为蒋介石政府辩护，并驳斥自由主义者的指责。周以德强调的一个主题就是不能用今天美国的眼光来看待中国，而是应该把中国的局势与它自己的过去联系起来。他把蒋介石和共产党的关系与林肯和南部邦联的关系做比较，声称蒋介石对共产党不能做出比林肯对"南方的那些分离主义者们"更多的让步④。在周以德看来，任何批评蒋介石及其政府的自由主义者，"都不是用中国自己的过去而是用西方的标准来判断中

---

① *Time*, June 26, 1939, p. 13.

② "The Army of Republic of China", *Fortune*, 1941 (9): 50.

③ "American Foreign Policy", *Fortune*, 1940 (12): 153.

④ 1945 年 2 月 22 日，周以德在《读者文摘》资助的以《中国如何才能实现统一》为题的辩论中的发言，周以德文件（Judd Paper），box 34。

国"。在给亨利·卢斯的信中，周以德声称："我害怕看到所有这些天真无知的人们跑到外国去，按照西方的标准而不是按照当地昨天的局势以及当地正在发展的方向来判断一个国家。"① 周以德曾作为医学传教士在中国服务多年，他的言论对压制自由主义者的观点起了很大作用。

通过美国保守主义者们在二战前后的这些宣传，国民政府领导下的中国成功地被塑造为一个与美国有着类似的地理特征和政治、历史经验，因而能够比较容易地接受美国影响，按照美国模式建立民主制度和改造社会生活，并且已经在这方面取得了巨大进展的国家，它将为美国提供无限的商机，推动美国的经济繁荣。同时，共产党人则被比作美国内战时南部邦联的分离主义者，他们拒绝服从蒋介石的命令，并且破坏国家的统一。在后来冷战初期美国日益高涨的反共狂热中，中国共产党更被进一步说成是外国侵略势力的附庸。保守主义者对中国形象的塑造使国民党政府在美国人民中获得了巨大的认同和支持。这种感情与美国人民普遍赞同改革而反对暴力革命的传统心理以及战后初期"红色恐慌"中的反苏反共思潮相结合，对杜鲁门政府的中国政策造成了巨大的影响。

二 保守主义权势集团与美国对国民党政府的援助政策

与保守主义者的宣传不同，二战前后美国政府的对华政策主要是着眼于政治军事角度，探讨美国在远东的利益是否需要它在东亚大陆建立政治军事立足点以便投射其影响的问题。应该说，这个问题早在 20 世纪初就已经列入美国政府的考虑范围了。1909 年 9 月，美国国务院的一份备忘录指出："在中国保持力量均势对东方和平来说是关键性的，正如要使欧洲保持安静，就有必要在土耳其保持力量均势一样。我们在亚洲海域的利益要求我们防止其他列强在北京获得占统治地位的利益与影响。美国在中国的声誉不容降低。"② 太平洋战争的爆发为美国采取积极的对华政策提供了契机。战争后期，美国政府开始从战后远东国际格局的角度来认真考虑对华

① 1944 年 5 月 22 日周以德致卢斯的信，周以德文件（Judd Papers），box 31。
② 〔美〕邹谠：《美国在中国的失败》，王宁、周先进译，上海人民出版社，1997，第 5 页。

政策。如同在欧洲一样，此刻美国人民不愿让自己的军队在战后长期留驻海外的情绪仍然占支配地位，因此美国首先考虑的是建立一个使它不必保持大规模海外驻军就能有效维护美国在远东利益的国际格局，这就意味着在远东需要有一个强大的国家作为美国利益的代理人。包括罗斯福总统在内的许多美国政府官员都认为中国是这一角色的最佳人选。据副国务卿萨姆纳·威尔斯回忆，罗斯福认为指导战后对华政策的 4 项原则应该是：（1）中国和苏联达成协议以防止苏联干涉中国内政；（2）中国从日本和其他大国手中收回它的所有领土，包括香港在内；（3）国民党政府作为唯一能够统一中国的政权，应该受到支持；（4）美国的远东政策应该建立在中美之间紧密合作的基础之上①。如果罗斯福能够顺利地实现扶植一个强大的中国作为美国远东利益代理人的计划，那么美国将在东亚大陆获得一个有力的盟友，北可遏制苏联势力南扩，东可防止日本军国主义势力的复兴，南可填补欧洲老牌殖民国家撤退后所留下的真空，使美国不必投入过多力量就能在远东太平洋地区处于极为有利的态势。

但是，美国的这一计划受到了三个方面因素的制约。第一个因素是，国民党政府腐败无能，无力承担起美国赋予它的任务。在这方面，保守主义权势集团对真相的掩盖使美国政府和人民迟迟认识不到这一点。1943 年著名记者白修德曾经写了一篇关于 1942~1943 年河南饥荒情况的报道。他气愤地描写了国民党政府在救灾工作中表现出来的"迟缓和无能"，还报道了国民政府日益不得人心的状况。1943 年 3 月 22 日《时代》杂志刊登了这篇报道，然而它已经被削减到只有 750 字，所有关于国民党政府玩忽职守、贪污腐化、牟取暴利以及中国人民日益憎恨国民党政府的描述都被删掉了。美国公众所能够看到的仅仅是 1940 年的共和党总统候选人温德尔·威尔基之流对国民政府的大量溢美之词。第二个因素是，虽然美国一再强调所谓中美传统友谊，但是它在对华援助方面愿意承担的义务绝不是无限的。甚至在罗斯福扶植中国作为大国的政策发展到顶峰的时候，他也没有设想过要让美国的军事力量卷入中国事务。最终，美国没有在中国登

---

① 〔美〕巴巴拉·塔奇曼：《逆风沙：史迪威与美国在华经验，1911~1945》，汪溪等译，重庆出版社，1994，第 461 页。

陆与日军作战，从而丧失了将它的军事影响渗入中国并把中国纳入美国战略轨道的最好时机。没有军事手段的支持，美国对中国事务的干涉和控制将是软弱无效的。正如史蒂芬·安布鲁斯所说的："美国在太平洋的军事政策仅仅是以一种消极的办法调整适应外交政策的目标。"① 邹谠则将这种情况称为"美国的崇高目标和有限军事手段之间的脱节"。它为美国在东亚大陆寻求政治和军事立足点政策的破产埋下了种子。第三个因素是，美国的对华政策必须在它的全球战略框架下运行。罗斯福政府时期设想的战后美国全球战略的基础是美国和苏联之间的大国合作，两国利用联合国机构共同管理世界。在这样一个框架下，如果能够与苏联合作，美国同样可以处理好远东太平洋地区的问题，而不必非要在东亚大陆有一个政治军事立足点。因此，在国民党政府证明自己无力扮演美国赋予它的角色而美国又不愿在中国大规模投入地面部队的情况下，罗斯福就把目光转向了苏联。在雅尔塔会议上罗斯福不惜出卖中国的利益，来换取苏联在对德战争结束后 3 个月内对日宣战以及支持美国对华政策的许诺。允许一直作为太平洋战争旁观者的苏联向中国东北地区渗透势力，这一事实本身就说明美国对于在东亚大陆获得政治军事立足点已经不那么感兴趣。

太平洋战争结束之后，美国政府援助中国的热情进一步下降，这其中一部分原因是战争结束之后，美国公众对于尽快让士兵复员回家更感兴趣。更重要的原因则是，随着冷战的爆发，美国政府官员开始从冷战全球战略的角度重新审视美国对华政策。"遏制"战略的最早提出者乔治·凯南就坚决主张美国应该逐步减少对华援助，并且最终从中国脱身。1947 年 5 月他在即将就任国务院政策设计委员会主任时，曾经从"遏制"战略的角度对世界各地的战略重要性做了一个区分。他认为可以把面临共产主义威胁的地区分成两类："一类是像奥地利和希腊那样极端重要的战略地区，共产党在那里的胜利会对我们和我们的盟友产生非常非常重要的后果；另一类则是共产党的胜利不会产生类似后果的地区，比方说中国。"② 他对美

---

① Stephen E. Ambrose, *Rise to Globalism: American Foreign Policy, 1938 - 1980*, New York, N. Y.: Penguin Books Ltd., 1980, pp. 76-77.

② Wilson D. Miscamble, *George F. Kennan and the Making of American Foreign Policy*, Princeton, New Jersey: Princeton University Press, 1992, pp. 217-218.

国全球战略中的轻重缓急次序做出的评价是欧洲高于亚洲，在亚洲，日本又高于中国。因此，他建议美国在远东的目标应该是："1. 停止在中国承担不合理的义务，并谋求恢复美国对华的超然姿态和行动自由；2. 制定对日本的各项政策，以便保证其安全不受苏联的军事侵犯，同样也不受共产党的渗透与控制，并使日本的经济潜力再一次成为这一地区增进和平与稳定的重要力量；3. 允许菲律宾独立，但是在方式上应保证该列岛继续成为太平洋地区美国安全的坚强壁垒。"① 通过这些建议，凯南初步提出了美国退出东亚大陆，全力经营其沿海岛屿防线的主张。

就这样，美国的对华政策陷入了一个怪圈。一方面，战后美苏矛盾的日益尖锐使美国渐渐放弃了罗斯福政府时期与苏联合作处理世界事务的政策，开始在"遏制"苏联势力扩张的基础上重新规划其全球战略；另一方面，它在中国又开始考虑逐步减少对华援助和撤出中国大陆的政策，这种政策将最终导致美国影响被完全排除出东亚大陆。美国对华政策出现这种怪圈有两个原因。首先，当时美国的实力不足以在欧亚两洲同时采取大规模的援助行动，以遏制苏联和共产主义力量的扩张。第二，远东缺乏欧洲那种先进的科技和发达的工业。因此，在美国的全球战略中，远东与欧洲相比始终处于次要地位。甚至在1949年3月国民党政府败局已定时，麦克阿瑟将军仍然认为共产党控制中国不会对美国的安全造成严重影响。他在与英国记者沃德·普赖斯的谈话中表示："尽管红军在中国的挺进使他们将位于我们（太平洋防线）的侧翼，但这并没有改变如下事实：即亚洲大陆上我们惟一的潜在敌人在当地并没有足够近的工业基地可以供应一支野心勃勃的进攻力量。"② 这两个因素结合起来，极大地限制了美国对华援助的数量和质量，进而损害了它在东亚大陆寻求一个政治军事立足点的政策。

保守主义权势集团对此忧心忡忡，它力图扭转这种局势，重新唤起美国人民对于援助中国的热情。这一努力同样是在太平洋战争刚刚结束不久就已经开始了。在壳牌石油公司总裁詹姆斯·亚当斯给卢斯的一封信中，

---

① 于群：《美国对日政策研究》，东北师范大学出版社，1996，第98~99页。
② James Irwing Matray, *The Reluctant Crusade*, Honolulu, Hawaii: Hawaii University Press, 1985, p. 182.

他建议卢斯的杂志应该尽最大的努力影响公众舆论。亚当斯说："只有美国人理解了他们在中国面临的问题，才会要求政府承担起我们在那里的真正义务，而不是批评由国家承担起新的国际义务的努力。"① 在这方面，反对共产主义的威胁成了他们最有力的论据。实际上，一些保守的宗教界人士甚至在第二次世界大战前就已经开始强调共产主义丑恶的道德价值观是如何腐蚀中国的了。早在1938年，基督教徒厄尔·克雷西就发表了一本著作《即将处于十字路口的中国》，书中他讨论了共产党人对于爱、性和家庭关系的态度。他的结论是："共产主义关于自由恋爱的理论总的说来是和中国传统的家庭道德相抵触的。"克雷西说，共产主义的异端本质阻碍了中国人民接受它，它只有通过不正常的性行为来加强自己的吸引力。卢斯则重拾他们的牙慧，《生活》杂志在1948年发表的文章中，声称克雷西的观点至今仍然是正确的。卢斯的杂志强调，共产主义在完成了对中国的道德破坏工作之后，就会把矛头指向美国，与美国国内的共产党一起，摧毁西方的正统道德价值观和生活方式。因此，美国必须援助全世界的盟友，把它们联合起来组成一道遏制共产主义前进的防线。

除了在道德价值观上对共产主义的攻击之外，保守主义者们将更多的宣传集中在分析共产主义扩张所造成的地缘战略威胁方面。联合救济中国-联合服务中国组织向美国公众发出的一封募捐呼吁信声称，世界力量对比依赖于中国，国际局势是否会向着有利于美国的方向转变部分取决于美国能够向中国提供多少援助。该组织的前任主席查尔斯·爱迪生在给参议院对外关系委员会成员亚历山大·史密斯的一封电报中，要求他推动国会向中国提供援助。爱迪生说，现在一场大规模的共产主义阴谋正在进行之中，"共产党人正在玩一场精明的游戏，以便在把4.5亿中国人置于共产党控制之下的同时把美国的注意力转移到欧洲去"②。在爱迪生的推动下，史密斯参议员在国会中发表演说，一方面赞扬杜鲁门主义在欧洲表现出的反共姿态，另一方面则强调这个反共堡垒需要扩大到亚洲。他说：

① 1945年11月27日詹姆斯·亚当斯致卢斯的信，福雷斯特尔文件（Forrestal Papers），box 63。

② 爱迪生致史密斯的电报，日期不详，联合救济中国-联合服务中国组织文件（UCR-USC Papers），box 34。

"历史有朝一日可能记下……杜鲁门先生的第一届政府在马歇尔的领导下挽救了欧洲，我希望总统的第二届政府将在艾奇逊的领导下挽救亚洲。"[①]史密斯认为，杜鲁门在遏制共产主义世界范围的侵略方面所取得的成就可以和华盛顿、林肯、威尔逊以及罗斯福媲美，现在杜鲁门所要做的是把杜鲁门主义扩大到亚洲来确保他在历史上的地位。

与爱迪生和史密斯的温和呼吁相比，时代公司的杂志对杜鲁门政府的政策更多的是刺耳的抨击。1948～1949 年，时代公司经常把中国局势的恶化归咎于杜鲁门政府半心半意的对华政策。《生活》杂志声称，美国的对华政策"灾难性地被关于枝节问题的说教蒙住了眼睛"，因此拒绝向蒋介石政府提供更多的经济和军事援助。1948 年 3 月 29 日的一期《生活》杂志刊登了题为《为生存而斗争》的文章，阐述了共产主义在中国的胜利将会给美国和西方世界造成什么样的威胁。这篇文章画了一幅地图，用以描述共产党在中国的胜利可能给世界造成的威胁。这幅图中，象征共产党征服的镰刀刀把在中国，刀刃则横过东南亚，通过新加坡指向印度西北部，表明如果共产主义在中国获胜，这些地区将会受到威胁。《时代》杂志声称，亚洲的形势更为危险，因为"一个共产党的中国将会控制印度次大陆的 3.85 亿人民，控制南中国海，那里是美国 80% 天然橡胶的来源"。而且，《时代》杂志认为，如果中国落入共产党之手，苏联就有可能通过空降占领阿拉斯加，进而获得空袭底特律的基地[②]。就像杜鲁门和艾奇逊用渲染共产主义的威胁使国会批准援助希腊和土耳其的法案一样，卢斯的杂志用同样的手法力图再次煽动起美国公众援华的热情。

保守主义权势集团的宣传也给政府造成了巨大压力。国会中的保守派议员们借杜鲁门政府关于拨款援助欧洲的要求大做文章，迫使政府向他们的援华要求做出让步。在参议院对外关系委员会就美国援助希腊和土耳其法案举行的听证会上，有议员提出了这样的问题："政府所预期的'援助'中国中央政府反对其武装的共产党少数派的行动是否与它现在所建议在希腊采取的行动类似？"在众议院举行的听证会上，周以德也逼着艾奇逊回

[①]　史密斯的演说《美国对华政策》，日期不详，史密斯文件（Smith Papers），box 98。

[②]　*Time*, March 29, 1948, p. 31.

答美国会在中国采取什么样的行动。最后，作证的国务院各级官员都不得不在强调中国和希腊的局势完全不同的同时，指出"政府已经向中国提供了巨大的财政援助并将装备 36 个师的中国部队"①。在这种情况下，甚至凯南也被迫承认"在这个国家的舆论中存在着非常雄辩的集团要求美国向国民党政府提供援助"。他认为"出于实际原因"这种观点不能被忽视，因此建议"美国将向中国提供能够使美国的公众舆论感到满意的最低限度的援助，并且，如果可能的话，防止任何中国政府突然的和全面的崩溃"②。马歇尔接受了凯南的建议，在 1948 年 2 月向国会提出了一个援华议案，作为国会接受欧洲复兴法案的代价。这个议案要求国会在 15 个月内拨款 5.7 亿美元用作非军事援助，4 月国会把有效期限调整到 12 个月，拨款额调整到 4.36 亿美元之后通过了这个法案。这样，美国政府的对华援助就持续进行下去。

但是，保守主义权势集团在要求加大援华力度的同时，也有一个基本原则是不变的，那就是绝对不能采取任何可能导致美国在军事上卷入中国内战的行动。1948 年 4 月国会通过的援华法案中包括 3.38 亿美元的经济援助和 0.98 亿美元的军事援助。在对这个法案进行辩论时，范登堡参议员是持强烈支持态度的。不过，他在 3 月 29 日的演说中也做出了如下的声明："委员会相信……这个过程已经彻底地消除了我们将为国民政府承担起军事作战任务的可能性。尽管我们的良心要求我们这样做，但是在一个如此广大的地区是不可能进行这种作战行动的。因此，为了进一步澄清，就这些特别资金而言，我们宁愿把主动权交到国民政府手里。"③ 承认国民党政府为中国唯一的合法政府与绝对不能在军事上卷入中国内战这两个原则结合起来，就形成了 1947~1949 年美国政府的所谓"有限援助中国"的政策。

随着国民党政府在中国内战中节节败退，美国公众对于援助国民政府

---

① 国会就援助希腊和土耳其议案举行的听证会，摘自 http://www.trumanlibrary.org/whistlestop，2014 年 8 月 30 日。

② 1947 年 11 月 4 日凯南致马歇尔的信，政策设计委员会文件（PPS Records），box 13。

③ Arthur H. Vandenberg Jr. ed, *The Private Papers of Senator Vandenberg*, Boston, Massachusetts: Houghton Mifflin Company, 1952, pp. 524-525.

的热情也迅速消失。1948年4月9~14日盖洛普公司进行的民意测验中，
对于"你是否赞同美国向蒋介石政府提供更多的军事物资、商品和金钱"
这个问题，还有55%的人表示赞同，只有32%的人表示反对。但是在辽沈
战役导致国共双方军事力量对比发生根本性改变之后，美国的公众态度也
随之发生了改变。1948年11月26日至12月1日进行的盖洛普民意测验发
现，有79%的被调查者听说过中国内战。在这批人中，对于"你是否支持
在明年向蒋介石政府提供价值50亿美元左右的商品和军事物资，以免中国
落入共产主义手中"这个问题，32%的人表示支持，34%的人表示反对，
而且其中45%的人并不认为中国内战构成了对世界和平的真正威胁。到了
1949年5月2~7日进行的盖洛普民意测验（此时共产党已经打过了长江，
正在横扫整个中国南部），虽然听说过中国内战的人所占的比例上升了
（达到85%），但是他们对于援助国民党政府的热情却进一步下降。在这
85%的听说过中国内战的人中，对于"你认为美国能为中国做些什么"这
个问题，43%的人认为美国什么也不能做，只能让中国自己照顾自己；4%
的人认为现在已经为时太晚，什么都不能做，这是一个失败的目标；22%
的人认为应该在某种程度上帮助国民党人，提供粮食、武器或者金钱；2%
的人提出了其他的意见；14%的人表示不知道①。公众态度的这种变化为
美国政府考虑抛弃国民党政府，在中国寻找新的利益代理人提供了条件。
1949年10月1日中华人民共和国宣告成立，这个问题就以承认新中国的
形式提上了日程。

三　新中国成立之后美国政府在国共两党之间的选择

在中国共产党人的问题上，美国保守主义权势集团战后对杜鲁门政府
施加的第一个影响就是阻挠它建立一个包括中国共产党人的联合政府的努
力。当杜鲁门派马歇尔出使中国的时候，曾经把"建立一个强大的、统一
的、民主的中国"作为美国的长远目标，为此就需要扩大国民政府的基

---

① Dr. George H. Gallup, *The Gallup Poll: Public Opinion*, *1935-1971*, pp. 728-729, 773-774, 818.

础，使它真正成为全体中国人民的代表。所以，在杜鲁门 1945 年 12 月 15 日发表的对华政策声明中，"强烈建议由该国主要政治力量的代表参加的全国代表大会应该对于使这些力量在国民政府中获得公正和有效的代表权做出的安排达成一致意见"[①]。保守主义者对于杜鲁门的这种表示很不高兴，他们认为这是一个错误的政策，用范登堡参议员的话说："毫无疑问，我们自己的政府已经被中国革命分子关于他们仅仅是'诚挚的土改者'而不是实际上的共产党人的宣传所悲剧性地误导了。"对于他们来说，中国全面内战的爆发并非一个不受欢迎的坏消息。正如范登堡在 1947 年 2 月 10 日所写的："坦率地说，我不相信我们的军队从中国撤出就是'把中国丢给共产党人'。……美国的这一新政策实际上就是让中国国民政府放手'清剿'武装的共产党人。"因此他得出的结论是："我确信，坚定地支持中国国民政府的时刻已经到了——即使与此同时我们坚持中国的国民政府应该把自己的事情处理得更好。在我看来，幸好我们已经开始在每一条战线都直面共产党的挑战了。"[②]

然而，1949 年国民党政权在中国大陆上的崩溃和中华人民共和国的成立把一个更加尖锐的问题提到了美国政府和公众的面前，这次已经不是接受一个包括共产党人的联合政府，而是承认一个完全由共产党占主导地位的中央人民政府了。如果美国仍然想要在东亚大陆上保持一定的影响（虽然这种影响不可避免地将大为削弱）的话，那么它就必须承认新中国政府，并且抛弃已经逃到台湾的国民党政权。在 1949 年和 1950 年之交的冬天，美国的公众情绪是一方面明显地敌视中国的解放，另一方面又无可奈何地接受了这个现实。这时候的民意测验表明，要让公众现在就承认新生的中华人民共和国还为时过早。1949 年 10 月 30 日至 11 月 4 日，盖洛普公司进行了一次民意测验，发现在全国的被调查者中有 76% 的人听说过或读到过中国内战，其中 20% 的人认为应该承认新中国政府，42% 的人反对，14% 的人表示不知道。[③] 但是在涉及对华贸易时，公众的态度却宽容得多。

---

① 1945 年 12 月 15 日杜鲁门发表的对华政策声明，摘自 http://www.presidency.ucsb.edu/ws，2014 年 8 月 23 日。

② Arthur H. Vandenberg Jr. ed., *The Private Papers of Senator Vandenberg*, pp. 522-523.

③ Dr. George H. Gallup, *The Gallup Poll: Public Opinion, 1935-1971*, pp. 868-869.

在同一次民意测验中，盖洛普公司向这些了解中国内战的人提出了另一个问题："如果中国完全被共产党人控制，你认为美国是应该继续和中国的贸易呢，还是应该断绝和中国的贸易呢？"结果是，29%的人主张继续贸易，33%的人主张断绝贸易，14%的人表示不知道。因此，美国政府中研究公众舆论的机构认为，在对华政策问题上，尽管公众对新生的中华人民共和国仍然持敌视态度，但是接触的大门并未关闭，美国仍然存在调整政策的余地。1949 年 11 月 30 日由国务院准备的一份关于美国公众舆论的研究报告声称："对那些敏锐的观察家而言，在美国承认共产党政权问题上并不存在支配性的表示支持或反对的倾向。……大多数评论家仍然相信最终美国会承认中华人民共和国。"①

1949 年正好是杜鲁门第二届政府的头一年，艾奇逊取代了马歇尔担任国务卿一职。艾奇逊对于美国全球战略次序的理解是：欧洲必须拥有最高优先权。所以，他上任后，把主要力量放在德国问题和北大西洋公约的谈判方面，在中国问题上则主要依赖凯南和负责远东问题的助理国务卿沃尔顿·巴特沃思等人的建议，这些人都是反对继续援助国民政府的。2 月，艾奇逊在国家安全委员会上提出了新的对华政策，即"通过政治和经济手段利用在中国和苏联之间以及在中国共产党内外的斯大林主义者与其他力量之间出现的裂痕"，并得到了杜鲁门的批准。因此，当英国外交大臣贝文在 4 月初来到华盛顿签署北大西洋公约时，艾奇逊曾经向他谈到，美国希望在 6 月以后"能够执行一项更加现实主义的对华政策"②。

美国政府的第一个试探性举动就是在 1949 年 8 月 5 日发布了《美国与中国的关系》白皮书。白皮书企图达成两个目标，一方面通过把中国共产党的胜利归咎于国民政府所存在的基本弱点，减少保守主义权势集团与美国公众对于政府"未能有效援助中国"的批评。另一方面，虽然毛泽东此时已经公开宣布了"一边倒"政策，但是艾奇逊和国务院的官员们并没有放弃造成中苏分裂的希望。艾奇逊力图让美国人民对于政府可能会在对华政策上进行的调整做好心理准备。但实际情况表明，白皮书不仅没有实现

① 1949 年 11 月 30 日国务院公共舆论研究办公室的特别报告《美国对承认中国共产党政权的态度》，斯凯勒·福斯特文件（H. Schuyler Foster Papers），box 33。
② Wilson D. Miscamble, *George F. Kennan and the Making of American Foreign Policy*, p. 230.

这两个目的，结果还适得其反。

保守主义权势集团的议员和报刊针对白皮书展开了大规模的宣传活动。众议员周以德在 8 月 19 日首先发表长篇声明，指责白皮书遗漏了 1945 年一位陆军准将评论中国共产党的重要文件。接着，陈纳德等人又以"美国对华政策协会"的名义发表声明，提出了白皮书的 30 多项"遗漏和错误"。这些人指责说，白皮书没有承认一个事实，即由于未能在中国实行遏制政策，杜鲁门政府已经犯了一系列灾难性的错误。很快，保守主义者的指责就转变成了人身攻击。来自加利福尼亚州的参议员威廉·诺兰反对政府提名巴特沃思担任负责远东事务的助理国务卿一职，理由就是巴特沃思在上一届政府中的行动应该部分地为国民政府的崩溃负责，而且他还企图通过编撰白皮书粉饰和掩盖这些错误。保守主义媒体攻击政府的劲头丝毫不亚于国会议员。《时代》杂志认为，国民政府的失败是美国未能与它通力合作导致的结果。它指责杜鲁门政府在与亚洲的共产主义战斗时没有表现出与它在欧洲采取行动时同样的勇气，相反却"提出了一份破产请求，力图通过陈词滥调和反指控来弥补这一损失"①。《华尔街杂志》以《粉饰中国的失败》为名发表文章，抨击杜鲁门、艾奇逊的对华政策，以及美国在雅尔塔会议上的"绥靖"行为。《芝加哥每日论坛报》甚至把攻击的矛头直接指向罗斯福。

保守主义权势集团进行的宣传和攻击在美国公众中引起了巨大反响。1949 年 8 月 14~19 日，盖洛普民意测验向那些听说过或读到过白皮书的人提出了这样一个问题："你对于政府处理中国局势的方法怎么看？"53% 的人表示不赞成，26% 的人表示赞成，1% 的人认为美国应该帮助中国，2% 的人认为美国应该撤出中国，18% 的人表示不知道②。这种不满情绪迅速转变成对政府官员的愤恨。周以德收到了大量信件，要求他加强清洗国务院的努力，因为那里充满了"红色分子"、"粉红色分子"或"共产党人"。一个来信甚至认为迪安·艾奇逊"今天已经变成了……一度受到共产党人操纵的国务院所遗留下来的最重要的共产党同路人"③。

① *Time*, August 15, 1949, pp. 11-13.
② Dr. George H. Gallup, *The Gallup Poll*: *Public Opinion*, *1935-1971*, p. 852.
③ 关于这些信件，见周以德文件（Judd Papers），box 199。

　　国会中的保守主义议员们成功地利用这种公众情绪，在国会中提出了要求向国民党政权提供更多援助的一系列议案，结果都遭到了政府强烈而且有效的反对。于是，这些保守派议员就利用政府的援欧方案来发泄他们的不快。众议院马上提出一项议案，把政府要求的对北约国家的 11 亿美元军事援助减少一半。在周以德等人的强烈支持下，这个议案以 209 票对 151 票在众议院得到通过。在参议院也同样提出议案，要求将给欧洲的军援基金减少 3 亿美元，这个议案仅以 10 票对 13 票的微弱劣势未能得到参议院的批准。最终，政府不得不向保守派议员们妥协。参议院通过了范登堡参议员的建议，拨款 7500 万美元用于援助"中国一般地区"。在政府接受了这个建议后，众议院同意把向北约国家提供的军事援助恢复到原来数额①。保守主义权势集团的努力又一次扼杀了美国政府削弱与国民党政权的联系，增加它在对华政策上活动余地的尝试。

　　不过，美国政府并没有完全放弃调整对华政策的希望。因为尽管白皮书的发表未能降低对政府政策的抨击，但是它至少达到了另外一个目的，成功地增加了美国人对蒋介石的恶感。在 1949 年 8 月 14～19 日的民意测验中，对于"你对蒋介石的看法如何"这个问题，21% 的人持赞同的观点，35% 的人持反对的观点，44% 的人表示不知道。而对于"你认为美国是否应该力图帮助蒋介石"这个问题，25% 的人认为应该，44% 的人认为不应该，31% 的人表示不知道②。从这个角度来看，抛弃国民党政府，承认中华人民共和国以保持美国在东亚大陆上影响的政策还是有可能得到公众支持的。更重要的是，在 1949 年 10 月 6～8 日，国务院召集了 24 名对中国感兴趣的著名学者和企业家进行了一次"圆桌会议"，讨论远东局势问题。与会者中包括了欧文·拉铁摩尔、费正清、鲍大可等中国问题专家。会上，承认中华人民共和国成为与会者最为关注的题目，讨论的结果是，"有着非常普遍的认识，即需要承认中国的共产党政权，而且要相当快地承认它"。对于政府来说，这些专家的意见无疑给了它巨大的信心。③

① 〔美〕邹谠：《美国在中国的失败》，王宁、周先进译，第 444 页。
② Dr. George H. Gallup, *The Gallup Poll: Public Opinion, 1935-1971*, pp. 852-853.
③ 关于这次圆桌会议的情况，详见资中筠《追根溯源：战后美国对华政策的缘起和发展，1945~1950》，上海人民出版社，2000，第 237~240 页。

在这种背景下，美国政府再次企图为调整对华政策进行铺垫，这次的铺垫包括两方面内容。一方面是艾奇逊在 10 月 12 日的记者招待会上重申了适用于承认新政府的 3 项主要条件：（1）它控制它自称控制的那个国家；（2）它承认它的国际义务；（3）它的统治得到被统治人民的默许①。美国政府相信，中国人民解放军解放台湾只是时间问题。一旦国民党政府不复存在，承认中华人民共和国就顺理成章了。因此，艾奇逊在此时提出承认新政府的 3 项条件似乎是在暗示美国人民，这种承认可能为时不远。另一方面，美国政府开始制定政策，进一步减少与国民党政权之间的联系。1950 年 1 月，杜鲁门下令彻底断绝对台湾国民党政府的援助。1 月 8 日，当中华人民共和国政府向联合国及安理会发出电报，要求驱逐"中国国民党反动集团残余"在联合国中的代表时，美国代表在就这个问题进行的讨论中表示，美国将反对驱逐国民政府代表，但是美国政府认为这个问题是程序性的而非实质性的，因此他的反对并不等同于行使否决权。这就意味着如果安理会中的大多数理事国都同意驱逐国民政府代表，而接纳中华人民共和国代表的话，美国将会默认这一事实。

然而，在保守主义权势集团的强大影响下，美国政府的这些尝试仍然未能逃脱失败的命运。保守主义权势集团坚决反对承认中华人民共和国。早在 1949 年 6 月 24 日，诺兰参议员就给杜鲁门总统发出了一份由 16 名共和党和 6 名民主党参议员签名的信件，要求总统明确表示，现在不考虑承认共产主义势力②。1950 年 1 月 14 日，中华人民共和国政府宣布没收北京的美国领事馆财产，美国政府宣布召回所有在华美国官员，并关闭一切美国官方机构。保守主义议员们立刻抓住此事大做文章，宣称美国对华政策已经破产。诺兰参议员建议"对此政策负责的人应该向总统提出辞呈"。新罕布什尔州的共和党参议员斯泰尔斯·布里奇斯则威胁说："如果我们的负责官员不改换我们的政策，那就到了改换我们的官员的时候了。"最终，在保守主义权势集团的压力下，艾奇逊不得不在 1 月 18 日的记者招待会上表示，中华人民共和国没收美国领事馆表明，它并不想要美国的承

---

① 〔美〕邹谠：《美国在中国的失败》，王宁、周先进译，第 447 页。
② 〔美〕邹谠：《美国在中国的失败》，王宁、周先进译，第 446 页。

认①。就这样，美国通过承认新的中国政府来尽力保持它在东亚大陆上影响的最后一次努力也化为泡影。

同时，保守主义权势集团的猛烈抨击也使杜鲁门政府不仅未能切断反而进一步加强了与台湾国民党政府的联系。以共和党人为主的保守主义势力要求采取强硬措施，帮助国民党政权防守台湾。1949 年 11 月 4 日，新泽西州的共和党参议员霍华德·亚历山大·史密斯给艾奇逊写信，建议美国违背《开罗宣言》和《波茨坦公告》的规定，宣称台湾在技术上仍然是日本的一部分，美国可以以对日占领国的身份占领台湾。于是，"台湾地位未定论"初露端倪。12 月 8 日国民政府迁到台湾和 12 月 23 日国务院颁发对台湾问题的特别指示这两件事，导致保守主义权势集团要求积极援助台湾的呼声变得越来越高。罗伯特·塔夫脱参议员声称，如果有必要，美国应该向台湾海峡派出海军舰队以确保该岛屿不落入共产党之手。前总统赫伯特·胡佛则进一步把美国应该向国民党政权提供的海军保护范围从台湾扩大到澎湖列岛和海南岛。尽管这些建议过于极端，但它们已经清楚地向政府表明，保守主义权势集团反对美国政府切断与台湾国民党政权的联系。即使政府拒绝采取占领台湾或向它提供美国海军保护那样的极端措施，至少也不能对台湾的命运完全放手不管。为了使美国对台湾的援助能够继续下去，保守主义议员们又故伎重施，抓住政府要求向韩国提供 0.6 亿美元经济援助的议案大做文章，最终迫使政府同意在援韩法案上附加一项条款，将 1948 年援华法案的期限再次延长到 1950 年 6 月 30 日。到了 1950 年 3 月，在对 1951 财政年度的对外经济援助法案进行辩论时，援华法案的期限又被延长到 1951 年 6 月 30 日。美国对台援助继续维持下去②。而随着《中苏友好同盟互助条约》的签订和朝鲜战争的爆发，美台关系再次迅速升温。持续达 20 多年的美国对华政策框架就此形成。

总之，20 世纪 40 年代，保守主义权势集团作为在野的政治力量，它在美国对华政策上的影响在很大程度上是通过操纵民间舆论来完成的。这

---

① 〔美〕邹谠：《美国在中国的失败》，王宁、周先进译，第 449 页。
② 关于援助台湾方面的辩论情况，详见〔美〕邹谠《美国在中国的失败》，王宁、周先进译，第 456~266 页。

种舆论将中国塑造成一个有可能在美国的指引下走上民主道路，却被傀儡政权强行变成外国侵略势力附庸的不幸国家。这个形象与当时美国社会上的反共意识形态完美地结合起来，形成了强大的舆论压力。这种舆论压力则使保守主义权势集团能够通过国会议员成功地影响政府的对华政策。然而，应该指出的是，保守主义权势集团在对华政策上的原则与杜鲁门政府是基本相同的——既承认蒋介石政府为中国唯一的合法政府同时又不能在军事上卷入中国。这种契合性在很大程度上是保守主义权势集团的主张能够顺利被政府接受的根本原因，也使美国政府不能正确评价未能及时调整对华政策的后果，那就是，由于美国拒不承认中华人民共和国，它将丧失对包括中国及其周边地区在内的整个东亚大陆的影响力。未能认识到这一点使美国仍然企图干涉东亚大陆上的事态进程，并使它最终卷入了朝鲜战争。

民主德国民族政策的演变
及其失败原因探析[*]

王　超

【摘要】二战后，受美苏冷战的直接影响，战败的德国被分裂为两个国家——联邦德国和民主德国。面对这种人为的分裂，民主德国起初坚持了"一个民族一个德国"的政策。但由于两德在统一问题上存在根本性分歧，在两德竞争中处于下风的民主德国逐步放弃了民族统一的旗帜。20世纪70年代初，昂纳克政府开始提出并践行"两个民族两个德国"的政策，民主德国由此彻底走上了民族分裂主义道路。然而，该政策并没有实现维持国家稳定的目标，究其原因在于民主德国自身经济和社会政策的失误、联邦德国"接触政策"施加的影响以及苏联在德国政策上的巨大转变。

【关键词】民主德国　民族政策　德国统一

在战后德国分裂时期，两个德国都曾为实现德意志民族的重新统一付出努力。与联邦德国始终奉行"一个民族"和"民族统一"政策不同，民主德国的民族政策和德国政策经历了由"一个民族一个德国"到"两个民族两个德国"的转变。民主德国民族政策的转变与其在德国政策上的调整紧密相连。然而，民主德国的民族分离主义政策只是给它带来暂时性的稳定，德意志民族问题依旧存在。20世纪90年代初，德意志民族的重新统一印证了这一点。因此，对战后民主德国的民族政策进行研究，可以从另一个视角去探究民主德国消亡的原因。本文拟通过具体考察战后民主德国民族政策的发展演变，揭示导致该政策最终失败的三大因素。

---

* 本文原载《云南民族大学学报》（哲学社会科学版）2017年第3期。

一 战后民主德国民族政策的演变

（一）从"一个民族一个德国"到"一个民族两个德国"

二战后，德国的分裂是其纳粹政权发动第二次世界大战失败的结果，也是美苏两大超级大国冷战的产物。受冷战的直接影响，德国西、东占区在美苏的扶持下逐步衍化为两个德意志国家。为了克服这种人为的分裂，两德在建国之初就将完成祖国统一作为主要任务。1949年5月，联邦德国公布了一部过渡性宪法——《基本法》，在其序言中这样写道："……全体德意志人民仍然要求，在自由的自决中实现德国的统一和自由。"① 随后，首任联邦总理康拉德·阿登纳在其政府声明中明确表示："联邦政府的最高目标就是以和平自由的方式完成国家的重新统一。"②

民主德国成立后，德国人民委员会随即宣布成立全国阵线的目的，其中就包括统一德国③。总理奥托·格罗提渥在施政纲领中强调，工农国家政权将坚定不移地为和平，为德意志民族的重新统一而奋斗④。此外，民主德国在其首部宪法中也加入了维护国家统一的规定——"德国是由德国各州组建的一个不可分割的民主共和国，……只存在一个德国国籍"⑤。显然，民主德国的这部宪法是为一个统一的德国撰写的，并不仅限于在苏占区单独成立的社会主义国家。

成立初期，民主德国高举民族统一的旗帜迎合了德意志人民要求重新统一的愿望。它试图动员在德国东西部所有的民族力量，以实现民族国家重新统一的梦想。然而，由于两德在德国统一问题上存在根本性分歧，民

① Ingo von Münch（Hrsg.）, *Dokumente des geteilten Deutschland*, Bd. 1, Stuttgart: Alfred Kröner, 1976, p. 91.
② Klaus von Beyme（Hrsg.）, *Die Großen Regierungserklärungen der Deutschen Bundeskanzler von Adenauer bis Schmidt*, München: Carl Hanser, 1979, p. 53.
③ 参见《民主德国全国阵线宣言》，世界知识社编辑《欧洲安全和德国问题文件汇编》（第一集），世界知识社，1956，第134页。
④ Ernst Diehl, *Geschichte der Sozialistischen Einheitspartei Deutschlands: Abriss*, Berlin: Dietz, 1978, pp. 219-220.
⑤ Rudolf Schuster, Werner Liebing（Hrsg.）, *Deutsche Verfassungen*, 13. Aufl., München: W. Goldmann, 1981, p. 189, 212.

主德国尽管为争取民族统一做出过不懈努力，但始终没有取得任何成果。面对联邦德国坚决奉行向西方"一边倒"的政策，加快社会主义建设开始成为民主德国政府的基本任务。与此同时，德国统一社会党还把向劳动人民解释民族问题的社会内容视为首要的思想政治工作。为此，它明确指出，民族问题本质上是阶级问题，须在工人阶级及其同盟军消灭垄断资产阶级统治的斗争中得到解决①。

尽管如此，民主德国这一时期奉行的仍是"一个民族一个德国"政策。在其看来，两德国民皆属于同一个民族——德意志民族，只是民族内部存在阶级斗争。1954 年，中央委员会第一书记瓦尔特·乌布利希在统一社会党党代会上作总结发言时讲道："我们赞成一个统一的德国，因为在我们祖国西部的德国人是我们的同胞，因为我们爱我们的祖国，因为我们知道，恢复德国统一是必然的历史发展规律。"②

到了 50 年代中后期，随着美苏冷战进入全面对抗状态以及两德先后加入相互对立的东西方阵营，德国统一问题逐渐陷入僵局之中。与此同时，西方国家利用西柏林特殊的地理位置，不断地对民主德国进行渗透，吸引其公民大量出逃。民主德国的安全稳定也因此面临着越来越大的挑战。直到 1961 年 8 月，民主德国通过修建"柏林墙"才有效抑制了人员的外逃。"柏林墙"建立后，统一社会党为了维护和巩固自身政权的稳定，防止本国被联邦德国并吞，逐步放弃了德国统一的旗帜。

1967 年，民主德国政府将"全德问题秘书处"更名为"西德问题秘书处"，随后又颁布了《民主德国国籍法》。同时，民主德国极力要求联邦德国从国际法上承认其独立主权国家的地位。1968 年 4 月，民主德国放弃了 1949 年以"全德"为基础的宪法，开始在新宪法的第 1 条将自己称为"德意志民族的社会主义国家"③，把宪法内容范围缩小到只适用于本国。显然，民主德国已经放弃了作为全德核心的要求，通过建立自己的国家，来替代过去的法定国家，并以此作为其"两个德国"的分裂主义政策的

---

① Ernst Diehl, *Geschichte der Sozialistischen Einheitspartei Deutschlands*: *Abriss*, p. 232.

② 世界知识社编《德国统一社会党第四次代表大会文件选辑》，纪年译，世界知识社，1956，第 211~212 页。

③ Rudolf Schuster, Werner Liebing (Hrsg.), *Deutsche Verfassungen*, p. 243.

基石。

此外，从 1964 年 12 月开始，民主德国还对来自西方国家的访问者实行最低兑换额制度①，以减少西方国家（尤其是联邦德国）对其公民的影响。1968 年 6 月，民主德国提高了最低兑换额度，由原来的每天 5 马克升为 10 马克②。对于联邦德国公民而言，这一规定增加了他们到民主德国探亲访友的经济负担，迫使一部分人放弃了访问计划。此后，该政策成为民主德国贯彻分裂主义政策的一个重要手段，对两德人员的正常交往构成了很大的障碍。

（二）"两个民族两个德国"政策的提出与实践

20 世纪 60 年代中后期，随着东西方关系的日益缓和以及美苏对德国分裂现状的默认，联邦德国政府被迫在德国政策上改弦更张。1969 年 9 月，社民党人勃兰特当选总理后，开始全面施行"以接近求转变"的政策。勃兰特政府认为，"当前现实的政策目标在于克服两德间的僵化关系，以维护民族的统一。……但须强调两德不互为外国，双方的关系是德意志内部的特殊关系"③。此外，勃兰特政府始终坚持"一个民族"和"文化民族"的提法。1970 年 1 月，勃兰特在《德意志民族状况报告》中讲道："'民族'的含义和内容更多的是指共同的语言和文化，而非国家和社会制度。民族是建立在民族成员持久的民族归属感的基础之上的。"④ 弗兰克部长在一次年会中也谈到，"在德国，德意志民族的统一性是不可分割的。……两德人民的民族意识、民族归属感以及民族意志是德意志民族统一的重要支撑"⑤。

---

① 在民主德国境内的外国访问者被要求每天必须按照 1 联邦马克兑换 1 民主德国马克的汇率，兑换一定数量的民主德国马克。两种货币币值相差很大，联邦德国马克更值钱。
② Bundesministerium für innerdeutsche Beziehungen (Hrsg.), *Texte zur Deutschlandpolitik*, Reihe I/Bd. 2, Bonn: Deutscher Bundes-Verlag, 1968, p. 175.
③ Bundesministerium für innerdeutsche Beziehungen (Hrsg.), *Texte zur Deutschlandpolitik*, Reihe I/Bd. 4, Bonn: Deutscher Bundes-Verlag, 1970, pp. 11-12.
④ Bundesministerium für innerdeutsche Beziehungen (Hrsg.), *Texte zur Deutschlandpolitik*, Reihe I/Bd. 4, Bonn: Deutscher Bundes-Verlag, 1970, p. 203.
⑤ Bundesministerium für innerdeutsche Beziehungen (Hrsg.), *Texte zur Deutschlandpolitik*, Reihe I/Bd. 6, Bonn: Deutscher Bundes-Verlag, 1971, pp. 247-248.

20 世纪 70 年代初，在东西方大气候进一步缓和的带动下，两德关系开始解冻。特别是《两德基础条约》签订后，双方在经济、贸易、文化以及人员等方面的交往日益增多。民主德国担心联邦德国的"接触"政策及其民族政策会对国家安全和社会稳定造成冲击，于是便开始进一步削弱本国公民的德意志民族认同意识。这一时期，除继续坚称两德已是完全分开的两个国家外，民主德国最高领导人又提出了"两个民族"的主张。

1970 年 1 月，乌布利希在一次新闻发布会上驳斥了勃兰特的民族理论。他说，"当前，勃兰特之所以以一种神秘方式谈论民族统一，是因为他需要这一虚幻主张以避免同民主德国建立正常的、平等的、国际法上的关系"①。同年 12 月，在统一社会党 25 周年筹备委员会会议上，乌布利希又进一步讲道："资产阶级的德意志民族作为一个统一的民族，在从封建主义过渡到资本主义的演变过程中早已消亡。民主德国是社会主义的德意志国家，已经完成了社会主义民族的构建过程。"②

1971 年 5 月，昂纳克接任民主德国最高领导人后，继续贯彻前任的"划界"政策。他强调，"联邦德国颇有影响的势力把宝押在一些历史因素上，如同一个民族、同一种语言、相同的历史和文化以及在旧德国形成的千丝万缕的亲戚联系，妄想抹掉我们的社会主义制度。……在德意志民主共和国，在社会主义的德意志国家里正在形成着社会主义民族"③。

显然，民主德国政府的"两个民族"主张是以阶级理论为基础的，它将民族概念进行政治意识形态化，以阶级斗争代替历史上长期形成的民族共同体。其目的是通过培养独立的国家和民族认同，彻底切断连接两个德国的政治和民族纽带，进而维护和巩固民主德国的主权独立。可以说，民主德国政府的"两个民族"主张进一步强化了其"两个德国"政策。民主德国也由此彻底滑向了民族分裂主义的深渊。

与此同时，昂纳克政府开始大力推行民族分裂主义政策。除继续要求

① Bundesministerium für innerdeutsche Beziehungen（Hrsg.），*Texte zur Deutschlandpolitik*，Reihe I/Bd. 4，pp. 261–262.

② Bundesministerium für innerdeutsche Beziehungen（Hrsg.），*Texte zur Deutschlandpolitik*，Reihe I/Bd. 6，p. 291.

③ 〔民主德国〕埃里希·昂纳克：《我的经历》，龚荷花等译，世界知识出版社，1987，第 334 页。

联邦德国从国际法上承认其主权国家地位之外，其主要措施还包括彻底放弃民族统一旗帜，不断在两德人员交往方面设置障碍，以及培养社会主义的国家认同感和民族认同感。

1974 年 10 月，民主德国开始以修改宪法的形式，勾销了 1968 年宪法中有关德意志民族和德国统一的提法。例如，1974 年宪法第 1 条不再宣称民主德国是"德意志民族的社会主义国家"，改称为"工农社会主义国家"。第 8 条删除了克服德意志分裂状态以及逐步实现德国统一的相关内容。第 6 条则更加突出强调，"民主德国是社会主义大家庭不可分割的组成部分"①。显然，这种大家庭内部的忠诚通过正式文件排斥了全德意志的民族忠诚。这部宪法实际上是把德意志民族国家的分裂以法律形式予以了肯定。不过，民主德国虽在宪法中取消了"德国国家"这一概念，但无法抹掉她的德意志身份。

在限制两德人员交往方面，民主德国继续使用提高最低兑换额的策略。1973 年 11 月，民主德国第二次提高最低兑换额度。按照规定，来自非社会主义国家和西柏林的访问者在东柏林每天须兑换 10 马克，在其他地区每天须兑换 20 马克，不满 16 周岁的来访者可免除兑换义务②。1980 年 10 月，最低兑换额度再次上调。在民主德国境内，来访者每天的最低兑换额统一上调至 25 马克，领取养老金者也不例外。14 岁以下的儿童每天则须兑换 7.5 马克。民主德国的这一举措对两德间的人员往来影响很大。在其实施后的两个月间，来自联邦德国和西柏林的旅行者人数同比分别下降 24%和 60%③。

在培养公民对社会主义国家和民族的认同感方面，民主德国则将工作重心放在建设发达的社会主义社会上。自昂纳克上台以来，统一社会党大力施行"经济与社会政策相统一"的新方针。这是一项广泛的社会政策纲领。国家财政中的社会基金开支不断增加，主要用于扩大住房建筑；稳定

① Rudolf Schuster, Werner Liebing (Hrsg.), *Deutsche Verfassungen*, pp. 218-219.
② Bundesministerium für innerdeutsche Beziehungen (Hrsg.), *Texte zur Deutschlandpolitik*, Reihe II/Bd. 1, Bonn: Deutscher Bundes-Verlag, 1975, p. 286.
③ Bundesministerium für innerdeutsche Beziehungen (Hrsg.), *Innerdeutsche Beziehungen. Die Entwicklung der Beziehungen zwischen der Bundesrepublik Deutschland und der Deutschen Demokratische Republik 1980-1986: Eine Dokumentation*, Bonn, 1986, p. 8.

消费物价、公用事业费和房租；发展教育和卫生事业；用于疗养、文化和体育事业①。借助民主德国业已取得的经济成就，昂纳克政府希望通过这项政策提高劳动群众的福利水平，使他们更加积极地投身到社会主义事业中去。

一直到 20 世纪 80 年代末，民主德国尽管维持着暂时的稳定，但它并没有解决战后长期存在的德意志民族问题。1989 年，一些东欧国家的政局相继发生剧变，民主德国的形势随后也发生了出人意料的变化。特别是"柏林墙"开放和倒塌后，统一社会党领导层对国内局势开始失控。最终，内忧外困的民主德国被迫放弃了民族分裂主义政策，德意志民族随后再次实现了统一。

二 民主德国民族政策失败的原因

（一）民主德国经济和社会政策的失误

在战后德国分裂时期，两个德意志国家一直互为镜像。由于民主德国的经济和社会发展水平长期落后于联邦德国，民主德国在争夺民族统一主导权的竞争中处于下风。为了避免被联邦德国吞并，民主德国逐步放弃了民族整体利益，走上了民族分裂主义道路，但其最终没有逃脱消亡的命运。这些与民主德国经济和社会政策的失误有着密切联系。

与联邦德国相比，民主德国在人口、面积、经济结构以及重要的工业原材料资源等方面存有明显的劣势，致使其先天不足。民主德国成立后在经济上照搬苏联计划经济模式，导致国民经济发展长期失调。在民主德国，每一个零部件生产多少都是有定额的，超过了不行，少了也不行，而不是按市场要求生产②。随着这种经济模式的弊端逐步暴露，民主德国公民大量出逃至联邦德国。这在政治、经济和安全上给民主德国带来了严重问题。

1961 年，"柏林墙"的建立给民主德国创造了一个相对平稳的环境。

---

① 〔民主德国〕埃里希·昂纳克：《我的经历》，龚荷花等译，第 217~218 页。
② 徐鹏堂编《嬗变——访谈中国前驻东欧八国大使》，中共党史出版社，2010，第 172 页。

通过全面推广"新经济体制",民主德国的经济在随后几年里取得了较快发展,国民生活水平也有了较大提高,但与联邦德国相比仍有很大的差距。1970 年,联邦德国的国民生产总值位列资本主义世界第三位,商品出口额排名世界第二,黄金储备高居世界第一①。就生活水平而言,民主德国在 60 年代是苏东阵营最高的国家,但其 60 年代末的水平与联邦德国 60 年代初的水平相当②。由于这种经济实力和生活水平对比的不平衡,民主德国政府担心两德间过多的接触和交往会威胁自身的稳定。于是,民主德国开始在民族问题上与联邦德国划清界限,试图以此瓦解历史上长期形成的民族认同意识,并在自我封闭的环境中培养新的、独立的国家和民族认同,抵制来自联邦德国的影响。

70 年代初,昂纳克政府提出了"经济和社会政策相统一"的新方针。民主德国希望借此增强国民对社会主义国家的认同感,对外彰显民主德国社会主义制度的优越性,进而与联邦德国形成有力竞争,尽可能地抵制两德间交往对国家稳定带来的种种挑战,尤其是联邦德国高度发达的物质生活对本国公民的吸引力,进而支撑其"两个民族两个德国"的民族分裂主义政策。

不过,由于当时世界主要原料价格和商品价格不断攀升,民主德国在原材料和能源方面又高度依赖进口,在缺乏科技创新的情况下,民众的收入是有所提高了,但是经济发展的动力却明显不足。两者之间存在很大差距。于是,出现了经济发展速度缓慢而福利增长过快的现象。高投入的社会福利政策不仅给民主德国的经济发展带来沉重的负担,还造成民主德国财政困难,债务状况日益恶化。

80 年代初,世界经济危机的爆发为民主德国的经济发展带来巨大压力。与此同时,民主德国的西方债务不断增加,致使它在国际金融市场上面临着破产的危险。出于对民主德国偿还能力的担忧,西方国家关闭了向其发放新贷款的大门。此时的苏联鉴于其自身的经济问题也无法为其提供

---

① 复旦大学资本主义国家经济研究所《战后西德经济》编写组编《战后西德经济》,上海人民出版社,1975,第 5~8 页。

② 〔联邦德国〕卡尔·哈达赫:《二十世纪德国经济史》,扬绪译,商务印书馆,1984,第142 页。

有效的帮助。民主德国借贷无门，只好转向联邦德国寻求帮助。最终，民主德国通过放松对两德人员交往的限制，换取了联邦德国近 20 亿马克的贷款，暂时延缓债务危机的升级①。到了 80 年代后期，民主德国的经济每况愈下，两德经济水平的差距更为凸显。1989 年，民主德国的人均国民生产总值是 11829 马克，联邦德国则是 35856 马克，民主德国的人均国民生产总值为联邦德国的 33%②。

1989 年 9 月，当匈牙利宣布开放西部边境后，民主德国出现了大规模的移民潮和示威潮，致使民主德国的国民经济濒临崩溃。虽然克伦茨上任后进行了大刀阔斧的改革，但是仍没有抑制民主德国日益恶化的社会状况。在经济领域，国民经济比例严重失调，生产性积累率下降，不能完成预定计划目标。生产设施的损耗程度严重③。在生活领域，存在隐性的物价上涨，价格低廉的商品越来越经常地从货架上消失④。由于经济状况得不到及时有效的改善，民众对政府的不满情绪日益高涨。这在南部一些经济较差的地区体现得尤为明显。1990 年初，这些地区的民众在游行示威时常常打出这样的标语："西德马克过来，我们就留下来；西德马克不过来，我们就到那边去！"⑤

面对严重的经济社会危机，民主德国莫德罗政府开始寄希望于联邦德国的支持。为了换取科尔政府的经济援助，民主德国不得不放弃之前奉行的民族分裂主义政策，转而表示赞同逐步实现德国的统一。此时，民主德国政府不再通过实施改革来应对经济困境，稳定社会秩序，而是期望通过实现德国统一来化解当前的社会危机。最终，民主德国以并入联邦德国的方式促成了德意志民族的重新统一。

---

① 详情参见王超《论科尔政府务实的德国政策——以十亿马克贷款为例》，《武汉大学学报》（人文科学版）2014 年第 6 期，第 59~65 页。

② 姚先国、〔德〕H. 缪尔德斯：《两德统一中的经济问题》，科学技术文献出版社，1992，第 45 页。

③ 〔德〕克里斯塔·卢夫特：《最后的华尔兹——德国统一的回顾与反思》，朱章才译，中央编译出版社，1995，第 151 页。

④ 〔民主德国〕埃贡·克伦茨：《大墙倾倒之际——克伦茨回忆录》（内部发行），沈隆光等译，世界知识出版社，1992，第 154~155 页。

⑤ 〔德〕克里斯塔·卢夫特：《最后的华尔兹——德国统一的回顾与反思》，朱章才译，第 152 页。

（二）联邦德国“接触”政策施加的影响

与民主德国不同，联邦德国自建立伊始，就始终不渝地奉行“一个民族”和“民族统一”政策。1961 年“柏林墙”的建立以及随后美苏关系的日趋缓和，使联盟党阿登纳政府“以对抗求统一”的政策走入死胡同。此时，在野的社民党开始重新思考民族统一问题。1963 年 7 月，社民党人埃贡·巴尔提出了两个著名的观点：“以接近求转变”以及“小步子策略”。其核心思想是：在东西方关系以及两德关系上，通过加强对话接触，促进相互了解，打破双方长期僵持的局面，进一步推动欧洲的缓和与和解进程，从而“打开通向德国重新统一的大门”[①]。

1969 年，社民党人勃兰特领导的联邦政府对民主德国开始大力推行“以接近求转变”的接触政策。这一政策一直延续至 80 年代末期。在此期间，联邦德国注重利用各种经济杠杆来密切两德关系，换取民主德国在两德人员交往方面的让步，以此来维系日益疏远的德意志民族的认同意识，抑制民主德国划界政策产生的消极影响，为日后德意志民族的重新统一创造有利的内部条件。

自战后德国分裂以来，德国内部贸易一直被联邦德国视为国内贸易，同时作为连接两德的经济纽带。它也是联邦政府德国政策的一个重要组成部分。巴尔部长曾这样讲道：“联邦德国和民主德国虽分属于两个不同的经济合作组织，但其相互间具有特殊的贸易体制。……在处理双方基本关系时，像贸易这样一个重要的领域是不能缺少的。……对此，联邦政府无意做出改变，也不允许改变，因为它对于民族利益而言非常重要。”[②]

对于联邦政府而言，发展德国内部贸易的政治意义大于经济意义。德国内部贸易通常占联邦德国外贸总额的 2%左右，而占民主德国外贸总额的比例约为 10%[③]。为了缓和两德关系，改善两德人员往来，联邦政府甘

---

① Willy Brandt, *People and Politics: The Years 1960-1975*, Boston: Little, Brown and Company, 1978, p. 27.

② Bundesministerium für innerdeutsche Beziehungen (Hrsg.), *Texte zur Deutschlandpolitik*, Reihe I/Bd. 12, Bonn: Deutscher Bundes-Verlag, 1973, p. 291.

③ Statistisches Bundesamt (Hrsg.), *Statistisches Jahrbuch für die Bundesrepublik Deutschland*, Stuttgart: Metzler-Poeschel, 1990, p. 251.

愿付出一定的经济代价。例如，在德国内部贸易中，民主德国单方面享受联邦德国对其免关税、免出口附加税、享有欧共体成员国的一些优惠措施。此外，为了促进德国内部贸易的发展，联邦德国还在该贸易框架内引入了无息透支贷款。民主德国经常把它当作一个长期贷款来使用，这样可以为其省去大笔贷款利息。

由于民主德国对德国内部贸易存在一定的依赖性，联邦德国经常将其作为一种杠杆，促使民主德国放松对两德人员交往的限制。例如，1974年，联邦政府通过延长无息透支贷款协定和提高无息透支贷款额度的方式，令民主德国免除了联邦德国养老金领取者的强制兑换义务。额外经济负担的去除无疑会提高他们赴民主德国探亲访友以及旅行的积极性，进而推动两德间的人员交往。

20 世纪 80 年代初，为了尽快消除欧洲中导危机对两德关系产生的负面影响，进一步改善两德间的人员交往与过境旅游交通，联盟党科尔政府先后向深陷外债危机的民主德国提供了两笔担保贷款，总额近 20 亿联邦马克。之后，民主德国也相应地给予了一些回报——免除联邦德国部分青少年的最低兑换义务，降低联邦德国退休人员的最低兑换额，延长来访者的停留时限等①。与此同时，民主德国对两德旅行交通方面的限制也有所松动。

除德国内部贸易、无息透支贷款以及商业贷款外，联邦德国还积极通过其他经济手段来促进两德关系发展。特别是在改善两德间人员交往方面，联邦德国向民主德国提供的非商业性财政支付所起到的作用更为直接。例如，从 1970 年到 1980 年底，民主德国从联邦政府一共获得了 60 多亿马克的非商业性财政支付②。其中，直接财政支付额为 35.81 亿马克，这笔开支主要用于支付过境费。间接财政支付为 4.42 亿马克，主要用于补偿民主德国向联邦德国公民个人收取的税费。同一时期，联邦政府向民主德国支付的签证费以及通行费也达到了 5.2 亿马克③。

---

① Bundesministerium für innerdeutsche Beziehungen (Hrsg.), *Texte zur Deutschlandpolitik*, Reihe Ⅲ/Bd. 2, Bonn: Deutscher Bundes-Verlag, 1985, pp. 294-295.

② Deutsches Institut für Wirtschaftsforschung (Hrsg.), *Handbuch DDR-Wirtschaft*, Reinbek bei Hamburg: Rowohlt, 1985, p. 326.

③ Bundesministerium für innerdeutsche Beziehungen (Hrsg.), *Texte zur Deutschlandpolitik*, Reihe Ⅱ/Bd. 8, Bonn: Deutscher Bundes-Verlag, 1983, p. 296.

可见，联邦德国政府经常利用经济上的施惠政策，换取民主德国在两德人员交往领域的让步。随着两德关系的不断改善，两德人员来往也日益频繁。据统计，1970 年民主德国公民到联邦德国旅游人数为 104.8 万人，1980 年为 155.5 万人，到 1988 年激增至 674.7 万人。1970 年联邦德国公民到民主德国旅游人数为 125.4 万人，1980 年为 350 万人，到 1988 年达到 555.2 万人。1972 年，来自民主德国紧急家庭团聚的人数为 1.14 万人，到 1986 年增至 24.4 万。自 1984 年民主德国批准本国公民移居联邦德国之后，1987 年移居联邦德国的人数为 11459 人，而 1988 年前 11 个月就达到了 25135 人[①]。

两德人员交流交往日益频繁，缓解了因长期相互隔离而产生的隔阂，从而有助于维系德意志民族共同的认同感。最突出的表现便是，80 年代末，在民主德国国内爆发的一系列游行示威浪潮中，民主德国公民不断高呼要求民族统一的口号——"德国，统一的祖国""我们是一个民族"，进一步推动了德国统一的进程。此时，联邦德国科尔政府牢牢抓住历史赋予的宝贵机遇，凭借自身强大的经济实力，果断地对民主德国展开统一攻势，最终促成了德意志民族的重新统一。

（三）苏联在德国政策上的巨大转变

自二战后德国分裂伊始，外部环境便成为阻碍德意志民族重新统一的一个重要因素，即德意志两部分分属于相互对抗的两大政治军事集团这一残酷事实。由于民主德国是在苏联的扶植下建立起来的，且国家安全和社会稳定也依靠后者提供保障。因此，民主德国一直被视为苏联的一个卫星国，其民族政策和德国政策势必会受到苏联因素的制约和影响。

20 世纪 50 年代初，苏联最高领导人斯大林希望能够迅速达成对德和约，并且建立一个中立的、统一的德国。为此，苏联直到 1954 年才承认民主德国的主权。在此期间，对民主德国争取民族统一的各种努力，苏联不仅给予了大力支持，还曾多次提议就对德和约事宜进行谈判。然而，由于

---

① Bundesministerium für innerdeutsche Beziehungen (Hrsg.), *Texte zur Deutschlandpolitik*, Reihe Ⅲ/Bd.6, Bonn: Deutscher Bundes-Verlag, 1989, p.545.

西方三国包括联邦德国都无法接受统一后的德国走中立化道路，双方的相关谈判都无果而终。

斯大林逝世后，继任者赫鲁晓夫开始抛出两个德国理论，按照这一理论，东西方必须接受两个德国并存的这一事实。民主德国日益成为苏联抵抗西方盟国军事威胁的桥头堡，以及苏联在东欧社会主义阵营中最重要的经济伙伴。随着"冷战"的全面升级，两德在德意志民族统一问题上的分歧愈来愈难以调和，彼此也变得更加疏远。只要"冷战"持续进行，德意志民族和国家的重新统一就将变得遥遥无期，只有通过国际格局的改变逐步加以实现。

然而，到了 20 世纪 80 年代后期，国际局势发生了重大变化。曾经作为超级大国之一的苏联陷入严重的危机：不仅国内经济、政治问题缠身，而且对外控制能力也日渐减弱，特别是日益表现出有意放弃对东欧其他社会主义盟国事务的控制和干预。受其影响，战后德意志民族问题再次凸显。民主德国的民族分裂主义政策也因此受到了严重冲击。而这一切与苏联在德国政策上的巨大转变有关。

1985 年 3 月，戈尔巴乔夫当选为苏共中央总书记后，对外积极推行以"新思维"为纲领的外交政策。除了主动缓和与西欧国家的关系，倡导全欧合作之外，苏联开始放松对东欧社会主义国家的控制，并采取支持它们"改革"的态度。苏联对东欧盟国这种态度上的变化，标志着苏联对其奉行已久的"勃列日涅夫主义"进行了重大修正。1989 年秋，苏联政府发言人格拉西莫夫在一次记者招待会上，更是以一种如释重负、毫无敌意的口气表示，苏联允许东欧社会主义盟国走自己的路，"让他们做自己想做的事情"①。

与此同时，为了让国内经济尽快走出窘境，苏联更加重视与联邦德国开展经济合作。同时，它对德国统一的态度也出现了微妙变化。1989 年 6 月，戈尔巴乔夫在访问联邦德国时，称"柏林墙"和德国的分裂并不是永恒的。在双方的联合宣言中不仅提到了"所有国家和人民都有权决定他们

---

① Mary Fulbrook, *A History of Germany 1918–2008: The Divided Nation*, 3rd ed., Chichester, West Sussex, U.K.; Malden, M.A.: Wiley-Blackwell, 2009, p. 271.

的命运",而且还隐晦地认可了每个国家的完整和安全①。

在戈尔巴乔夫"新思维"政策的影响下,1989 年春,波兰和匈牙利等东欧国家的政局首先发生了剧变。1989 年下半年,民主德国和其他的东欧国家一样,国内形势开始发生巨大变化。这与匈牙利开放匈奥边界有着直接关系。1989 年 9 月,匈牙利宣布开放其西部边界。同时,匈牙利也不再继续维持其盟友民主德国对在匈牙利的本国公民出境旅行的限制。因而,民主德国公民可以自由地跨越这条边界,借道奥地利进入联邦德国。自此,民主德国再次出现了大批的移民潮。

"柏林墙"倒塌后,民主德国民众要求统一的呼声渐高,戈尔巴乔夫很快意识到这一问题有受到民族情绪冲击的威胁。于是,他逐渐承认了德国统一是大势所趋,使民主德国民众的要求合法化。事实上,当时自顾不暇的苏联已无力向其社会主义盟友提供任何形式的援助。早在波兰和匈牙利爆发危机后,戈尔巴乔夫就曾告诫其领导人,让他们不要指望能够得到苏联的经济援助,应该学会自救②。随着东欧各国相继发生剧变,此时的经互会业已呈现分崩瓦解之势。在民主德国总理莫德罗看来,"迄今为止被我们视为联盟的经互会,已无法维持。我的结论是只有向西德看齐才是一个现实的选择"③。可见,在失去了苏联这个强力的外部支撑后,内外交困的民主德国已无法独立应对联邦德国猛烈的统一攻势,其民族分裂主义政策最终以失败告终。

三 结论

综上所述,战后德国分裂时期,由于两德在统一问题上长期存在根本性分歧,在两德竞争中处于下风的民主德国逐步放弃了民族统一的旗帜,其民族政策和德国政策经历了由"一个民族一个德国"向"两个民族两个

---

① Rajendra Kumar Jain, *Germany, the Soviet Union, and Eastern Europe, 1949 - 1991*, New Delhi: Radiant Publishers, 1993, p. 203.

② 〔德〕埃贡·克伦茨:《89 年的秋天》,孙劲松译,中共中央党校出版社,2005,第 178 页。

③ 〔德〕汉斯·莫德罗:《起点与终点——前东德总理莫德罗回忆录》,王建政译,军事科学出版社,2002,第 86 页。

德国"的转变。在此过程中，民主德国从团结全德民族力量，积极争取德意志民族国家的重新统一，逐步转变为努力建立一个不同于联邦德国资本主义的、全新的社会主义民族和国家。通过民族划界的方式，民主德国力图进一步强化其"两个德国"政策，以维护自身的独立与稳定。在放弃德意志民族整体利益的同时，民主德国不断地在两德人员往来方面设置障碍，并试图在自我封闭的环境中培养新的民族认同和国家认同。然而，这种简单的民族划界政策并没能维持民主德国的存在，其民族分裂主义政策最终走向失败。

究其失败原因，主要有三点。首先，民主德国的经济和社会政策长期存在失误，不仅未能为其民族政策提供有效支撑，反而导致其最终走向消亡。由于实行僵化的计划经济体制，民主德国的经济和社会发展水平长期落后于联邦德国，它也由此逐步失去了对民族统一的主导权，并走上了民族分裂主义道路。20 世纪 70 年代初，昂纳克政府开始大力推行社会福利政策，以期推动国民经济发展，进而支撑其民族分裂主义政策。但事与愿违，该政策不仅加重了民主德国的经济负担，还致使其陷入严重的外债危机。20 世纪 80 年代末 90 年代初，东欧剧变最终导致民主德国内部爆发了一场毁灭性的总危机。为了缓解危机以及换取科尔政府的经济援助，民主德国最终被迫放弃了民族分裂主义政策，随后并入联邦德国。

其次，联邦德国的接触政策抑制了民主德国民族划界政策产生的消极影响，为日后德意志民族的重新统一保留了希望。自 20 世纪 60 年代末起，联邦德国政府为克服德意志日益固化的分裂状态，开始全面实施"以接近求转变"的接触政策。为此，联邦德国不惜牺牲巨大的经济利益，利用各种经济杠杆来密切两德关系，改善两德人员交往。两德人员交往的扩大与加深，维系了日益疏远的德意志民族的认同意识。20 世纪 90 年代初，科尔政府正是充分借助德意志人民要求统一的民族激情再次实现了德国统一。

最后，德国统一进程加速时期，苏联在德国政策上的巨大转变令民主德国的民族分裂政策失去了强大的外部支撑。二战后，苏联作为东欧社会主义阵营的盟主，不仅长期保障了民主德国的安全与稳定，同时也制约并影响了后者的民族政策和德国政策。20 世纪 80 年代后期，戈尔巴乔夫政府为了摆脱国内严重的社会、经济危机，开始谋求加强同联邦德国的经济合作。为了获得后者的经济援助，苏联在德国统一问题上的态度出现松动。"柏林墙"倒塌后，随着德意志人民要求统一的呼声不断高涨，苏联最终放弃了长期奉行的两个德国政策，转为同意两德统一。内外交困的民主国因此失去了最后的"救命稻草"，民主德国的民族分裂主义政策最终以国家消亡而告终。

从生态角度看原始社会的价值[*]

姜　南

【摘要】 在弓箭产生之前的原始社会，人类制造的石器工具不具备大规模改变生态环境的效能；人类最基本的食物获取方式采集与狩猎也不构成对生态环境的大规模破坏；人类和其他生物一起，维护着生态系统的和谐、稳定与美丽。尽管在文明程度方面原始社会无法同后来的文明时代相比，但是，同农业时代和工业时代人类对生态环境的大规模破坏，人类同大自然的日益疏离相比，原始社会在人类历史上具有无与伦比的生态保护价值，给文明时代的人类极其重要的启迪，应该作为人类历史的宝贵财富加以珍视。

【关键词】 生态环境　原始社会　生态伦理

几千年以来，人类看历史的视角，都是人类自身。当 20 世纪生态伦理在全球兴起之后，有不少人跳出"人类中心主义"的思维习惯，从地球上所有生命集合的系统，以及承载这一系统的物质环境的角度来看世界，把整个地球生态系统①当作有主观价值的利益主体，把是否有利于这一主体的维护和发展作为万物活动价值的评判标准。著名环境伦理主义者、大地伦理的创始人利奥波德提出了一个享誉世界的主张："当一个事物有助于保护生物共同体的和谐、稳定和美丽的时候，它就是正确的，当它走向反面时，就是错误的。"② 生态伦理影响了人类的历史视角。一些生态环境史

---

* 本文原载《安徽史学》2017 年第 1 期。

① 生物群落是指各种生物种群通过相互作用而有机结合的集合体；生态系统是指生物群落及其地理环境相互作用的自然系统。参见〔美〕J. 唐纳德·休斯《世界环境史：人类在地球生命中的角色转变》，赵长凤、王宁、张爱萍译，电子工业出版社，2014，第 7~8 页。

② 〔美〕奥尔多·利奥波德：《沙乡的沉思》，侯文蕙译，新世界出版社，2010，第 222 页。

论著，以及从宇宙起源写起的大历史（Big History）都包含着这样的历史观：人类的历史只是整个地球生态系统历史、整个宇宙历史的一部分。笔者认为，这样的历史视角有两个可取之处。

其一，有利于扩展、深化人类的仁爱之心。仁爱就是对生命的爱。人类伦理倡导仁爱范围的扩展，从亲人扩展到邻人、国内同胞、整个人类，进而扩展到动物、植物和无生命物。仁爱之心的扩展，对人类、对整个地球生态系统都是有利的。其实，这种现代生态伦理只是向人类曾经有过的深刻思想的回归。中国儒家把"天地生生之德"的假定作为其社会伦理学说的基石，朱熹对此有精确的概括："天地以生物为心"，"天地以此心普及万物，人得之遂为人之心，物得之遂为物之心"①。写作于战国时代，解释《易经》的《易传》在《彖传》中说："天地养万物。圣人养贤以及万民。"《象传》说："地势坤，君子以厚德载物。"大地以厚德来承载万物，这个德是什么？显然是生育、养育之德，因为万物最需要的就是对其生命的滋养和延续。儒家经典四书之一《中庸》更是提供了透彻的理论。其中，孔子说："万物并育而不相害……此天地之所以为大也。"《中庸》还有更加明晰的论证："天地之道，博也，厚也，高也，明也，悠也，久也"；"博厚，所以载物也；高明，所以覆物也；悠久，所以成物也"。这同《象传》"地势坤，君子以厚德载物"简直如出一辙。《中庸》还说："可以赞天地之化育，则可以与天地参矣。"在西方著名动物伦理家阿尔贝特·施韦泽（Albert Schweizer，1875~1965年）那里，有着这样惊人相似的回响："善是保存生命，促进生命，使可发展的生命实现其最高价值。恶则是毁灭生命，伤害生命，压制生命的发展。这是思想必然的、绝对的伦理原则。"② 此外，佛家强调生命轮回，众生平等，不杀生，也蕴含着对所有生命的仁爱。

其二，有利于人类总结自己在对待生态环境方面的教训。即使单纯从人类利益的角度来看人类与生态环境之间的关系，我们也可以发现，人类曾经干过给自己带来灾难的破坏生态环境的无数蠢事。在地球上的很多地

① （南宋）朱熹：《朱子语类》卷第一，《朱子语类》第1册，中华书局，1986，第4、5页。
② 〔法〕阿尔贝特·施韦泽：《对生命的敬畏：阿尔贝特·施韦泽自述》，陈泽环译，上海人民出版社，2007，第128~129页。

方，这样的蠢事至今还在发生。总结这方面的深刻教训，无疑有利于人类未来的幸福。

本文受到以上思想的启发，拟从生态角度评估原始社会的价值。

一 弓箭出现前人类同生态环境之间的关系

人类同他们所处的环境之间，存在两类关系。一类是自然的关系，即人类基本像其他生物一样，只在自然规则驱使下同环境发生关系，最根本的标志是主要以他们的身体以及利用简单的工具同环境接触。马克思说："自然界起初是作为一种完全异己的、有无限威力的和不可制服的力量与人们对立的，人们同自然界的关系完全像动物同自然界的关系一样，人们就像牲畜一样慑服于自然界。"[1] 一类是非自然的关系，即人类突破自然规则的制约，有意识地、大规模地改造环境，最根本的标志是主要通过他们制造的比较复杂的工具同环境接触。[2] 在距今大约 250 万年或者 300 万年人类诞生到距今大约 1 万年弓箭诞生[3]之间的漫长的原

---

[1] 《马克思恩格斯文集》第 1 卷，人民出版社，2009，第 534 页。

[2] 恩格斯在《自然辩证法》中的一段话可以帮助我们理解这两类关系："动物仅仅利用外部自然界，单纯地以自己的存在来使自然界改变；而人则通过他所做出的改变来使自然界为自己的目的服务，来支配自然界。"参见《马克思恩格斯选集》第 3 卷，人民出版社，1972，第 517 页。"诚然，动物也生产。动物为自己营造巢穴或住所，如蜜蜂、海狸、蚂蚁等。但是，动物只生产它自己或它的幼仔所直接需要的东西；动物的生产是片面的，而人的生产是全面的；动物只是在直接的肉体需要的支配下生产，而人甚至不受肉体需要的影响也进行生产，并且只有不受这种需要的影响才进行真正的生产；动物只生产自身，而人再生产整个自然界；动物的产品直接属于它的肉体，而人则自由地面对自己的产品。动物只是按照它所属的那个种的尺度和需要来构造，而人却懂得按照任何一个种的尺度来进行生产，并且懂得处处都把固有的尺度运用于对象，因此，人也按照美的规律来构造。"参见《马克思恩格斯文集》第 1 卷，第 162~163 页。

[3] 为什么把弓箭的出现作为人类与环境的自然关系终结的标志呢？因为弓箭这一石器时代最早的复合型工具，同杀伤功能很小的石器、木器、骨器相比，能够使人类轻易地、大规模地猎杀各种动物，包括凶猛的食肉动物。这就足以建立起人类对动物的征服者地位，根本地打破生态平衡，根本地突破自然对人类的制约。弓箭无论在射程、射速和命中率方面都是其他武器所不及的。弓箭的射程一般为 80~100 米，印第安人的重弓射程远达 450 米，优秀射手每分钟发箭 20 发。它具有速度快、推动力大、杀伤力强等特点，而且一触即发，能够有效地猎取善于奔跑的动物。摩尔根把"野蛮"时代分为初、中、高三级，而以弓箭的发明作为高级开始的标志。参见〔美〕摩尔根《古代社会》第 1 册，杨东莼、张栗原、冯汉骥译，商务印书馆，1971，第 14 页。摩尔根还说，（转下页注）

始社会时期，人类同环境之间的关系，显然是自然的关系。下面加以论证。

（一）工具①的效能

在本文涉及的时段（基本上是旧石器时代）内，人类制造的工具在征服自然、改造自然方面的效能极其低下。考古学已经雄辩地证明，在非洲、亚洲、欧洲，都普遍存在过时间漫长的石器文化②。本文仅以亚洲的中国为例来说明旧石器的效能。

中国旧石器时代的人类，几乎都是利用砾石来打制石器③。总括起来，中国旧石器时代早期文化至少可以分出两个大的文化传统。其一，是以大型石器为特征的系统，可以蓝田（陕西）、匼河（山西）等遗址为代表。

（接上页注③）弓矢之发明，"对于猎取禽兽肉之永久性的增加，即其显例。这一值得注意的发明，继矛及战斗用的棍棒而起，出现于野蛮时代的末叶，给狩猎上以第一种致命的武器。这一发明，曾用来标志野蛮高级状态开始。它在古代社会向上的进展上，必会给以有力的影响。在它对于野蛮时代之关系上，恰好铁制刀剑之对于开化时代，火器之对文明时代之关系一样"。"弓矢上的各种力学的结合，是如此的巧妙，所以它的发明决不能归诸于偶然。某种树木有弹力与韧性，动物筋或植物纤维弦在弯弓上的张力，最后，借人类的筋力而结合以上这些力以发矢等等现象，对于野蛮人的心灵上，都不是很明显的启示。如前所述一样，坡里内西亚人及澳大利亚人一般都不知道弓矢。只由这一事实看来，当弓矢初次出现时，已可表示人类在野蛮状态中已是相当进步了。"参见〔美〕摩尔根《古代社会》第1册，杨东莼、张栗原、冯汉骥译，第32页。新石器时代的中国，石和骨制的镞以及玉石制的镞被认为是主要的武器。参见〔日〕冈村秀典《中国新石器时代的战争》，张玉石译，朱延平校，《华夏考古》1997年第3期。

① 我们借用著名动物心理学家B.B.贝克（Beck）关于"工具"的定义，一件物体被使用时必须具备以下特点才能叫作工具：（1）物体必须脱离开它的原来载体，处于使用者的身体之外；（2）使用者应该在使用前或使用时拿着或提着作为工具的物体，并能正确地使工具朝向目标；（3）使用一件工具应该容许使用者本身或另一个机体改变其形状、位置或改变条件使用另一个物体。工具的制作指在上述定义的前提下，使用者（或一个同类）改变一个物体使之成为一件更有效的工具。B.B.贝克还列出了工具的四种作用。其一是为了加长抓握长度，如用肢体够不着目标时便使用木棍；其二是根据需要加强机械力量，如敲碎核桃时；其三是在社会背景下使用，通常是为了加强侵略性；其四是能够帮助得到液体，如利用树叶吸水。只有灵长类动物在使用工具中能够做到完全符合上述四种作用。参见〔法〕雅克·沃克莱尔《动物的智能》，侯健译，北京大学出版社，2000，第26、34~35页。

② 非洲、欧洲情况参见贾兰坡、甄朔南《千里追踪猎化石》，天津科学技术出版社，1981，第45页；朱泓编著《体质人类学》，吉林大学出版社，1993，第143页。

③ 贾兰坡、甄朔南：《千里追踪猎化石》，第45页。

它们的特点是不论石核或石片都比较粗大，其中最有特色的是大三棱尖状器。碰砧法的打片技术在该系统中占有重要地位。其二，是以小型石器为特征的系统，可以周口店遗址第一地点为代表。该系统的特点是以砸击法为主要的打片方法，石器器型普遍较小，主要有刮削器、尖状器、砍砸器等，此外还出现了其他地区同时期文化中罕见的进步类型，如雕刻器和石锥等。

石球在我国的旧石器时代遗址中，最初见于丁村遗址（山西），在匼河的发掘工作中又获得三件①。

除了石器外，旧石器时代已有木质工具出现。贾兰坡先生曾说北京人"最得力的狩猎武器应该是木棒和火把。木棒虽然没有象石器那样被保存下来，但由于发现了很多砍削器和适于刮削木棒用的大型刮削器，也可以提供间接的证明"②。他又说："北京人狩猎的得力武器，看来是适手的木棒。我们虽然没有发现直接的证据，但发现过大型凹刃刮削器，用它刮削胳膊粗的木棒正合适，狩猎时也会用火把助威。"③

火的使用。至迟在旧石器时代中期（距今 20 万~30 万年至 5 万年），人类掌握了用火的技术。最初只是利用、保存天然火种，慢慢发展到人工生火。

下面看几个有代表性的中国原始社会文化遗址中的工具情况。

西侯度遗址，位于山西省芮城县。用古地磁法测定，遗址发现物距今 180 万年④。在发现的石制品中，有石核、石片、刮削器、砍砑器和三棱大尖状器等。石核中有垂直砸击成的两极石核和漏斗状石核。石片中有用锤击法从石核打下来的石片，有用砸击法砸击成的两极石片，还有用碰砧法生产出的石片。刮削器有凹刃刮削器、直刃刮削器和带有使用痕迹的圆刮削器。砍砑器中有单面砍砑器、两面砍砑器和带有使用痕迹的大石片。除这些以外，还有一件三棱大尖状器。有一个残破的鹿头盖骨，其左角的主枝上有一道与主枝斜交的沟槽，已露出疏松组织，显然是用器物砍过的；另外还有一段鹿角，上面有很清楚的刮痕。专家认为，这些痕迹是制作角

① 贾兰坡：《贾兰坡旧石器时代考古论文选》，文物出版社，1984，第 63 页。
② 贾兰坡：《周口店——北京人之家》，北京出版社，1975，第 40 页。
③ 转引自范志文《木质工具在原始社会中的地位和作用》，《农业考古》1989 年第 1 期。
④ 贾兰坡：《贾兰坡旧石器时代考古论文选》，第 1~2 页。

器时留下的①。

距今大约 170 万年的元谋人（云南）制造的石器，可辨识的有刮削器、尖状器、石核、石片。这些石器都制作简单。

距今 50 万年至 100 万年的蓝田人遗址发现的石制器物可分为：石核、石片、石器（砍砸器、刮削器、大尖状器）和石球。石核一般体积较大，而石片多不规则。至于具有第二步加工的石器如砍砸器、刮削器、大尖状器、石球还很少，而且相当粗糙，修理技术差、器形较不规整，石器类型不多，且石器类型的特征也不够明显②。

距今大约 50 万年的周口店北京人遗址中发现的工具主要是石片石器。贾兰坡根据石器的体积、形状、加工的方法和使用的痕迹，把它们分为"敲砸痕迹的砾石"、"砍斫器"、"尖状器"、"刮削器"和"两极石片"等五大类型③。另有学者按器形分为刮削器、砍砸器、尖状器、石锥、圆头刮削器、雕刻器、石球和石锤等。其中刮削器最多，占石器的 82.3%④。

北京猿人遗址中还发现了大量的碎骨片，对它们中是否有骨的人工制品问题，从 20 世纪 30 年代以来，学者们就展开了讨论和研究，尚无定论。⑤

以上介绍的所有工具（武器）在效能上都有以下局限。

第一，不能克服人类在捕猎动物时遇到的距离与速度的障碍。离猎物稍近，它即逃跑；而不近则难以捕获之。猎物的逃跑速度极快，很难接近。即使朝猎物投掷尖头木棍、石头之类武器，由于难以精确瞄准、武器锐利程度不够、武器投掷距离不够等原因，杀伤力也不大。只要将这些工具同虎、豹、狮、狼等大型食肉动物奔跑的速度、爪牙的锐利相比，就知道差距有多大了。

第二，不具有大规模砍伐树木、挖掘土壤、运输物体的功能。

---

① 贾兰坡：《贾兰坡旧石器时代考古论文选》，第 3 页；西侯度遗址的石器材料，有石核、石片、刮削器、砍斫器和三棱大尖状器等。参见贾兰坡、王建《西侯度：山西更新世早期古文化遗址》，文物出版社，1978，第 74 页。
② 孙铁刚：《中国旧石器时代》，台北：文史哲出版社，1985，第 5、30 页。
③ 贾兰坡：《贾兰坡旧石器时代考古论文选》，第 69 页。
④ 孙铁刚：《中国旧石器时代》，第 51 页。
⑤ 朱泓编著《体质人类学》，第 119、120 页。

我们看看专家们对各种石器功能的看法。

尖状器：不仅适于割裂兽皮，也适于挖取骨头上的筋肉。

小尖状器（在丁村和周口店均发现）：一般考古学家认为，可以作为割剥兽皮之用；因之也有人认为这种器物可以作为挖取树虫或剔挖兽骨上的肌筋之用①。

三棱大尖状器：采集工具，用它挖取可食的块根植物②。

砍砸器：主要是作为砍伐树木之用，因为当时人们的生活虽然以采集为主，但狩猎也应占他们经济内容的一部分。专家认为当时狩猎或防御野兽的得力武器应该是木棒，要得到适手的木棒则必须用砍砸器砍伐和修整。详细观察砍砸器的刃缘，绝大多数都有剥落碎屑的痕迹。这样的碎屑经试验的结果表明，是由砍伐树木而产生的，因而专家认为中国猿人砍柴和砍砸同野兽斗争的木棒都得使用它。匼河有边缘锋利的石片，大的用于砍砸，小的用于刮割。

刮削器：小型者是生活上的工具，和两极石片一样，适于作为刮削筋肉之用；大型者也很可能是一种生产工具，适于刮削木棒，特别是大型的凹刃刮削器更适于此种用途。

石球：裴文中、贾兰坡认为有两种可能的用途，即作为狩猎用的投掷武器，或当作石锤作为敲砸之用③。

在包括国家博物馆在内的陈列有打制石器的任何展览馆内，我们都能够见到旧石器时代具有代表性的各种石器，除较大一点的石球外，基本上只能用于加工食物，砍剁小树枝、小树干等。使用它们，根本不能大规模地改变环境。可以想象，用那样的砍剁器砍倒一棵树，要花多大力气和多

---

① 贾兰坡：《贾兰坡旧石器时代考古论文选》，第 71、62 页。

② 贾兰坡、王建：《西侯度：山西更新世早期古文化遗址》，第 71 页。"三棱大尖状器在丁村遗址中发现甚多。这一石器的用途，我们同意裴文中和贾兰坡的意见，认为它可能是作为挖掘用的工具。特别是丁村的三棱大尖状器，加工均着重于尖端，而且还有扁尖和三棱锐尖之别，其使用部分毫无疑问也在尖端。因此说它是一件挖掘工具，可以用它来挖取植物块根之类的食物，不仅是合情合理的，而且与当时的生产情况也是相适应的。"参见贾兰坡《贾兰坡旧石器时代考古论文选》，第 62 页。

③ 贾兰坡：《贾兰坡旧石器时代考古论文选》，第 59、70、64、71、63 页。"在距今约十万年前的山西省阳高县许家窑遗址发现有成吨的石球。""这种石球在当时来说是最得心应手的狩猎武器。"参见贾兰坡、甄朔南《千里追踪猎化石》，第 54 页。

少时间！

从石器的制作方法之原始，也可以推知它们的功效极其有限。

根据对石片和石核的研究，中国猿人打击石片，曾经使用了"直接打击法"、"碰砧法"和"垂直砸击法"（两极石片的打法）等三种方法[①]。这都是非常落后的方法。

至于用火，可以防御猛兽，也可以驱赶猛兽[②]，但是不能捕获猎物。由于农业还没有诞生，也不会用火毁林开荒。由于石器加工木材效能的有限，木器的狩猎功能自然也有限。

石器、木器工具在效能上的以上两种局限，使得人类基本上只能依靠身体获取食物。比如，奔跑就只能靠腿，博斗主要靠身体的力气和肢体的灵活。贾兰坡说："中国猿人……虽然拼命地在猎取野兽，但因为工具太简单，是不容易猎取到手的。"[③] 必须记住的是，在采集狩猎时代，人类以植物而不是动物为主要食物，采集而非狩猎是主要的劳动方式，而那些石器、木器，对于采集帮助不大，主要是用于食品的加工，比如脱壳、粉碎、分割食品（包括猎物躯体）。人类不能凭借这些工具大规模地毁灭动物、大规模地毁灭植物、大规模地改变地貌，所以，这些工具没有改变他们与环境之间关系的自然性质[④]。

（二）取食方式的效率

在旧石器时代的大部分时间里，人类吃什么？这个问题的答案决定了

---

① 贾兰坡：《贾兰坡旧石器时代考古论文选》，第69页。从石核和石片上的打击痕迹，可以看出北京人打制石片使用过三种方法：除锤击法和碰砧法之外，还有砸击法，即先把一块较大而平的砥石作为石砧，一手持着一块放在石砧上的脉石英，另一手抓握石锤，垂直砸击放在石砧上的脉石英，从而从石块上剥落下两端都比较平齐的石片，即"两极石片"。参见贾兰坡《贾兰坡旧石器时代考古论文选》，第6页。

② "北京人利用火的威力和猛兽斗争，会得到胜利的。假如人们要向野兽争取住所——洞穴，不管它如何凶猛，只需要几只火把就可以把它赶走。反之，人占据的洞穴，只要在洞口烧起一把火来，猛兽就不敢来侵袭。"贾兰坡：《"北京人"的故居》，北京出版社，1958，第19~20页。

③ 杨鹤汀、贾兰坡：《我们五十万年前的祖先》，知识书店，1951，第35页。

④ 为了说明那个时代人类工具的粗糙原始、效能低下，可以把它们同一些灵长类动物使用的简单工具做一比较。参见〔美〕J. 唐纳德·休斯《世界环境史：人类在地球生命中的角色转变》，赵长凤、王宁、张爱萍译，第19页；朱泓编著《体质人类学》，第56、57页；曹菡艾《动物非物：动物法在西方》，法律出版社，2007，第29页。

他们的取食方式。

摩尔根有下面的推测："在有限的住地上以果实草根为食物。"因此，我们的祖先一开始生存于热带的"果树及坚果仁树的森林中，这是具有理由的"。"肉类食物，很有可能，在很早的时期中，便成为人类的消耗品……这一点只能委之于推测。"①

其他专家认为，直立人的主要食物来源是植物性食物，狩猎经济只不过是采集经济的一种补充方式②。从今天灵长类动物的食性以及考古成果来看，我们可以肯定植物是直立人食物的主要来源。最美好的食物当然是肉食和水果。当这两种食品得不到的时候，就只好采取可食的草类充饥。这一点我们虽然找不到证据，但按照当时的生产情形，是可以想象得出来的③。

食物的类型决定了这一时段人类的取食方式是采集与狩猎。就食物获取方式而言，这一时段的人类基本是和动物差别不大的觅食者（forager）。生物学家爱德华·威尔逊写道：从能人诞生到石器时代晚期智人出现的大约 200 万年内，人类以狩猎单位和采集单位群居，与自然环境密切接触。一条蛇、一洼水、一只蜜蜂、一棵树都是至关重要的……草丛中发现的每只猎物都会关系到晚上能否填饱肚子④。

采集。由于植物是主要食物来源，因此在旧石器时代，采集是人类主要的取食方法。采集同时也包括获取各种容易捕捉的小动物。我们看看一些著作的描述：

> 人们用极其简陋的木制（中国还有竹制）、石制工具，甚至徒手徒脚猎捕各种动物、鸟类，捕捞各种鱼类、蚌类、昆虫，采摘各种植物的果实、籽粒和叶片等，采集各种食用蕈（菌）类，用于果腹充饥，而且所有食物最初都是生食。我们的远古祖先用手采摘野果和嫩

---

① 〔美〕摩尔根：《古代社会》第 1 册，杨东莼、张栗原、冯汉骥译，第 29、30、31 页。
② 朱泓编著《体质人类学》，第 145 页。
③ 杨鹤汀、贾兰坡：《我们五十万年前的祖先》，第 33 页。
④ 〔美〕J. 唐纳德·休斯：《世界环境史：人类在地球生命中的角色转变》，赵长凤、王宁、张爱萍译，第 19 页。

芽，挖掘植物的根茎。①

　　人类采集对象包括木耳、猴头、蘑菇、蕨根、野百合根、蚌壳、螺蛳、螃蟹、蜗牛、蝌蚪、黑壳虫、天牛、蟑螂、蚱蜢、蜂蛹、蜻蜓、青蛇、石蚌和其他蛇类。②

　　在周口店与猿人洞相连的鸽子堂的下段文化层中，发现大量的破碎果核，在其他文化层中也曾发现破碎的果核。根据研究，这些果核是人工砸出来的。专家钱耐鉴定这种果核属于榆科、朴树属。在北京猿人化石地点的堆积中有大量烧过的朴树籽，以及胡桃、榛、松、榆和蔷薇等植物的孢粉，这些植物的果实或种子很可能都是北京猿人采集到的食物③。这项发现提供了人类利用植物作为食料的最早知识④。在国家博物馆和北京周口店博物馆，我们都能够见到北京人采集的朴树果核化石。

　　狩猎。直立人通过狩猎活动获取动物性食物作为补充食物。这可以从各地区直立人遗址中出土的大量动物骨骼化石，尤其是很多破碎得很严重的动物骨骼化石上得到证明。直立人不仅可以捕获像啮齿类那样的小动物，而且也能够抓获到许多中型甚至大型的哺乳动物。例如，非洲直立人遗址的动物化石中有像狒狒那样体型较大而且十分凶猛的猎物，北京猿人的主要捕猎对象则是体型硕大的肿骨鹿和葛氏斑鹿。

　　以北京猿人为例。北京猿人遗址中出土了大量的哺乳动物化石，在我国第四纪哺乳动物群中名列榜首。所发现的材料分属9个目，其中包括98个种。据研究，这些动物中的大多数是北京猿人的食物残骸。由此可见狩猎在北京猿人经济生活中的重要地位⑤。在遗址中发现的兽骨以鹿骨最多，约占70%，其余30%为豹、穴熊、剥齿虎、鬣狗、象、犀、骆驼、水牛、野猪、马等。北京人必须通过团体合作，才可能猎取诸如虎、

---

① 朱泓编著《体质人类学》，第68页。
② 宋兆麟、黎家芳、杜耀西：《中国原始社会史》，文物出版社，1983，第148、149页。
③ 朱泓编著《体质人类学》，第144页。
④ 孙铁刚：《中国旧石器时代》，第58页。还有其他关于中国猿人食用朴树子和果类的资料，比如裴文中、张森水《中国猿人石器研究》，科学出版社，1985，第16页；杨鹤汀、贾兰坡《我们五十万年前的祖先》，第28、31页。
⑤ 朱泓编著《体质人类学》，第144、120、121页。

豹、剑齿虎、穴熊等猛兽，也必须通过团体狩猎，才能猎取犀牛、象等大型动物①。

从新石器时代以及文明时代早期人类的狩猎方式的原始简陋中，可以推论出旧石器时代狩猎方式的原始简陋。我们看以下描述。

人们藏身于通往河流和沼泽的小道旁，等待着去饮水的动物，时刻准备一跃而起。最初，同动物间的争斗一样，狩猎意味着赤手空拳的搏斗，猎人们往往是伤痕累累。史前洞穴的石壁可谓是第一部狩猎和动物学的百科全书。野牛的四蹄、鹿的心肠、鱼叉标枪的投掷场景，均历历在目。为了猎杀动物，人类借用了动物自己的武器：向猫类学习制作利爪，使用犀牛和驯鹿的尖角。在动物王国里，人类裸身空拳，难以自护，行动缓慢，躯体单薄。千百年来，他们都要想方设法与凶兽的利齿、毒蛇的缠卷、野牛的蛮力搏斗。人类制造了粗劣的武器，比如，将野生动物的利齿固定在木棒的一端去打击猎物。依靠集体力量可以猎捕大型野兽。除围捕击杀的方法外，还发明了驱赶动物到悬崖使其坠崖的方式②。在沧源岩画所见到的多种狩猎活动中，追赶围捕是一种大规模的集体活动，是由很多人包围一块山地，四面喊叫，致使猎物惊跑，最后被活捉或坠崖而死③。

在一些直到近代还处于原始社会的民族那里，人们为了狩猎，往往把自己打扮成猎物的形象，如戴兽角、兽头帽子，穿某些动物的毛皮，把自己伪装成野兽，以便靠近狩猎目标。衣服的发明与此也有密切的关系。彝族人猎鸟时，埋伏在树下，学鸟鸣啼，当鸟群飞来时，则举弩射击。鄂伦春族的狍角帽，形如狍头，是猎人专门为狩猎而戴的④。就在 20 世纪，一位美国印第安捕猎高手空手逮到一只鹿。由于长时间的奔跑，这只鹿最终因体力枯竭而倒下了，猎人便堵住鹿的口鼻使其窒息而亡⑤。

---

① 孙铁刚：《中国旧石器时代》，第 58、59 页。
② 〔美〕加科·布德：《人与兽：一部视觉的历史》，李扬、王珏纯等译，山东画报出版社，2001，第 15、16 页。
③ 童永生：《中国岩画中的原始农业文化研究》，博士学位论文，南京农业大学，2011。
④ 宋兆麟、黎家芳、杜耀西：《中国原始社会史》，第 343、347 页。
⑤ 〔美〕J. 唐纳德·休斯：《世界环境史：人类在地球生命中的角色转变》，赵长凤、王宁、张爱萍译，第 20 页。

通过对以上采集狩猎活动的综合分析，可以得出这样的结论：由于使用了工具，人类采集活动的效率比一般动物要高；但是，远远没有高到足以打破生态平衡的程度。也是由于使用了工具，狩猎活动的效率比其他灵长类动物要高；但是，同现代人类所知的狮、虎、豹、狼、鹰等猛兽猛禽的捕猎效率相比，很难说更高。当时人类的工具并没有改变人类奔跑速度、爪牙的锐利程度不如这些猛兽猛禽的状况。如果人类可以通过高效率的狩猎活动谋生的话，他们就不会发展出农业和畜牧业，而且人类的绝大多数也不会彻底告别狩猎了。

综上所述，人类在弓箭发明前的采集与狩猎活动的效率，同其他动物的取食效率相比，还没有足以改变人与环境之间自然关系性质的那种差异。

（三）人类在生态平衡中的作用

在弓箭出现前的自然界，能量在植物之间、动物之间、植物与动物之间互相转换、传递，从而维系着生态的基本平衡：能量在不同物种之间大致均衡地分布，没有任何一个物种能够占据地球上能量的全部或者绝大部分。动物在食用植物后，又通过自己的排泄物和尸体，将大部分从植物中索取的能量归还给植物；动物对植物的索取，还维护着植物物种之间的平衡；动物还起着传递植物花粉、种子，消灭病虫害等作用，维护着许多种类植物家族的繁衍。肉食动物通过食用草食动物，控制着草食动物的数量，从而维护动物与植物之间、动物与动物之间的平衡，同时，也迫使草食动物保持种群的优化：那些在肉食动物追击下善于生存的强壮的动物存活的机会更多。

人类大致与其他动物一样，以上述方式维护着生态平衡。人类是大自然生态链中像蚂蚁、老虎、燕子等动物一样的一个自然的环节。人本身就是动物界食物链上的一环：人是一些凶猛的肉食动物的猎食对象①。中国

---

① 早期人类生存于各种生物群落之中，"同时也成为其他生物捕猎的对象"。见〔美〕J. 唐纳德·休斯《世界环境史：人类在地球生命中的角色转变》，赵长凤、王宁、张爱萍译，第18页。

猿人随时有被豺、狼、虎、豹之类猛兽吞走的可能。根据研究，中国猿人的寿命短促，被猛兽所伤亡就是原因之一。北京人同猛虎共处，甚至吃猛虎吃剩了的动物尸体[①]。在北京周口店遗址中，发现了大型食肉类动物化石，表明人们常遭猛兽袭击。人在赤手空拳的情况下，根本就不是狮、虎、豹、狼等猛兽的对手。而他们终日要在猛兽出没的深山密林中采集与狩猎，被猛兽伤害的概率一定不低。裴文中教授曾指出："当中国猿人生存于周口店之时，其生命时刻皆在危险之中，可丧生于虎狼等爪牙之下，更可被其同类所屠杀。""森林及附近之山中多猛兽，如虎豹熊狼之类被其所噬者当不在少。"[②]

二 原始社会时期地球生态环境概貌

没有遭到如同农业时代那样来自人类大规模破坏的旧石器时代的地球生态环境是什么样子呢？让我们以前述利奥波德"和谐、稳定和美丽"的主张为标准来做一考察，还是以中国为例。西侯度遗址当年动物成群、四季分明，夏季绿草如茵[③]。由西侯度哺乳动物群来推测，当时西侯度一带是一个疏林草原，附近有一个广而深的水域。鸵鸟、鬣狗、长鼻三趾马、三门马、披毛犀、羚羊和轴鹿等奔驰在草原上，李氏野猪、古中国野牛、粗壮丽牛、步氏真梳鹿和纳玛象穿梭于丛林中，大河狸栖于水域之旁，大河鲤在水中漫游[④]。西侯度的哺乳动物群，绝大部分是草原动物，如鸵鸟、鬣狗、长鼻三趾马、三门马、披毛犀、板齿犀、步氏羚羊和轴鹿等的生活环境都以草原为主；适于草原和丛林或森林的动物有李氏猪、古中国野牛、粗壮丽牛、步氏真梳鹿和纳玛象等。此动物群证明，当时西侯度附近一带应为疏林草原环境。

当时西侯度附近应有广而深的水域。"大河狸是水陆两栖的动物，大概和普通河狸一样，需要有较大的水域，因为一方面不仅由它的形态上可

---

① 杨鹤汀、贾兰坡：《我们五十万年前的祖先》，第35、43页。
② 裴文中：《中国史前时期之研究》，商务印书馆，1950，第64页。
③ 贾兰坡：《贾兰坡旧石器时代考古论文选》，第3页。
④ 孙铁刚：《中国旧石器时代》，第11页。

以说明，另一方面有许多这类标本多发现于河湖堆积中也可以作为间接的证据。此外还有鲤，根据鳃盖骨的大小和厚薄程度判断，原来的体长可超越半米，也证明水域应有一定的稳定和深度，才能适应这样大的鲤生存。"①

元谋人生态环境。根据资料推测，远在 170 万年前的更新世初期，元谋盆地群山起伏、林木繁盛。有凶猛的老虎、豹子出没。广阔草原上有成群的马、牛、羊、鹿、象等②。从元谋动物群或元谋组孢粉组合来看，元谋人生活在气候温暖的亚热带。在元谋附近有常绿阔叶的森林，也有广阔的草原，灌木树丛星罗棋布地散布在草原上。云南马、牛、羚羊就奔驰在草原上；鹿、野猪等游弋在森林中；在森林与草原，老虎、豹、剑齿虎、剑齿象等凶猛的野兽潜伏其间③。

蓝田人生态环境。根据对公王岭和陈家窝的哺乳动物群、孢粉的分析，以及对于蓝田一带地貌的形成和演变的研究，可以推测：公王岭蓝田人生存时代，黄土原还未形成，而是一片平原，平原上长满了野草；公王岭后面的秦岭有茂密的森林；灞河的水流远比今天充沛，水势平稳，四季流水不息。当时的森林里有蓝田伟猴、虎、豹、猎豹、剑齿象、毛冠鹿、亘貘、中国貘，以及野猪等分布其间。草原上有成群的三门马、肿骨鹿以及仓鼠、姬鼠等许多的啮齿小动物游荡其上。陈家窝哺乳动物群的时代，从孢粉分析，也是森林草原景观④。据化石分析，距今 50 万年到 100 万年，这里森林中的动物主要有猴子、老虎、豹子、猎豹、剑齿象、毛冠鹿、巨貘、野猪。草原地带动物主要有三门马、肿骨鹿、牛、羊及许多啮齿类动物，如鼠类等。

北京人生态环境。气候温暖、森林密布、猛兽出没⑤。猕猴、剑齿虎、纳玛象、野猪、斑鹿、犀牛、洞熊、鬣狗、野貛成群⑥。适应各种环境的动物有狼、赤狐等；习惯于森林的有独猴、河狸、箭猪、水牛、野猪、斑鹿以及虎、豹等大部分食肉动物等；习惯于草原或干旱地区的动物有沙狐、鬣狗、骆驼、羚羊、鸵鸟以及食鼠、野原鼠等啮齿动物等；栖息于丛林或疏林

① 贾兰坡、王建：《西侯度：山西更新世早期古文化遗址》，第 49 页。
② 宋兆麟、黎家芳、杜耀西：《中国原始社会史》，第 17 页。
③ 孙铁刚：《中国旧石器时代》，第 6 页。
④ 孙铁刚：《中国旧石器时代》，第 6、31、32 页。
⑤ 宋兆麟、黎家芳、杜耀西：《中国原始社会史》，第 24~26、31~32 页。
⑥ 林耀华主编《原始社会史》，中华书局，1984，第 78 页。

草原的动物有猎豹等；栖息或活动于河湖沼泽旁的动物有河狸、水獭、水牛、中国貘、黑鼠等。这些生活习性不同的动物发现于同一层位之中，表明周口店附近不是单一的自然景观，而是有山地、平原、河湖沼泽，远处有较为干旱的草地，甚至可能出现沙地。北京人生存时的地貌与今日相似，所不同的是自然生态景观，当时高山上有茂密的森林，山地与平原过渡地区是疏林草原，平原上是草原，并有河湖沼泽星罗棋布于其间，稍远地方可能是较为干燥的地带①。从北京人遗址中发现哺乳动物化石近百种，其中具有代表性的有扁角鹿、肿骨鹿、德氏猫、洞熊、狼獾和德氏水牛等②。

虎这种居于食物链顶端的大型食肉动物居然起源于 200 万年前，晚于人类，这就足以说明那个时代人类同环境的关系太友好了③。值得注意的是，在周口店山顶洞遗址，虎是化石中个体数目最多的动物之一。这里曾经发现过多具完整的虎骨架，以及许多头骨和牙床。而在盐井沟（重庆）发现的虎化石据统计至少有 46 个个体④。

以上的证据，足以说明生物共同体的生存环境有着利奥波德所说的"和谐"与"美丽"。至于稳定，以北京人的环境情况为例说明。

近年来，根据最先进的多种年代学研究手段测试的结果综合分析，北京猿人绝对年代的上限大概不会超过 70 万年前，而下限可能一直持续到 20 多万年前⑤。北京人遗址的堆积至少是 50 万年时间形成的。⑥ 用几种不同方法测定的该遗址"绝对"年代距今 70 万年至 20 万年，北京人在周口店这一洞穴里断续居住了 50 万年之久！⑦

---

① 孙铁刚：《中国旧石器时代》，第 57 页。
② 贾兰坡：《贾兰坡旧石器时代考古论文选》，第 7 页。裴文中、张森水：《中国猿人石器研究》，第 5 页。
③ 学术界一般认为，虎于 200 万年前起源于中国河南渑池，其祖先是古中华虎。参见曹志红《中国虎地理分布和历史变迁的人文影响研究》，博士学位论文，陕西师范大学，2010，第 10 页。
④ 邱占祥：《虎年谈虎的起源》，《大自然》1998 年第 1 期，第 9~10 页。
⑤ 朱泓编著《体质人类学》，第 121 页。
⑥ 孙铁刚：《中国旧石器时代》，第 57 页；宋兆麟、黎家芳、杜耀西：《中国原始社会史》，第 31 页。
⑦ 贾兰坡：《贾兰坡旧石器时代考古论文选》，第 7 页。"北京人在他们居住过的洞穴里前后停留过达五十万年之久（大约是从距今七十至二十万年前），含化石的地层共选了十三层。"贾兰坡、甄朔南：《千里追踪猎化石》，第 54 页。

同今天地球环境以月甚至以日为单位发生剧烈的沧海桑田的变化相比，这种在一个山洞里断续居住 50 万年所依赖的环境状态，已经不能用"稳定"来形容，而只能说是"绝对稳定""超级稳定"了！要知道，文明的历史才几千年，只不过是北京人在同一个山洞居住时间的百分之一左右！而我们个人的生命周期则只有这个时间的几千分之一！

那种"和谐、稳定和美丽"的环境是什么样子呢？合理的想象表明，原始的地球上，天空中成群的鸟类有数十亿只之多，海洋也因大量鱼类的存在而一片银白①。殖民者到达美洲之前草原上动物成群的情景，今天我们还能在非洲大草原上见到的偶蹄类动物铺天盖地游动在大地上的情景，在旧石器时代只是地球上最简单、最基本的景观。这里只挑出中国旧石器时代已定名的大型动物化石名称的一部分，以供我们想象那幅美丽的动物世界图景：

麝鼹、鼠耳蝠、硕猕猴、安氏猕猴、猕猴、南猿、腊玛猿、巨猿、林猿、长臂猿、北京直立人、翁氏野兔、东北鼠兔、达呼尔鼠兔、硕旱獭、蒙古黄鼠、中国河狸、变异仓鼠、拟步氏田鼠、方氏鼢鼠、黑鼠、褐家鼠、拉氏豪猪、直隶狼（相似种）、变种狼、家犬、狼、貉、中国貉、沙狐（相似种）、棕熊、黑熊、黄鼬、水獭、獾（相似种）、中国鬣狗、最后斑鬣狗、中华猫、小野猫（相似种）、虎、杨氏虎、虎豹、小猫熊（小熊猫）、大熊猫、真猛犸象、东方剑齿象、师氏剑齿象、印度象、纳玛象、古菱齿象、诺氏古菱齿象、平额象、嵌齿象、普氏野马、三门马、黄河马、北京马、云南马、现代马、野驴、三趾马、中国长鼻三趾马、中国犀、梅氏犀、披毛犀、野猪、肿面猪、李氏野猪、巨副驼、诺氏驼、骆驼、北京麝、河套大角鹿、肿角鹿、葛氏斑鹿、赤鹿、东北马鹿、毛冠鹿、粗面轴鹿、山西轴鹿、水鹿、双叉麋鹿、四不像鹿、驼鹿、步氏真梳鹿、獐、东北狍、小晓（相似种）、短角丽牛、王氏水牛、丁氏水牛、德氏水牛、短角水牛、

---

① 〔美〕J. 唐纳德·休斯：《世界环境史：人类在地球生命中的角色转变》，赵长凤、王宁、张爱萍译，第 16 页。

原始牛、牛（家牛）、东北野牛、大额牛、裴氏扭角羚羊、普氏羚羊、岩羊、青羊、盘羊、羱、山东绵羊、师氏绵、纳呼尔绵羊、中华竹鼠（相似种）、咬洞竹鼠、巨貘、中国貘、华南巨貘、安氏驼鸟、驼鸟、天鹅、鼍、草鱼（鲩）、鲶鱼、鲤、青鱼、鲫鱼……①

当一个热爱所有生命的人想象到这样的场景的时候，能不感动不已吗？

三 结语

从人类进化、文明进化的角度看，原始社会肯定是低级的、应该尽早告别的阶段。用文明人的标准衡量，那时的生活方式既不符合文明人的生理需要，更不符合文明人的精神需要。所以，难怪我们文明初始时代的祖先们在回忆原始时代时，都使用带着贬义的语言，比如"茹毛饮血""人民少而禽兽众""不知羞耻"等。最令文明人类震惊、恐惧的是，人吃人也是当时的常态。在北京猿人遗址中发现一些猿人头盖骨上的伤痕，有专家推测可能是人吃人的证据②。之所以有这样的推测，是因为文明人类确实知道一些近代原始民族有吃人的习惯。澳大利亚有一些部落曾有杀食相邻的敌对部落人的习俗，后来被当作宗教仪式保留下来。大洋洲其他地区也有类似习俗。我国汉代以前南方有一个叫乌浒的部落，"在广州之南，交州之北。恒出道间伺候行旅，辄出击之，利得人食之。……并以其肉为肴菹，又取其骷髅破之以饮酒。以人掌趾为珍异，以食长老"③。用人头殉葬或者奠基的现象，民族学称为猎头，又称猎首、祭首。台湾地区高山族、云南佤族都有猎头风俗。人类最早的食具可能是人头壳、椰子壳、蚌壳、竹筒和葫芦等天然器皿。藏族、纳西族有以人头盖骨为碗的④。所以，即使我们只从生态系统角度看原始社会，也不要忘记其同文明价值的尖

---

① 郭郛、〔英〕李约瑟、成庆泰：《中国古代动物学史》，科学出版社，1999，第6~10页。
② 宋兆麟、黎家芳、杜耀西：《中国原始社会史》，第31~32页。
③ 《后汉书》卷八十六《南蛮传》，转引自林耀华主编《原始社会史》，第389~390页。
④ 宋兆麟、黎家芳、杜耀西：《中国原始社会史》，第335、364、362页。

锐冲突，不要贬低人类文明进化的诸如富有、舒适、便捷、卫生、人道等基本成果，当然更不要幻想历史的倒退了。笔者在这一点上是头脑清醒的。

但是，可以肯定地说，如果把人类历史分为原始社会阶段和文明社会阶段的话，那么，仅仅从生态环境保护的角度看，前一阶段是有巨大价值的，要大书一笔；而后一阶段的大部分则只有负价值。因为，人类从利用弓箭大规模狩猎开始，就在越来越严重地破坏生态系统的"和谐、稳定与美丽"。

我们先引用环境方面专家的看法：农业出现后，人类进行的犁地和灌溉等密集劳作，加之由于人口压力而不得不反复使用土地等多重因素，对环境产生了许多负面影响。一些研究人类与环境关系的学者曾表示，"农业革命对于生物圈来说可能是最大的错误——不仅对智人如此，对于生态系统的完整性也是如此"。换言之，他们认为农业革命是环境破坏的"罪魁祸首"[1]。"可以肯定的是人类与环境之间关系的实质性转变应该发生在农业出现之后。约 9500 年前，除中国之外，全球至少还有 4 个地方也产生了农业（美索不达米亚的肥沃新月地区、现在的墨西哥和中美洲安第斯地区，现在的美国东海岸，很可能还有非洲西部和新几内亚）。""对于狩猎采集者而言，他们的生存需要维持环境基本不变以保证猎物和各种水果、坚果的供应，他们也许会使用火来清除森林中的矮树丛以让新草长出，以便吸引鹿群来觅食而更易于猎杀，但森林还是会保留下来；然而，定居农业则需要清除森林以便开荒种地，随着农业定居村落的形成，这种对森林的清除会一直继续下去。"[2]

---

① 〔美〕J. 唐纳德·休斯：《世界环境史：人类在地球生命中的角色转变》，赵长凤、王宁、张爱萍译，第 27 页。

② 〔美〕马立博：《中国环境史：从史前到现在》，关永强、高丽洁译，中国人民大学出版社，2015，第 31 页。对墓地中挖掘的骨骼分类研究表明，新石器时代的农民无论男女，身高都没有旧石器时代的狩猎者高，牙齿和骨骼的健康状况更糟，其寿命相对较短。由于人口居住更加集中，人们更容易患传染病，农民在一定程度上牺牲了健康，而部落延续也受到威胁。见〔美〕J. 唐纳德·休斯《世界环境史：人类在地球生命中的角色转变》，赵长凤、王宁、张爱萍译，第 27 页。如果把人的身体素质作为人与环境关系的产物的话，人与环境的自然关系同农业时代相比更加有利。今天，人们说"文明其精神，野蛮其体魄"，是否表现了对野蛮与体魄之间的正相关关系的认识呢？

人类对生态环境的破坏，在农业时代，主要是以物理手段减少以森林为主的植被。历史记载表明，人类先是以刀耕火种的方式破坏山上的森林；接着便破坏河谷地带的森林；接着便破坏平原地带的森林；接着便在所有适宜于农业的地带破坏森林和其他植物。我们要记住，如今庄稼一望无际的东北平原、华北平原、长江中下游平原，曾经要么是森林密布、猛兽出没，要么是水草丰茂、沼泽遍布、鱼类密集。

到了工业时代，人类则以物理、化学、生物等众多手段，对植物、动物、土壤、水体、大气进行全面摧残。描述这方面情况的著述众多，显示的情景惨不忍睹，本文不再重复。本文只是指出：自从 16 世纪欧洲殖民扩张以来，整个地球上以动植物为主体的生态环境，遭到了惨绝人寰的破坏。据我国生物进化论的著名学者陈世骧估计，自生命诞生以来，曾经产生过 8500 万到 4.2 亿个物种，而现今生存的仅有四五百万个物种[1]。物种消失最快是在自殖民主义时代以来的时期。北美洲铺天盖地的鸟类和草原偶蹄类动物在殖民者的猎枪下消失了，亚马孙河流域无边无际的热带雨林已经在电锯与推土机的鸣响中严重萎缩。中国虽然在大力保护生态环境，但是，仍然有众多动植物种类的生存正在受到威胁[2]。

当一个热爱所有生命的人回想人类对其他生命摧残的历史的时候，能不难受不已吗？

如果我们知道旧石器时代的人类不但没有破坏和谐、稳定与美丽的生态系统，而且同其他生物一道为维护这个系统的延续、维护生命的多样性做出贡献的话，我们还有理由仅仅从人类利益角度出发而用"野蛮"这样具有强烈贬损意义的词来形容那时的人类社会和人类生活方式吗？[3]

回顾并且积极评价原始社会的生态价值，将有助于我们意识到，人类曾经有过漫长的真正"天人合一"的自然状态的生活。对这种生活的记忆，是人类哲思的重要源泉。请记住，伟大的庄子就曾说过向往"同与禽兽居，族与万物并"（《马蹄篇》）的时代。

---

[1] 郭郛、〔英〕李约瑟、成庆泰：《中国古代动物学史》，科学出版社，1999，第 21 页。

[2] 〔美〕马立博：《中国环境史：从史前到现在》，关永强、高丽洁译，第 1 页。

[3] 摩尔根把人类社会分为野蛮、开化、文明三阶段。〔美〕摩尔根：《古代社会》第 1 册，杨东莼、张栗原、冯汉骥译，第 13 页。

回顾并且积极评价原始社会的生态价值,将有助于我们理解今天的人类为什么喜爱森林、动物,为什么要设立那么多的自然保护区,为什么会有那么多的生态保护组织,答案都在原始时代形成的人类与大自然血肉相连的关系中。这种关系已经转化为人类身上的绿色基因,驱使人类不可阻挡地回归自然。

回顾并且积极评价原始社会的生态价值,将有助于我们意识到文明史上以及当今人类的生物学、生态学处境:孤独。人,作为大自然的产物,需要自然的土地、水体、空气、植物、动物作为我们的伴侣和朋友,我们的灵魂每时每刻都要同这些伴侣交流。而从农业时代开始的这一万年左右时间,人类让自己变得越来越孤独。人与环境的自然关系提醒我们:不要因为物质欲望的全面满足而感觉不到灵魂与大自然的隔绝,从而意识不到心灵深刻的孤独。孤独是病态的。

回顾并且积极评价原始社会的生态价值,将有助于我们寻找和建设生态乌托邦。当我们知道人类最以为荣耀的大脑的发育就是在大森林里经历约 200 万年完成的,人类曾经有过维护和建设生态环境的漫长历程,我们就会明白,人类的地理家园和精神家园都是在森林里。人类有各种类型的乡愁,而最根本的乡愁,应该是对史前时代生态环境的眷恋。人类当然不愿意也不可能再回到原始时代,但是,那个时代的生态意义,却应该作为我们最宝贵的精神财富永远地拥有着,决不忘记,决不离弃。当代人类在努力寻找和建设"生态乌托邦"。以这个名字出版的那本书①,畅销全世界。那么,这个生态乌托邦的原型或者模板应该是什么?就是在人类与环境保持着自然关系之时和之前的地球生态系统。

历史上,人类的自我发展以牺牲一定的生态环境为代价是必要的。对此,我们不能脱离实际地一概否定。本文强调的是,记住原始社会的生态价值,提醒我们更加注重文明与自然的协调,更加注重作为无数物种之一的人类对其他所有形式的生命、对整个地球生态环境所负有的责任。

---

① 〔美〕欧内斯特·卡伦巴赫:《生态乌托邦》,杜澍译,北京大学出版社,2010。

全球史视野下的草地生态史研究[*]

高国荣

【摘要】草地生态史是环境史的一个分支领域，研究特定时空下草地生态系统的变迁，将地—草—畜—人视为一个有机的统一整体。草地生态系统长期受到人们的忽视，但它在多方面都对人类文明发展具有重要意义。草地生态史可以从草地生态变迁、草地利用与保护、草地观念三个层面加以探讨。草地生态史研究可以从全球范围内草地持续退化这一现实出发，探讨草地利用与管理方式如何影响草地生态社会变迁，考察人们对草地由误解到理解、由忽视到重视的观念转变。全球史的视野对草地生态史研究非常重要，蒙古帝国史、清末蒙地放垦、西方人在近代中国的边疆考察、草地退化国际比较研究等主题，都是全球草地生态史研究领域中值得中国学者探讨的问题。

【关键词】草地生态史 环境史 全球史 草地变迁

在《沙乡年鉴》一书中，利奥波德多次提到了草地①，表达了对草地的热爱，并建议设立国家草地保护区。利奥波德把草地野花绽放的时节称为"草地的生日"②，他哀悼指南花的消失，将"刈割杂草"的行为怒斥

---

* 本文原载《河南师范大学学报》（哲学社会科学版）2017年第4期，标题为"关于草地生态史研究的若干构想"，为国家社科基金重大项目（16ZDA122）和国家社科基金一般项目（14BSS037）的阶段性成果。

① 草原与草地常常作为同义词通用，均指以草本植物为主，或兼有灌丛和稀疏乔木的大面积土地，草地的含义更广，是草原、草甸、沼泽、草山、草坡等的总称。参见胡自治《什么是草原》，《国外畜牧学（草原与牧草）》1994年第3期。本文除关于国内外著名草原、草原牧区、草原地区的固定称谓之外，一律采用草地这一提法。

② 〔美〕奥尔多·利奥波德：《沙乡年鉴》，侯文蕙译，吉林人民出版社，1997。中文译文参考了该书，略有调整。

为"焚烧历史书"。在利奥波德的眼里,草地是一个色彩斑斓的缤纷世界,是一部精彩纷呈的历史教科书,是影响历史进程的重要角色。但在当时的美国资源保护体系中,草地却没有一席之地,草地生态系统在人们的进逼下步步退缩。实际上,利奥波德购买的那个荒弃的沙乡农场,在19世纪五六十年代以前,由于野火的时常出现曾经是一片繁茂草地。农场尽管不大,却成为利奥波德感知自然和生命的场所。

利奥波德倡导从"生态的角度解释历史"。他指出,很多历史事件,"迄今还只是从人类角度去认识,但实际上是人类和土地之间相互作用的结果"[1]。他结合植被演替,对比了美国东部密西西比河流域和美国西南部地区迥异的拓殖经历:在密西西比河流域,野藤和灌木丛在焚烧后,地面冒出的草适宜放牧,移民得以从肯塔基大量向西迁移,而在干旱的美国西南部,放牧则导致了植被衰败和水土流失,移民难以在此立足。利奥波德指出,"植物演替改变历史进程"[2],他倡导以土地共同体的观念讲授历史。

利奥波德的倡导在战后被应用于美国的历史研究,这类实践开辟了环境史这一新领域。环境史[3]探讨"自然在人类历史进程中的地位和作用",研究"历史上人与自然之间的互动关系"[4]。环境史深受生态学的影响,其研究对象也可以说是特定时空尺度下的各种生态系统,包括森林、草地、农田、水系、城市等各类生态系统。草地生态史无疑是环境史研究的一个重要方面,就笔者所见,国外环境史学界对这一领域进行学理性探讨的著述并不多,国内学界对此关注就更少[5]。本文拟从草地生态史研究的重要

---

[1] Aldo Leopold, *A Sand County Almanac: With Essays on Conservation from Round River*, New York: Oxford, 1974, p. 241.

[2] Aldo Leopold, *A Sand County Almanac: With Essays on Conservation from Round River*, pp. 241-242.

[3] 环境史是对历史的生态学解释,往往与生态史通用。

[4] Donald Worster, ed., *The Ends of the Earth: Perspectives on Modern Environmental History*, New York: Cambridge University Press, 1989, pp. 292-293.

[5] 在西方学术界,人类学家对游牧社会的研究较为深入。参见王建革《农牧生态与传统蒙古社会》,山东人民出版社,2006,第1~7页;彭兆荣、李春霞《游牧文化的人类学研究述评》,齐木德道尔吉、徐杰舜主编《游牧文化与农耕文化》,黑龙江人民出版社,2010,第3~34页;阿拉坦宝力格《浅析牧区人类学研究中的理论表述》,陈祥军主编《草原生态与人文价值:中国牧区人类学研究三十年》,社会科学文献出版社,2015,第3~16页。在英美环境史学界,唐纳德·沃斯特就该领域写过一些理论文章,(转下页注)

性、三个层面及全球视野对之加以初步探讨。

一 草地生态史研究的重要性

历史研究往往侧重于人类事务，而对影响人类历史的自然因素重视不够。环境史将生态维度纳入历史学领域，重视生态因素对人类历史进程的影响，拓宽了历史学的范畴，冲击了人类中心主义的取向。近30年来，环境史在全球范围内蓬勃发展，优秀成果不断面世。相对于对大气、水系、森林、荒野、乡村、城市的研究而言，环境史学界对草地的研究相对滞后。这种滞后局面的形成，并不是因为草地无足轻重，而是与人们根深蒂固的轻视草地的传统相关。

对草地的轻视，在古今中外是一种普遍现象。在西方学者的社会进化论模式里，不同人群的生活方式被划分为从"蒙昧"、"野蛮"到"文明"的等级序列，在这个序列中，工商业高于农业，农业高于牧业，游牧不如定居。法国启蒙运动的杰出代表孔多塞将人类历史分为十个时代，将游牧文化视为人类从野蛮状态到农业文明的过渡状态①。黑格尔对游牧文化极其轻视，甚至将游牧民排除在文明和历史之外，认为游牧民如此落后，仅可由其"回溯到历史的开端"②。摩尔根把人类社会的发展看作一个线性的进步过程，他将人类历史分为蒙昧、野蛮和文明三种状态，认为这三种状

（接上页注⑤）主要包括：Donald Worster, "Cowboy Ecology", in Donald Worster, *Under Western Skies: Nature and History in the American West*, New York: Oxford University Press, 1992; Donald Worster, "The Living Earth: History, Darwinian Evolution, and the Grasslands", in Douglas Sackman, *A Companion to American Environmental History*, Oxford: Wiley-Blackwell Publishing Ltd., 2010. 在国内，中国科学院学者高瑞平曾提过这方面的倡议，但较为简略，未引起重视。参见高瑞平《应开展对历史草原生态学的研究》，《中国草地》1989年第4期。目前，国内有一些成果可纳入草原生态史领域，诸如邓辉《从自然景观到文化景观：燕山以北农牧交错地带人地关系演变的历史地理学透视》（商务印书馆，2005），韩茂莉《草原与田园：辽金时期西辽河流域农牧业与环境》（三联书店，2006），王建革《农牧生态与传统蒙古社会》（山东人民出版社，2006），邢莉、邢旗《内蒙古区域游牧文化的变迁》（中国社会科学出版社，2013），周钢《牧畜王国的兴衰：美国西部开放牧区发展研究》（人民出版社，2006），等等。

① 〔法〕孔多塞：《人类精神进步史表纲要》，何兆武等译，三联书店，1998，第17页。

② 〔德〕黑格尔：《历史哲学》，王造时译，三联书店，1956，第145~146页。

态"以必然而又自然的前进顺序彼此衔接起来"①，而蒙昧、野蛮时代又都可以分为低级、中级和高级状态②，文明状态则可分为"古代及近期"③。恩格斯在《家庭、私有制和国家的起源》一书中对摩尔根的《古代社会》予以高度肯定，认可摩尔根对人类历史三个时代的划分④，将游牧部落同野蛮人的分离、农业和手工业的分离、商人的出现作为人类历史上的三次社会大分工⑤。摩尔根和恩格斯都将人类社会的发展视为一个线性的进步过程，尽管两人并未比较游牧和农业的高下，但都认同农业晚于畜牧业出现。他们的论述在东西方都产生了广泛影响，导致后人很轻率地得出游牧落后于农业这种似是而非的结论。

美国毫无例外地轻视草地。美国在开发西部的过程中，长期将中西部草地标注为"美洲大荒漠"，移民往往绕过大平原向远西部迁移，大平原成为美国开发最晚的地区。在美国环保史上，草地同样不受重视。从19世纪后期开始，美国相继建立了诸多国家公园，对险峻雄奇的自然奇观和悠久灿烂的历史遗址予以保护。直到20世纪30年代后，美国才建立国家草地保护区，旨在遏制干旱地区严重的水土流失。草地作为独特的生态系统应该加以保护，是在战后生态学时代才出现的一种新观念。美国目前已建立了20个国家草地保护区⑥，其占美国自然保护区面积的比重微不足道。对草地的忽视也可从美国历史教科书中窥见一斑。沃斯特曾经对比过20世纪80年代中后期在美国流行的14种美国历史教科书，畜牧业、牛仔和牧场在这些教材中所占的篇幅微乎其微，平均每1000页中不到两页⑦。就欧美环境史的已有研究成果而言，有关草地生态史的著述也不多见⑧。

---

① 〔美〕摩尔根：《古代社会》，杨东莼、马雍、马巨译，商务印书馆，2009，第3页。

② 〔美〕摩尔根：《古代社会》，杨东莼、马雍、马巨译，第9~10页。

③ 〔美〕摩尔根：《古代社会》，杨东莼、马雍、马巨译，第12页。

④ 《马克思恩格斯选集》第4卷，人民出版社，2012，第29页。

⑤ 《马克思恩格斯选集》第4卷，第176~182页。

⑥ Charles I. Zinser, *Outdoor Recreation: United States National Parks, Forests, and Public Lands.* New York: John Wiley & Sons, Inc., 1995, p. 255.

⑦ Donald Worster, *Under Western Skies: Nature and History in the American West*, New York: Oxford University Press, 1992, p. 34..

⑧ 实证研究的重要成果有：D. W. Meinig, *On the Margins of the Good Earth: The South Australian Wheat Frontier, 1869-1884*, Chicago: Rand McNally & Company, 1962; Donald （转下页注）

对游牧的轻视乃至忽视在我国也是同样存在的。司马迁在《史记》中用寥寥数笔，就勾画出匈奴的"他者"形象：在军事上，老少皆兵，"人习战攻以侵伐，其天性也……利则进，不利则退，不羞遁走"；在伦理教化方面，"贵壮健，贱老弱。父死，妻其后母；兄弟死，皆取其妻妻之"。游牧民族"劫掠成性""不知礼仪"的形象从此代代相传①。汉语里有很多关于草的词语，诸如草包、草寇、草莽、草民、草芥、草率、潦草、草草了事、草菅人命、斩草除根等，这些词都属于贬义词，是对草的污名化。"荒"在汉语中往往是指野草丛生、没有开垦的土地，荒芜、荒凉、荒废等涉及"荒"的一些词语表达的也是负面含义。对农民而言，草地只有在开垦或耕种后才有价值。流传至今的有关游牧民的史料往往出自农耕世界，对游牧部落的社会认知和历史记忆受文化的影响，表现出重农轻牧的倾向。在我国高等教育中，草学长期隶属于畜牧学，在1997年教育部调整高校本科专业目录的第一、第二征求意见稿中，草学在拟撤销专业之列②。这种方案虽然没有成为现实，但也从一个方面折射出对草地的忽视。尽管钱学森、任继周等人在20世纪八九十年代作为全国政协委员多次提出设立国家草业局的议案，但并未被政府采纳。草地由农业部管理、建立全国草产业试验示范基地的落空等事实③，依然可以反映出对草地的轻视。

对草地的忽视，主要源于外界对草地的文化建构。游牧社会往往被外界视为边缘和他者。农耕社会常以经济产出作为衡量土地好坏的标准，认

（接上页注⑧）Worster, *Dust Bowl: The Southern Plains in the 1930s*, New York: Oxford University Press, 1979; Elinor Melville, *A Plague of Sheep: Environmental Consequences of the Conquest of Mexico*, New York: Cambridge University Press, 1994; Andrew Isenberg, *The Destruction of the Bison: An Environmental History, 1750-1920*, New York: Cambridge University Press, 1994; Geoff Cunfer, *The Great Plains: Agriculture and Environment*, College Station: Texas A & M University Press, 2005; Marsha Weisiger, *Dreaming of Sheep in Navajo Country*, Seattle: University of Washington Press, 2009; David Moon, *The Plough That Broke the Steppes: Agriculture and Environment on Russia's Grasslands, 1700-1914*, New York: Oxford University Press, 2013.

① 司马迁：《史记》，中华书局，1959，第2879页。
② 胡自治：《中国高等草业教育的历史、现状与发展》，《草原与草坪》2002年第4期，第38页。
③ 任继周：《草业琐谈》，中国农业出版社，2009，第6~7页。

为单位面积的牧场产出太少，游牧因而被视为一种低下的生产方式。游牧民的尚武、劫掠让农耕社会害怕，觉得游牧民野蛮。在中国历史上，中原王朝往往在北部边疆地区修筑长城，力图将这些野蛮人挡在门外。对农耕社会而言，一望无际的草地平坦单调，也没有实用价值。农耕文明在人类历史上的长期主导优势，使草地的价值一再被低估。而游牧文化因为其流动性导致文字和实物遗存相对不足，在一定程度上也限制了对游牧文化的广泛研究。

然而，从多方面来看，草地生态系统非常重要，应该受到历史学者的大力关注。

首先，草地生态系统是陆地主要生态系统之一，生物和文化多样性明显。全球以草本植物为主的天然草地约为5250万平方千米，占除格陵兰岛和南极洲以外陆地总面积的41%，草地占国土面积50%以上的国家，全球达40个之多，其中20个国家（大多在非洲）这一比例达到70%以上[1]。澳大利亚、俄罗斯、中国、美国、加拿大、巴西、阿根廷、蒙古等国的草地面积都超过了1亿公顷。我国的天然草地约为4亿公顷，是耕地面积的4倍，占陆地国土面积的40%以上[2]。2000年，全球在草地上生活的人口达9.38亿人，占世界人口的17%，其中约一半生活在干旱、半干旱草原地区[3]。全球很多重要河流，包括中国的黄河，非洲的尼罗河、赞比西河、尼日尔河，北美洲的科罗拉多河，其所在流域一半以上属于草地。草地是全球动植物的重要栖息地，19%的植物多样性保护中心、11%的特种鸟类保护区、29%的特色生态区位于草原地区。草地占一半以上面积的保护区在全球约有667个[4]。草地作为重要的基因库，对于人类未来发展具有重要意义。草地的固碳能力可观，全球草地的碳储存占全球陆地碳储存的

---

① United Nations Development Programme, et al., *A Guide to World Resources: 2000 - 2001, People and Ecosystems: The Fraying Web of Life*, Washington, D.C.: World Resources Institute, 2000, p. 122.

② Robin White, Jake Brunner, et al., *Pilot Analysis of Global Ecosystems: Grassland Ecosystems*, Washington, D.C.: World Resources Institute, 2000, p. 16.

③ United Nations Development Programme, et al., *A Guide to World Resources: 2000 - 2001, People and Ecosystems: The Fraying Web of Life*, p. 119.

④ United Nations Development Programme, et al., *A Guide to World Resources: 2000 - 2001, People and Ecosystems: The Fraying Web of Life*, p. 120.

34%，草地对调节全球碳循环和气候具有重要作用①。

草地具有丰富的生物和文化多样性。在热带、温带、寒带都有分布，在温带主要有欧亚大草原、北美大草原、南美潘帕斯草原、南非草原，在热带主要有非洲稀树干草原，在寒带有极地冻原，在我国的青藏高原和欧洲的阿尔卑斯山地区则有高山草地。不同草地类型的植物和动物各不相同，并形成了多种多样的生产生活方式和文化风俗。

其次，草地是农业文明的重要发祥地之一。人类进入农业社会，始于驯化动植物。绵羊、山羊、牛、马、狗、骆驼等②，"小麦、水稻、燕麦、大麦、高粱、小米等几乎所有重要粮食作物"③，都是从草原地区驯化出来的④。在我国的神话传说中，先有伏羲女娲，再有黄帝嫘祖。女娲"炼石补天""开天辟地"，而她的丈夫伏羲则"养牺牲于庖厨"，教民畜牧。黄帝教人稼禾，他的妻子嫘祖教民蚕桑。这些传说可从一个侧面说明畜牧业的发展可能早于农业。在摩尔根看来，在东半球，"谷物的栽培似乎极有可能首先是由饲养家畜的需要而发生的"⑤。恩格斯提到，在东大陆，"驯养供给乳和肉的动物"开始于"野蛮时代的中级阶段"，而种植直到野蛮时代的"晚期还不为人所知"⑥。最先驯化出的这些家畜和农作物在河谷地带的繁育和移植，为西亚、埃及、印度、中国等古代文明中心的形成奠定了基础。驯化农作物和家畜的生产和传播，推动了人类文明的整体进步。总之，草地是农业文明发展的摇篮，古今中外皆然。

再次，草地孕育的游牧文化对世界历史进程产生了重要影响。在农业文明时代，欧亚大陆中纬度地带的南北两侧，大致平行分布着农耕世界和

① Robin White, Jake Brunner, et al., *Pilot Analysis of Global Ecosystems: Grassland Ecosystems*, pp. 50-51.
② 〔美〕贾雷德·戴蒙德：《枪炮、病菌与钢铁：人类社会的命运》，谢延光译，上海译文出版社，2000，第 116 页。
③ 〔美〕贾雷德·戴蒙德：《枪炮、病菌与钢铁：人类社会的命运》，谢延光译，第 117 页。
④ United Nations Development Programme, et al., *A Guide to World Resources: 2000-2001, People and Ecosystems: The Fraying Web of Life*, p. 120.
⑤ 〔美〕摩尔根：《古代社会》，杨东莼、马雍、马巨译，第 39 页。
⑥ 《马克思恩格斯选集》第 4 卷，第 33 页。

游牧世界。游牧部落不断向农耕世界发起冲击，在成功征服后常常被农业文明所同化，作为农业文明的捍卫者抵御来自"蛮族之地的新攻击"①。类似现象在欧亚大陆历史上反复出现。游牧社会与农业社会在冲突中不断融合，打破了世界各民族间相互孤立闭塞的状况，大大加快了人口流动、物种传播，以及科技文化的扩散。游牧民作为世界文明的重要缔造者，其重要性除了他们所建立的那些庞大帝国，还"在于他们向东、向西运动时，对中国、波斯、印度和欧洲所产生的压力，这种压力不断地影响着这些地区历史的发展"②。

又次，草地在 20 世纪生态学发展过程中占有重要的一席之地。顶级群落理论作为 20 世纪最有影响的生态学理论之一，在很大程度上是基于对美国大平原草地的研究而提出的。从 19 世纪 80 年代开始，内布拉斯加大学以贝西、克莱门茨为首的一批学者在大批垦荒者来到大平原之前，就致力于研究大平原植被群落的动态演替，并据此提出了顶级群落理论。依据该理论，在没有人类干扰的情况下，不稳定、不平衡的植物群落总是会朝向"复杂的、相对持久地与周围条件相平衡的、能够使自己永远存在下去的顶级结构演替"③。该理论在 20 世纪 30 年代被用于解释尘暴重灾区的形成，受到美国政府关注，并被应用于指导灾后重建。生态学思想由此得到了广泛传播。同一时期，利奥波德在《沙乡年鉴》中提出了"土地伦理学"，将道德关怀的对象从人延伸至整个自然界。在利奥波德看来，每一物种都是生命共同体的组成部分，都为生命共同体的健康运转发挥着少为人知、不可替代的作用，每一物种因而都有继续生存的权利。利奥波德提出土地伦理学，就是力图使资源保护能够超越功利主义，使维护土地的健康能内化为公民的一种自觉行动。

最后，在建设生态文明的今天，草地的生态系统服务功能越来越受到世人的关注。草地作为地球上重要的生命支撑系统，其服务可以从"向社会经济系统输入有用的能量和物质""接受和转化来自经济社会系统的废

---

① 〔法〕勒内·格鲁塞：《草原帝国》，蓝琪译，商务印书馆，2009，第 1 页。

② 〔法〕勒内·格鲁塞：《草原帝国》，蓝琪译，第 1 页。

③ 〔美〕唐纳德·沃斯特：《自然的经济体系：生态思想史》，侯文蕙译，商务印书馆，1999，第 254 页。

弃物""直接向社会提供的广泛的服务"三个方面来加以衡量①。近年来，
国内外学者尝试用货币来计算草地所创造的价值。据估算，全球草地在
1997 年创造的价值达到 9060 亿美元，远远超出全球农田生态系统当年所
创造的约合 1280 亿美元的价值②；我国草地所创造的综合效益也远比耕地
多，在 2000 年达到 8697.68 亿元人民币，占当年我国陆地生态系统服务价
值的 15.5%。草地资源学通常将沼泽湿地划归草地，如果按这一标准计
算，我国草地 2000 年所创造的价值为 35461.58 亿元人民币，占当年我国
陆地生态系统服务价值的 63.21%③。随着国民生活水平的提高，肉食和奶
食在居民食品结构中将占更高的比重，这将成为推动草业和畜牧业发展的
强大动力。同时也应该看到，内蒙古、甘肃、青海、新疆、四川、西藏六
大牧区 2008 年的牛羊肉产量和生鲜乳产量都只"占全国总量的 1/3"，"全
国 268 个牧区半牧区旗县生产肉类只占全国的 8.5%、生鲜乳占 20%"，而
"全国农区提供 80%—90%以上的肉蛋奶产品"④。尽管我国边疆省区的国
民生产总值总体较为靠后，但边疆各省区的生态系统所创造的生态效益在
全国却名列前茅⑤。美国牧区集中于西部，在畜产品生产方面的作用在近
一个世纪以来已显著下降，在 20 世纪 30 年代，西部牧区出产的"毛料占
全国的 75%，羊占 55%，牛占近 1/3"⑥，但在 20 世纪和 21 世纪之交，
"全国 81%的畜产品来自东部的私有土地"，而占全国半壁江山的西部所提
供的畜产品不足 20%，其中约 2%出自占国土面积约 1/9 的西部国有土
地⑦。近 30 年来，波普尔夫妇等美国学者及环保人士不断提出在美国西部

---

① 中国科学院可持续发展战略研究组：《生态系统服务理论》，2017 年 2 月 16 日，http://
www.china.com.cn/chinese/zhuanti/295916.htm。

② Robert Constanza, et al., "The Value of the World's Ecosystem Services and Natural Capital",
Nature, 1997（6630），pp.285.

③ 陈仲新、张新时：《中国生态系统效益的价值》，《科学通报》2000 年第 1 期，第 21 页。

④ 张毅：《大美草原新抉择》，《人民日报》2011 年 11 月 20 日。

⑤ 陈仲新、张新时：《中国生态系统效益的价值》，《科学通报》2000 年第 1 期，第 21 页。

⑥ U. S. Department of Agriculture, *The Western Range: A Great but Neglected Natural Resource*,
Senate Document 199, 74th Congress, 2d session, Washington, D. C.: United States Government
Printing Office, p. iii.

⑦ Debra L. Donahue, *The Western Range Revisited: Removing Livestock from Public Lands to
Conserve Native Biodiversity*, Norman: University of Oklahoma Press, 1999, p. 252.

干旱地区广泛设立禁止放牧的野生动物保护区的倡议①，这些倡议在美国已引发了激烈争议②。草地的生态价值和文化价值远高于其经济价值，这一点在我国尚未引起相关方面的足够重视，需要学界进一步加强研究。

二 草地生态史研究的三个层面

1988 年，沃斯特撰文阐述了环境史研究的基本框架，提出环境史探讨"自然在人类历史上的作用和地位"，主要从三个层面来加以展开：其一是探讨自然生态系统本身的变迁；其二是人们对自然的经济利用及其变化；其三是自然观念的转变及其在艺术、意识形态、科学及政治上的表现③。这三个层面以其包容性和可行性得到了广泛认可和大量应用，成为环境史研究的基本分析框架。在笔者看来，这一框架也可以应用于草地生态史研究。草地生态系统变迁、草地利用与管理、对草地的认知及其影响，成为草地生态史研究的三个主要层面。

（一）草地生态系统的变迁

草本植物植株一般较矮小，个别种属可高达数尺甚至数丈。草本植物具有如下特点。其一，种类多，分布广。草最早出现于距今约 5000 万年的白垩纪晚期，之后通过朝各个方向进化，形成了目前的"5—6 个亚科，分60—80 个族"，共 10000 多种④。草在全球有广泛分布，跨越各种气候带，在酸性、碱性土壤乃至盐渍地中均可生长，适应各种地形，适于海洋以外的各种陆地生态环境。其二，进化适应旱生和大型草食哺乳动物对它的采食。"叶泡状细胞在干旱时使禾本科植物叶内卷，减少水分的丧失；由花瓣发育来的浆片可使小花在适宜的温度条件下张开，干旱时关闭；风媒花

---

① Deborah Popper and Frank J. Popper, "Great Plains: From Dust to Dust", *Planning*, 1987 (12).

② Anne Matthews, *Where the Buffalo Roam: Restoring America's Great Plains*, New York: Grove Weidenfeld, 1992.

③ Donald Worster, ed., *The Ends of the Earth: Perspectives on Modern Environmental History*, pp. 292-293.

④ 韩建国、樊奋成、李枫：《禾本科植物的起源、进化及分布》，《植物学通报》1996 年第 1 期，第 9 页。

是适应干旱地区借风力传播花粉的特征。"① 禾草类植物"增长细胞分裂带位于茎叶的基部"，因此"耐干旱、耐践踏、耐啃食、耐火灾"②，丛生、匍匐型株丛也是耐践踏的表现。其三，根系发达，生命力顽强。多年生草本植物在天然草原占绝对优势，其萌生结籽不必在一年之内完成，便于根系发育。草多为须根，具有盘根错节的发达根系，其地下部分是地上部分的数倍甚至数十倍，"根系甚至可以向下延伸 20 多公尺"，"不同草本植物从不同土层获取水分"③，便于充分利用地下水资源。在草地生态系统中，种类繁多的各种草本植物都在为维护草地系统的健康稳定发挥作用：豆科类植物能固定大气中的氮，增强土壤肥力；除虫菊、万寿菊、野葱、野韭、野蒜等植物释放的气味，能驱除害虫；草本植物因其发达根系都能较好地固定水土。

草地生态系统由非生物因素、生物因素和社会因素构成。非生物因素包括大气因子、土地因子和位点因子，生物因素包括植物因子、动物因子和微生物因子，社会因素由科技水平、生产水平和生活水平等构成④。生物因素是草地生态系统的主体，而非生物因素和社会因素则构成草地生态系统的生存环境。这三个因素自下而上的耦合，便形成了由低到高、从简单到复杂的三个系统：草丛和地境耦合成为草地生态系统；草地生态系统与动物生态系统耦合成为草畜生态系统；草畜生态系统与社会系统耦合组成草业生态系统⑤。总之，草地生态系统是一个复杂、开放、相互影响的有机整体，组成该系统的任一因素出现变化，就会引起一系列连锁反应。

就草地生态变迁而言，或许可以从世情和国情入手，结合现实需要进行。近一个多世纪以来，草地持续退化成为一个具有普遍性的全球问题，草地承载力出现了程度不同的下降。1936 年，美国林业局公布了关于西部

① 韩建国、樊奋成：《禾本科植物的起源、进化及分布》，《植物学报》1996 年第 1 期，第 11 页。
② 任继周：《草地农业生态系统通论》，安徽教育出版社，2004，第 495 页。
③ U. S. Department of Agriculture, *The Western Range: A Great but Neglected Natural Resource*, Senate Document 199, 74th Congress, 2d Session, p. 58.
④ 任继周：《草地农业生态系统通论》，第 9 页。
⑤ 任继周：《草地农业生态系统通论》，第 25 页。

牧场现状的报告，指出美国西部牧场全面退化，"轻度退化的面积占13%，中度退化的占33.7%，重度退化的占37.1%，而极重度退化的占16.2%"[1]，西部牧场的承载力，较牧业初兴的19世纪70年代"下降了52%，载畜量从原来的2250万个家畜单位[2]下降到1080万个家畜单位"[3]。在20世纪八九十年代，美国林业局、土地管理局、水土保持局等多个部门开展了对草地植被状况的调查。林业局1980年的调查显示，"植被非常差的草地占16%，植被差的占38%，植被一般的占31%"。据水土保持局1987年的估计，64%的私有牧场植被不佳。土地管理局1989年的调查显示，其所属68%的草地植被不佳[4]。从全球范围来看，2000年"轻度及中度退化的草地占全球草地的49%，重度及极重度退化的草地不少于6%"[5]；草地退化最为严重的是非洲，"重度和极重度退化土地占易沙化土地的25%，这一比例在亚洲为22%。而在欧洲，32%的旱地出现了一定程度的退化，这一比例在北美洲、澳大利亚和南美洲分别为11%、15%和13%"[6]。

在我国，草地退化也较为严重。21世纪前后，我国北方地区频繁出现强沙尘暴天气，2000年春天达到13次之多。卫星云图显示，滚滚沙尘来自北方草原地带，沙尘在华北、华东、华南渐次减少，沙尘甚至漂洋过海，被大风吹落到日本和美国西海岸地区。2009年，全国可利用天然草地的90%都出现了不同程度的退化，而且在以"每年200万公顷的速度递增"，产草量较20世纪五六十年代"下降了30%—50%"，在1992~2009年，草原"理论载畜量下降了50%"[7]。草地占我国国土面积的40%以上，

① U. S. Department of Agriculture, *The Western Range: A Great but Neglected Natural Resource*, Senate Document 199, 74th Congress, 2d Session, p. vii.
② 一个家畜单位相当于1头牛或5只羊。
③ U. S. Department of Agriculture, *The Western Range: A Great but Neglected Natural Resource*, Senate Document 199, 74th Congress, 2d Session, p. 110.
④ Richard Manning, *Grassland: The History, Biology, and Promise of the American Prairie*, New York: Penguin Books, 1997, pp. 133-134.
⑤ Robin White, Jake Brunner, et al., *Pilot Analysis of Global Ecosystems: Grassland Ecosystems*, p. 3.
⑥ United Nations Development Programme, et al., *A Guide to World Resources: 2000 - 2001, People and Ecosystems: The Fraying Web of Life*, p. 129.
⑦ 杜国祯：《中国草地退化浅议》，于长青、张濂、王慧娟主编《中国草原与牧区发展——第23届国际保护生物学大会中国草原保护专题研讨会论文集》，中国水利水电出版社，2009，第9页。

属于老少边穷地区，分布着"全国 70% 以上的少数民族人口、70% 以上国家扶贫开发重点县"①。草地牧区状况直接影响到我国的生态安全、民族团结和社会稳定。草地退化引起的沙尘暴、荒漠化及生态难民问题，已经受到了政府和社会的广泛关注。

草地退化可以通过土壤性状、植被、野生动物、家畜等诸多方面的系列指标加以衡量。就土地性状而言，其涉及土壤的肥力、厚度、通透性，土壤涵养水源的能力、土壤流失等。而牧草的结构、高度、盖度、收割量、根系发育是判断植被状况的重要参考②。草地退化是自然与人类相互作用的产物，与气候、载畜量、畜群构成、外来物种入侵等因素都有密切关系。从全球来看，草地呈现"整体恶化，局部好转"的态势，这种态势如何形成是草地生态史研究的重要内容。

要了解草地生态变迁，就必须大量借鉴自然科学的成果。草地生态系统涉及多个层面，受多种自然和社会因素影响。气象学、地理学、地质学、考古学、物理学、化学、农学、畜牧学、林学、动物学、植物学等都成为了解草地生态变迁的得力帮手。干旱草地、稀树干草原、高山草地等草地类型和植被状况，首先是由气候和地理决定的，而动物种群结构因其采食习性的不同会对植物演替产生明显影响。草地生态史离不开生态学的指导。生态学将自然与社会视为一个整体，探讨生态系统各因素间的协同进化。植物与食草动物、人类与自然，作为共存的矛盾双方，永远都在相互磨合、相互适应，在协同进化中不断前进。植物如何适应动物的啃食，动物如何适应植物的变化，人工选择如何影响动植物群落的更替（诸如种间和种群的结构、数量和年龄等），人类又如何适应动植物的演化，环境史学者要了解上述问题，就必须向自然科学取经，参考自然科学的研究成果。

草地生态史研究既然以生态学为指导，就必然会受到生态学理论纷争的影响。在 20 世纪 70 年代以前，在草地管理中盛行草地平衡生态系统理论，该理论以克莱门茨的顶级演替学说为基础，将草地牧业视为自身可趋

---

① 张毅：《大美草原新抉择》，《人民日报》2011 年 11 月 20 日。.

② Robin White, Jake Brunner, et al., *Pilot Analysis of Global Ecosystems: Grassland Ecosystems*, p. 9.

向稳定的系统，强调系统内生物因素之间的调节平衡，将草场退化归咎于
超载过牧，将减畜作为维持草地健康的主要措施。但问题是，牧草的生长
受到众多非生物因素，尤其是气候及相关灾害的影响。埃利斯和斯威夫特
等学者基于非洲草原地区剧烈的气候波动提出了草地非平衡生态系统理
论。该理论将草地视为"地—草—畜"系统，强调气候在草地生态系统中
的基础作用和决定性影响，主张通过"移动放牧"和"弹性管理"来应对
气候波动和突发性灾害①。

（二）对草地的利用、管理和保护

历史上，人类主要通过放牧来实现对草地的利用。随着羊、牛、马、
骆驼等食草动物的驯化，畜牧业在西亚、中亚、南欧、撒哈拉以南的非洲
等地区发展起来。传统的游牧社会大多逐水草而生，通过移动来适应气候
干旱多变的草原环境，在极端灾害发生时，甚至会出现长距离、大范围的
游牧。游牧体现了一种流动的、弹性的生产生活方式，既可"中和不利的
环境因素，同时最大限度地利用有利环境因素"。游牧可以使水草得到充
分利用，同时有助于降低酷暑和严冬的影响，减少人畜患病的风险，远离
敌对部落的侵夺，甚至规避政府的苛捐杂税②。游牧部落因争夺草场而起
的暴力冲突在历史上频繁发生。在资本主义兴起之后，英国出现了羊吃人
的圈地运动，而美国大平原地区则通过围栏建立起私人牧场。在世界范围
内，伴随着人口压力的增加、科学技术的进步、市场经济的发展、外来资
本的渗透，越来越多的草地被开垦成农田。从全球来看，在过去一两个世
纪里，美国和加拿大的高草地（tall grass prairie）仅有 9.4% 保存下来，
71.2% 被开辟成农田，18.7% 成为城镇；草地变迁在南美洲的巴西、巴拉
圭和玻利维亚三国的对应比例分别为 21%、71% 和 5%，在蒙古、中国和
俄罗斯亚洲部分的对应比例分别为 71.7%、19.9% 和 1.5%，在撒哈拉以南

---

① 〔美〕詹姆斯·埃利斯、戴维·斯威夫特:《非洲牧业生态系统的稳定性：一种可供选择
的范式及其对发展的意义》，王晓毅、张倩、荀丽丽编著《非平衡、共有和地方性——草
原管理的新思考》，中国社会科学出版社，2010，第 29 页。

② 〔加〕菲利普·萨尔兹曼:《序一》，中国社会科学院社会学研究所农村环境与社会研究
中心主编《游牧社会的转型与现代性（蒙古卷）》，中国社会科学出版社，2013，第 2 页。

的非洲地区的对应比例分别为 73.3%、19.1% 和 0.4%①。过牧、农垦、樵采、开矿、修路、城市建设等都不同程度地加剧了草地退化。游牧的空间逐渐萎缩，越来越多的牧民不得不选择定居，游牧逐渐为定居舍饲所取代，畜种也由多样走向单一，灾害呈现频率加大、灾情加重的趋势。

草原地区灾害的增加，除了气候波动等因素外，还与农牧业对气候波动的不同耐受力、农牧民对灾害的不同界定等有密切关系。低温霜冻及洪涝亢旱对牧草生长不构成灾，但对农业可能就是毁灭性的打击，因此，草地被开垦成农区之后，灾害必然会增加。在草原地区，灾害在很大程度上反映了草地的有限承载力与人们对草地不断增加的物质索取之间的矛盾。对草地的物质索取超过一定的界限，这一矛盾就会凸显出来，矛盾越尖锐，灾害就越多。

自 20 世纪 30 年代以来，随着严重灾害的出现，国内外政府对草原牧区的干预开始增多，并导致了诸多始料未及的后果。草原在人类历史上长期发挥着缓解社会矛盾的安全阀作用。草原往往地处边陲，地广人稀，政府难以进行有效的管控，常常是社会底层避灾和逃避剥削的去处，在政治、经济、生态方面都能发挥减压阀的作用。但一个多世纪以来，随着外来人口的大量拥入，公共牧场急剧减少，草地承载力接近甚至超出极限。草地不但难以缓冲外界矛盾，反而自身难保，对外界的依赖加深，甚至要依靠政府的资助才能摆脱困境。20 世纪 30 年代之后，欧美等资本主义国家开始对国民经济进行广泛干预，对处于困境中的农牧业予以补贴。这种最初只是临时救灾措施的补贴，通过各种农牧业资助项目固定下来，演变成一种政府职责②，甚至成为现代农业发展的必要条件之一。战后，在亚非拉广大地区，国家干预成为推进草原牧区现代化的强大动力，国家投入巨额资金，启动了名目繁多的现代牧场建设和生态修复治理工程。这些项目和工程虽然使草原牧区的面貌有所改善，但由于在设计和管理方面缺乏地方和社区参与，造成的问题似乎要比解决的问题更多。

---

① Robin White, Jake Brunner, et al. , *Pilot Analysis of Global Ecosystems: Grassland Ecosystems*, p. 21.

② 〔美〕唐纳德·沃斯特：《热浪袭人：全球变暖与美国大平原的未来》，高国荣译，《江苏社会科学》2010 年第 4 期，第 97 页。

两个多世纪以来，草地的私有化在全球范围内似乎成为一种普遍趋势，但草地的私有化并没有使草地的生态变得更好。在历史上，草地往往为游牧部落集体所有和使用，流动性塑造了强大的游牧帝国，使游牧文化得以长期延续。蒙古各部落草场边界在清代相对固定，游动性的消失，是蒙古在近代走向衰落的重要起点之一①。在 20 世纪 30 年代以前的美国，草场的私有化不仅没能避免"公地的悲剧"，而且不受限制的财产支配权在新政时期被认为是导致土地滥用的重要原因之一②。美国政府在 1934 年通过《泰勒放牧法》，将西部还未开发的 8000 万英亩草地收归国有，永久禁止开垦，只允许政府监管下的放牧。实际上，美国为保护资源的永续利用，从 19 世纪末期开始通过设立国有林地、国家自然保护区等形式，将生态脆弱地区的大片土地收归国有。在 20 世纪中期前后，"美国政府拥有的草地占全国草地的 1/3，共计 3.69 亿英亩，其中 3.04 亿英亩属于联邦政府所有"③。尽管美国是典型的资本主义国家，但目前美国的国有土地却占全国的 29.15%④。这些土地大多位于干旱的西部地区，国有土地超过 50%的西部州达到 12 个，其中俄勒冈为 50%、怀俄明为 51%、犹他为 62%，艾奥瓦为 64%，阿拉斯加约为 67%，内华达更高达约 86%。另外这些州还有大量土地属于州政府⑤。据美国农业部多年来的有关统计，联邦政府监管下的公共牧场的植被明显优于私有牧场。而在多数发展中国家，草地的私有化使游牧不再可能，草地退化更为严重。草地实行怎样的产权制度，非常值得深入研究，我们可以从历史中获得一些启示。

近年来，由于草原退化严重，人们将目光转向了传统的游牧，甚至将游牧作为恢复草地生态的根本出路。这种无视现实的想法只能是空中楼

① 〔美〕拉铁摩尔：《中国的亚洲内陆边疆》，唐晓峰译，江苏人民出版社，2005，第 63~65 页。

② Great Plains Committee, *The Future of the Great Plains*, U. S. House of Representatives Document 144, 75th Congress, Washington, D. C., 1937, p. 65.

③ U. S. Department of Agriculture, *The Western Range: A Great but Neglected Natural Resource*, Senate Document 199, 74th Congress, 2d Session, p. 27.

④ Charles I. Zinser, *Outdoor Recreation: United States National Parks, Forests, and Public Lands*, p. 52.

⑤ William G. Robbins and James C. Foster, eds., *Land in the American West: Private Claims and the Common Good*, Seattle: University of Washington, 2000, p. 12.

阁。游牧靠天养畜，的确有很多优点，但在"半自然经济状态下"，牲畜往往是"夏壮、秋肥、冬瘦、春死"①，游牧避灾能力差是不可否认的事实。频繁发生的亢旱和暴风雪一再对游牧业构成毁灭性的打击，这种残酷的事实古往今来都不罕见。自然就是以这样一种残酷的手段来调节草畜平衡。19 世纪末期，美国牧畜王国在自然灾害和人为因素的打击下走向衰落，但这同时也是美国走向现代畜牧业的起点。有学者认为，加强牧区基本建设，"增加抵御自然灾害的能力"②，是美国畜牧业发展给我们提供的重要启示之一。还有学者提出，"以人为本，发展现代畜牧业"③，是我国牧区的根本出路。从全球来看，游牧的萎缩已经是不可避免的趋势，在我国发展现代化畜牧业的过程中，要努力实现传统智慧和现代科学相结合，探索一条适合本国牧区可持续发展的道路。

国内外草地利用依据其经营水平，可以分为以下三种类型。其一，草地面积大，实行合理利用天然草场和重点建设人工草场相结合，主要存在于美国、俄罗斯、加拿大、澳大利亚等国。其二，草地面积小，以建设人工草地为主，实行集约经营，以新西兰、法国、德国、英国、瑞士、丹麦、荷兰等国为代表。其三，草地面积较大，粗放经营，以利用天然草地为主，这在广大亚非拉国家较为普遍。④

草地保护涉及很多方面，诸如制定和完善草地保护立法，建立草地生态补偿机制，加强草地使用监管，开展草地科学研究，建立草地保护区，等等。参与草地保护的主体涉及政府、企业、社区、农牧民、外来人口、非政府组织等。如何创建以社区为基础的自然资源管理方式，如何发挥传统乡规民约的作用，如何将国外经验和当地实际相结合，如何实现草地保护和牧民脱贫双赢，如何兼顾自然的利益和人的利益，都是非常值得研究的问题。

（三）对草地生态系统的认识

在历史和现实生活中，人们对草地与游牧业存在诸多误解或成见，这

① 邢莉、邢旗：《内蒙古区域游牧文化的变迁》，中国社会科学出版社，2013，第 92 页。
② 周钢：《牧畜王国的兴衰：美国西部开放牧区发展研究》，人民出版社，2006，第 541 页。
③ 贾幼陵：《关于草原荒漠化及游牧问题的讨论》，《中国草地学报》2011 年第 1 期，第 1 页。
④ 李毓堂：《世界草地资源概况与利用》，《世界农业》1987 年第 5 期，第 40 页。

表现在很多方面。

其一，游牧民是"高贵的野蛮人"。在很多人的心目中，游牧民生活自由自在，充满浪漫情调。这种想象实际上表达了城市居民的乡土情结和对田园牧歌生活的向往，在中外都不罕见。殊不知，牧民逐水草而生，是人们利用边缘、不稳定自然资源的一种艰苦劳作，游牧生活"处处充满危机与不确定性"①。美国真实的牛仔并不像西部片和西部小说中那样自由神武。牛仔并非"清一色纯正的盎格鲁—萨克逊人"，还包括不少印第安人、墨西哥人和黑人，牛仔的生存环境非常恶劣，实际工作"极为繁重和艰苦"②，生活单调甚至充满危险。美国西部传奇之存在，便在于它超越了现实，成为一种理想。

其二，牧民和牧业的类型较为单一。实际上，牧民除了有游牧和定居之分，还常常从事渔猎、种植、工商贸易等经济活动。辅助农业在游牧世界一直存在。游牧只是畜牧业的一种方式，是人类对环境的一种精巧利用和适应，营地的选择要综合考虑季节、植被、水源和地势等多种因素③。各地的畜牧业因纬度、地形和植被的差异而各具特点，在平原地带往往是水平移牧，而在高山地区则是垂直移牧。各种牲畜对生长环境有不同要求。牦牛耐寒，适合在高海拔地带生长；骆驼被誉为"沙漠之舟"，在戈壁荒漠地带都可以生存，能够采食带有辛辣气味甚至带刺的灌木；牛适合通风、凉爽的平原和高原地区，喜欢植株高大的阔叶草类；绵羊适合细小禾草茂密的平坦地区，在灌木丛生的高山深谷可以养山羊；马在欧亚草原被广泛牧养④。传统的游牧社会往往会依据当地自然环境和牲畜的不同采食特性，对牲畜混群牧养，畜种结构也各不相同。在 20 世纪上半叶以前，非洲东部努尔人的主要畜产是牛，另有少量绵羊；阿拉伯半岛则以羊、马、骆驼为主；而在蒙古高原，绵羊、山羊、马、牛、骆驼被称为"五畜"，从东往西，牛、绵羊和马在畜群中的比例渐次减少，而山羊和骆驼

---

① 王明珂：《游牧者的抉择：面对汉帝国的北亚游牧部族》，广西师范大学出版社，2008，第 1~2 页。
② 周钢：《牧畜王国的兴衰：美国西部开放牧区发展研究》，第 127 页。
③ 邢莉、邢旗：《内蒙古区域游牧文化的变迁》，第 133~134 页。
④ 王明珂：《游牧者的抉择：面对汉帝国的北亚游牧部族》，第 17 页。

的比重呈上升趋势①。而各国各地区往往都有自己的特色牲畜品种。荷兰奶牛、英国赫里福德肉牛、西班牙的美利奴绵羊、中国新疆的细毛羊都是闻名世界的优良品种。

其三，游牧民是凶残好战的蛮族。历史上，游牧民对农耕世界的劫掠和冲击，常常让农耕民族寝食难安，游牧民被贴上了"野蛮愚昧、嗜血尚武"的标签。在中国历史上，处于华夏边缘的游牧民，被蔑称为蛮夷戎狄。阿拉提、成吉思汗和帖木儿因对外征服而名扬四海，成为游牧民的英雄，但在西方、波斯和中国诸多编年史家的笔下，他们却被置于文明的对立面，是十恶不赦的魔鬼②。在各类著作中，游牧民"大致都以野蛮、杀戮等刻板印象来描述，几乎已经定型"，对蒙古西征的丑化在当前西方的历史教科书中也不鲜见。不论在东西方，"只要提到游牧民，一般都会不分青红皂白地直接作出负面印象的描述"③。

非游牧世界对游牧世界最根深蒂固、最广为流传的成见，是将游牧视为停滞不前、落后于农耕的生产方式。格鲁塞提到，在古代欧亚大陆，"毗邻各族之间产生了一种时代的移位"④，进入 12 世纪，游牧民的生产生活方式还停留在公元前 2000 年，落后于农耕世界数千载。游牧落后于农耕这一成见的产生，主要是判断标准片面偏向经济产出，而不考虑生产方式对环境的适应和可持续性。农耕社会因为人口压力大，重视粮食生产，将草地视为荒地，以农为本，非农即荒，具有比较深厚的厌草情结。19 世纪以来在西方世界兴起的文化进化论将游牧文化视为人类文明序列中落后于农耕文化的低级阶段，将西方工业文明宣扬为人类文明进化的归宿。在西方的话语体系中，游牧社会和农耕社会均成为贫困、愚昧和落后的"他者"，成为需要广泛外来干预的扶助和改造对象。这种带有西方偏见的理念随着战后西方国家资本的大量输出在发展中国家被广泛传播和接受，而地方性的知识传统则被轻易抛弃。在发展的名义下，政府主导的去游牧化工程被认为是解决牧区落后面貌和草地退化的灵丹妙药。"游牧经营的文

---

① 王建革：《农牧生态与传统蒙古社会》，山东人民出版社，2006，第 18 页。
② 〔法〕勒内·格鲁塞：《草原帝国》，蓝琪译，第 3 页。
③ 〔日〕杉山正明：《游牧民的世界史》，黄美蓉译，中华工商联合出版社，2014，第 1 页。
④ 〔法〕勒内·格鲁塞：《草原帝国》，蓝琪译，第 5 页。

化和生态合理性被完全忽略",政府主导的定居化工程严重削弱了牧区的
"经济自主性和文化自信心"①,导致牧区的问题更趋复杂和严重。

　　需要指出的是,在上述成见广泛存在的同时,农牧之间偶尔也会出现
相互的欣赏。在20世纪以前,非农耕世界不乏对草地的欣赏,游牧社会中
也有人主张开垦草地。在19世纪上半期,包括华盛顿·欧文、詹姆斯·库
珀等在内的多位美国作家都对草原进行讴歌,惠特曼还撰写了《草叶集》
这一传世名作。20世纪之前,尽管清廷对蒙地长期实行禁垦政策,但蒙古
贵族私自招募内地农民垦种的现象大量存在。在20世纪初期清廷同意放垦
蒙地后,掌握土地所有权的蒙古贵族在经济利益的驱动下大量放垦蒙地,
蒙古社会出现绵延不断的垦务纠纷。垦务纠纷从根本上讲"是阶级矛盾的
集体体现"②。在晚清和民国时期,以贡桑诺尔布为首的蒙古贵族将发展农
业作为复兴蒙古的主要手段之一。

　　转换研究视角对客观认识草地和游牧无疑具有重要意义。从国内外的
情况来看,有关游牧社会的记载和著述绝大多数都出自游牧世界以外,采
用的是从中心看边缘的研究视角,带有明显的文化成见,将游牧民视为他
者,而很少从边缘的角度看中心。拉铁摩尔的《中国的亚洲内陆边疆》之
所以富有新意,其中一个原因就在于他是从边疆的角度看中原王朝。20世
纪上半叶,拉铁摩尔在中国北方居留近30年,掌握了英法德中俄蒙等多门
语言,对中国边疆地区进行了广泛的实地考察。他依据自然环境及受其影
响的社会经济政治状况,将中国的边疆分为东北、蒙古、新疆和西藏四个
地带,强调边疆和中原的互动。拉铁摩尔从边缘看中心的研究视角给后人
不少启发,在巴菲尔德③、狄宇宙④和王明珂的有关作品中都有明显反映。
多年来,王明珂致力于华夏边缘研究,"努力发掘被忽略的边缘声音及其

① 麻国庆、张亮:《进步与发展的当代表述:内蒙古阿拉善的草原生态与社会发展》,陈祥
军:《草原生态与人文价值:中国牧区人类学研究三十年》,社会科学文献出版社,2015,
第19页。

② 色音:《蒙古游牧社会的变迁》,内蒙古人民出版社,1998,第80页。

③ 〔美〕巴菲尔德:《危险的边疆:游牧帝国与中国》,袁剑译,江苏人民出版社,2011。

④ 〔美〕狄宇宙:《古代中国与其强邻:东亚历史上游牧力量的兴起》,贺严、高书文译,
中国社会科学出版社,2010。

意义，及造成其边缘地位的历史过程"①。他从历史记忆的角度出发，将族群认同与区分的变迁视为连续不断的"文化"建构过程，诠释这些建构背后因资源共享与竞争关系所产生的各种利益与权力关系，促使核心族群"对自身的典范观点（学术的与文化的）产生反思性理解"②。这种反思性理解无疑有助于纠正对边缘族群和游牧文化的偏见。

一个多世纪以来，人们对草地的看法随着草地研究与教学的发展而逐渐改变。现代意义上的草地研究，始于19世纪末期的欧美，是由农学、畜牧学、地理学衍生出来的③，经过一个多世纪的发展已取得长足进步。草地研究与教学的发展，可以从多方面反映人们对草地的认识在不断升华。这至少表现在以下几个方面。

其一，对草地重要性的认识在逐渐强化。草地高等教育在国内外的发展，都经历了一个从无到有、从少到多的过程。20世纪初期，美国内布拉斯加大学率先开展草地研究，20世纪二三十年代，欧美多国都兴起了草地高等教育。据学者统计，20世纪60年代初，美国西部有15所高校设置了草地专业④。我国的草地高等教育虽然起步晚，但近年来进展较快。设置草地本科专业的农业院校从1965年的3所增加到1994年的7所，2006年已经达到了30所⑤。草地高等教育的兴盛在一定程度上得益于草学在1998年升级为一级学科，从一个侧面反映了人们对草地的重视。2008年，第八届国际草地大会暨第二十一届国际草原大会联合会议在内蒙古呼和浩特市成功举行，标志着我国的草地国际学术交流迈上了一个新台阶。

其二，人们对草地的理解从孤立片面走向整体系统。在兴起之初，草地科学常常被狭隘地理解为关于"草"的科学，草地经营被孤立地理解为"饲料生产的一个部门"⑥。20世纪40年代，英国草地学家威廉·戴维斯

---

① 王明珂：《羌在汉藏之间》，中华书局，2008，第3页。
② 王明珂：《羌在汉藏之间》，第3页。
③ 任继周：《草业琐谈》，第110页。
④ 任继周：《任继周文集·草原合理利用与草原类型》，中国农业出版社，2004，第478页。
⑤ 胡自治、师尚礼、孙吉雄、张德罡：《中国草业教育发展史：1.本科教育》，《草原与草坪》2010年第1期，第82页。
⑥ 胡自治：《中国高等草业教育的历史、现状与发展》，《草原与草坪》2002年第4期，第59页。

（William Davies）提出了土—草—畜三位一体的学说，将草地视为一个有机整体，将以往分散无序的草地研究进行整合，开辟了草地科学研究的新时代。尽管这一学说很快被引入中国，但应者寥寥，新中国成立后受苏联教学体系的影响，植物生产与动物饲养成为互不联系的独立教学体系，这种情况在 20 世纪 70 年代才逐渐改变。20 世纪 80 年代中期以来，在以任继周为首的一些科学家的努力下，我国的草业科学理论取得了"突破性的进展"，"土—草—畜—人"成为一个整体，我国的草地教学指导思想得到了"创造性的提升"①，大力发展草地产业成为社会的广泛共识。

其三，草地生态系统的综合功能开始被人们逐步认识。长期以来，人们注重的只是草地的经济价值，而且局限于其饲用价值。1948 年美国农业部推出的《农业年鉴》首次以《草本植物》为主题②，阐述了草地在饲用、土壤改良、水土保持、绿化美化等多方面的价值，从这本文集来看，草坪学已经成为草地学的重要分支，草地的综合利用被提上政府议程。20世纪六七十年代，联合国教科文组织发起的国际生物学计划，将草地作为陆地重要的生态系统之一加以研究，开展对草地生态系统的国际联合研究，并出版了相关成果③。近 30 年来，中外科学家尝试对草地的生态系统服务功能进行量化研究，草地在气候调节、水土保持、废弃物降解、休闲娱乐、生物多样性维持、文化传承等方面的作用开始受到越来越多的重视。可以预见，草地的功能在未来将得到更广泛充分的发掘。

近年来，游牧文化的生态智慧日益受到关注。面对草地生态环境的恶化，人们开始转向传统知识，从宗教信仰、生活习俗、文化艺术等方面挖掘游牧民的生态智慧。《成吉思汗法典》问世于 800 年前，其中有不少保护草原的条款，对火烧草场、乱挖草地、污染水源、滥杀野生动物等破坏草原的行为予以严厉惩处，比如法典第 56 条规定，"草绿后挖坑致使草原

① 胡自治：《中国高等草业教育的历史、现状与发展》，《草原与草坪》2002 年第 4 期，第 59 页。
② United States Department of Agriculture, *Grass: The Yearbook of Agriculture*, Washington, D. C.: U. S. Government Printing Office, 1948.
③ R. T. Coupland, ed., *Grassland Ecosystems of the World: Analysis of Grasslands and Their Uses*, Cambridge University Press, 1979; A. Breymeyer & G. M. Van Dyne, eds., *Grasslands, Systems Analysis and Man*, Cambridge University Press, 1980.

被破坏的，失火致使草原被烧的，对全家处死刑"①。陈寿朋先生认为，草原文化的生态思想集中体现为："敬畏生命，尊重自然，和谐共存"②。对草原文化的深入探讨，可以为草原保护提供重要参照，对推动我国生态文明建设将发挥有益作用。

三　在全球史视野下开展草地生态史研究

在全球史的视野下开展草地生态史研究无疑是必要的。历史上，欧亚大陆的游牧部落曾经不断尝试向南迁徙，尽管在征服农耕社会之初常常会把农田变成牧场，甚至推行"犁庭扫幕"的政策，最终却被农耕世界所融合；游牧部落间为争夺牧场而不断兼并、分化，为逐水草而大范围、长距离地不停迁徙，迁徙过程中不可避免地与其他游牧部族发生冲突，在某些情况下，"往返迁徙一次需要几个世纪才能完成"③。陆上海上丝绸之路的开辟，极大地推动了东西方的物种文化交流，留下张骞出使西域、甘英出使大秦、马可波罗来华、郑和下西洋等精彩历史篇章。新航路的开辟，揭开了全球物种交流的新时代，北美洲、大洋洲等草原地区甚至出现了天翻地覆的变化：土著被白人取代；野生动物被家畜取代，而牧场主被农场主取代④。近几个世纪以来，西方商业公司的触角不断伸向草原腹地，将毛皮、乳酪、煤炭等资源从草原地区源源不断地输往世界各地。随着全球化的发展，草原牧区与外界的联系更为紧密，生产和消费日益具有全球性，外来因素对草地生态的影响愈益明显。通过引进外来草畜对草场和畜种进行改良，根据市场需要进行单一生产，甚至在偏远牧区也成为一种常见现象。总的来看，资本主义的兴起和全球化带来了"世界生态的跨时代重组"⑤，而

---

① 内蒙古典章法学与社会学研究所编《〈成吉思汗法典〉及原论》，商务印书馆，2007，第9页。
② 陈寿朋：《草原文化的生态魂》，人民出版社，2007，第206页。
③ 〔法〕勒内·格鲁塞：《草原帝国》，蓝琪译，第12页。
④ Richard Manning, *Grassland: The History, Biology, and Promise of the American Prairie*, p. 110.
⑤ 〔美〕杰森·摩尔：《现代世界体系就是一部环境史？——生态与资本主义的兴起》，夏明方主编《新史学》第6卷，中华书局，2012，第10页。

这种重组主要对在现有国际政治经济格局中处于主导地位的发达国家有利，而对发展中国家尤其是这些国家处于更边缘地位的草原牧区不利。

在全球史的视野下开展草地生态史研究具有重要意义。草地在全球广泛分布，对草地的利用和认识既有共性又有差别；游牧文化是世界文化的重要组成部分；草原牧区面临着气候变暖、可持续发展等共同问题。所有上述这些因素，成为推动全球草地生态史研究的现实动力。而关于历史时期各国各地区草地生态史研究成果的出现，也为开展全球草地生态史研究提供了可能。全球草地生态史既可以研究草地、草畜、草业等方面中的单一因素或多种因素在历史上的流传与变迁，也可研究历史长河或某一时期全球各区域草地生态系统之间日益紧密的交往历程。在开展这方面的研究时，对不同地区的草地利用史加以比较，无疑非常值得尝试。

对中国学者而言，蒙古帝国或许是开展全球草地生态史研究的一个重要突破口。13世纪初，成吉思汗统一了蒙古各部，通过对外征服建立了横跨欧亚的庞大帝国，其统治区域东起太平洋，西至黑海和波斯湾地区。在此辽阔疆域内，蒙元政府与各蒙古汗国通过陆上和海上丝绸之路建立了密切的商贸和人员往来，来自波斯、阿拉伯半岛和欧洲的商旅和教士络绎不绝，被任命为官员的西方人士也不在少数，中外交往空前活跃。有学者甚至提出了"蒙古时代""蒙古体系"等概念，认为蒙古帝国开启了"世界作为一个整体"的新时代[1]，是"世界史的分水岭"[2]，主张以游牧民的视角重新书写世界史。在蒙古帝国存续的两个多世纪里，欧亚大陆的气候波动偏向冷干[3]，在此期间出现了洪水、地震、饥荒、黑死病等各类灾害。蒙古帝国的兴衰或许均与气候变冷有关。蒙古政权在征服中原之初，实行"犁庭扫幕"式的政策，将农田当作牧场经营。忽必烈在继位后采用"汉法"对中原进行治理，促进了南方社会经济的恢复和发展。同时，蒙古帝国见证了人类从冷兵器时代到热兵器时代的重大转折。在冷兵器时代，善于骑射的游牧部落因机动灵活、神出鬼没在军事上较农耕世界占有优势，

---

① 〔日〕杉山正明：《忽必烈的挑战——蒙古帝国与世界历史的大转向》，周俊宇译，中华工商联合出版社，2014，第249~250页。

② 〔日〕杉山正明：《游牧民的世界史》，黄美蓉译，第238页。

③ 竺可桢：《中国近五千年来气候变迁的初步研究》，《中国科学》1973年第2期，第2页。

但这种传统优势随着热兵器时代的到来而丧失殆尽。"隆隆的大炮声标志着一个世界历史时期的结束"①，人类从此进入了由工业文明主导的新阶段。总之，从全球生态史的角度研究蒙古帝国史大有可为，虽然也会面临语言资料匮乏、基础薄弱等一系列条件的限制。

如果在全球史的视野下进行观察，对内蒙古草地退化的立论会更加公允。国内外都有人简单地将内蒙古草原退化归咎于新中国成立后内地人的进入及农垦，但实际上内蒙古草原的开垦与西方列强的入侵有密切关联。清廷长期对蒙地实行禁垦政策，直到1902年才正式放垦蒙地。蒙地放垦政策的出台，与边疆危机的加剧直接相关。清中晚期，俄、日、西方宗教势力加紧向内蒙古地区渗透，部分蒙古王公开始寻求列强的支持，而教会在蒙古地区也控制了大量土地。八国联军侵华强加给清廷的巨额庚子赔款，迫使清廷采取包括放垦蒙地等在内的手段筹措钱款。在国贫民弱的情况下，清廷只能用移民垦种的传统手段充实边疆，以抵御外国的侵略。这一手段在民国时期的沿用，直接受到了日本不断向中国渗透这一国际形势的影响②。如果忽略这些历史事实和国际因素，就不可能对当今的草地退化进行客观认识，以致得出错误甚至有害的结论。

在全球史的视野下对草地开垦史进行比较研究，是未来环境史领域非常值得探讨的一个课题。两个多世纪以来，美国、俄罗斯、澳大利亚、中国都出现过大规模的草地开垦，其所造成的环境影响受到了一些学者的重视。沃斯特在1979年出版的《尘暴》一书中探讨了美国大平原成为尘暴重灾区的经历③。该书在出版翌年就获得了班克罗夫特奖，成为环境史领域的经典著作，启发学者从事草地生态史研究并同美国加以比较。21世纪以来，有关草地开垦史的成果在不断增加，而且呈现出国际化的研究取向。贾尼斯·谢德里克在《自然的分界线》④一书中，探讨了澳大利亚勘

① 〔法〕勒内·格鲁塞：《草原帝国》，蓝琪译，第8页。
② 白拉都格其、金海、赛航：《蒙古民族通史》第5卷（上），内蒙古大学出版社，2012，第127页。
③ Donald Worster, *Dust Bowl: The Southern Plains in the 1930s*, Oxford: Oxford University Press, 1979.
④ Janis M. Sheldrick, *Nature's Line: George Goyder: Surveyor, Environmentalist, Visionary*, Adelaide: Wakefield Press, 2013.

察员乔治·戈伊德（George Goyder）在 19 世纪后期所提出的南澳大利亚农牧分界线及其学说所遭受的冷遇和后果。英年早逝的珍妮特·贝利在专著《尘暴重灾区：从萧条的美国到战后的澳大利亚》①中探讨了 20 世纪三四十年代澳大利亚的水土流失、该国媒体对美国尘暴重灾区的报道及其对治理沙化的促进作用。德国学者萨拜因·索特对 20 世纪上半叶澳大利亚和美国的土地沙化进行了比较②。英国学者戴维·穆恩在欧洲生态殖民扩张的大背景下，探讨了 1700~1914 年俄国农业向南俄罗斯草原的扩展及改造草地环境的失败③，他还对美俄两国开垦草地的经历进行了对比④。上述研究一再表明，闯入草原的外来者如果总是不顾自然条件的限制，而妄想通过技术改造自然，那么自然就会以各种灾害的形式对人类的狂妄进行严惩，人类对自然的改造必须以顺应自然规律为前提。

对中国学者而言，从中外交往的角度入手研究全球草地生态史，在当前或许是一个避短扬长的可行选择。这种选择一方面有助于克服在语言运用、资料获取等诸多方面的困难，另一方面又便于发挥我们自身的优势，既有全球史的关照，又有中国视角和中文资料的强大支撑。中国古代典籍和边疆考察的史料尤其值得挖掘。作为一个多民族国家，我国的古代典籍留下了关于边疆游牧民的大量记载。除正史、方志外，中国古代文学中有关边塞的诗词歌赋也不在少数，可以从中发现很多有价值的信息。一个半世纪以来，我国出现了边疆研究的三次热潮：在 19 世纪中后期兴起了边疆史地学；20 世纪 20 年代至 40 年代出现了边政学；20 世纪 80 年代以来，边疆学的构建被提上议事日程，边疆研究的领域不断扩展，而且越来越强调历史和现实的结合⑤。在此过程中，边疆调查备受重视，深入边疆地区

① Janette-Susan Bailey, *Dust Bowl: Depression American to Post World War Two Australia*, New York: Palgrave Macmillan, 2016.
② Sabine Sauter, "Australia's Dust Bowl: Transnational Influences in Soil Conservation and the Spread of Ecological Thought", *Australian Journal of Politics & History*, 2015 (5), pp. 352-165.
③ David Moon, *The Plough that Broke the Steppes: Agriculture and Environment on Russia's Grasslands, 1700-1914*, Oxford: Oxford University Press, 2013.
④ David Moon, "The Grasslands of North America and Russia", in John McNeill, Erin Stewart Mauldin, eds., *A Companion to Global Environmental History*, Oxford: Wiley-Blackwell, 2012.
⑤ 马大正：《关于构筑中国边疆学的断想》，《中国边疆史地研究》2003 年第 3 期，第 10 页。

进行调查的，除了中国学者和政府机构外，还有不少洋人和外国机构。许多外国人士和文化机构在本国政府的支持下，以科学考察为名，深入中国边疆地区收集情报，为帝国主义的侵略扩张服务。俄国地理学会派遣了数十支考察队来到中国东北、西北及西南等边疆地区进行考察，成就了普热瓦尔斯基、波塔宁、佩夫佐夫、科兹洛夫等一批旅行考察家。瑞典地理学家斯文赫定等在 1893~1935 年四次来华探险，包括组织以平等合作为基础的中瑞西北科学考察团。在英国政府的庇护下，斯坦因在 1900~1935 年四次在中亚和西域进行考察，主要活动范围在新疆、甘肃及印度西北部。1908~1909 年，美国克拉克探险队开展了穿越黄土高原的探险。拉铁摩尔在美国社会科学研究会、哈佛-燕京学社、太平洋国际学会、英国皇家地理学会等机构支持下，于 20 世纪上半叶对我国边疆地区进行了广泛考察。美国纽约自然博物馆组建的亚洲探险队于 1922~1929 年在内蒙古进行地质和古生物考察。20 世纪三四十年代，美国农学家罗德民在中国开展水土调查，美国草原学家蒋森到宁夏和西康进行考察。作为日本侵华最大的经济机构，南满洲铁道株式会社在 1907 年成立了满铁调查部，对满蒙和华北地区的自然资源、历史地理、社会经济进行了广泛而深入的调查。这些考察报告涉及边疆地区的方方面面，成为开展草地生态史研究的重要参考。

除了边疆调查以外，一个多世纪以来，中国学者在推动草地科学发展的过程中也不断对本国草地资源进行专门调查。20 世纪三四十年代，刘慎谔、耿以礼、耿伯介、曲仲湘、何景等植物学家开展过野外科学考察，并留下了关于草地资源的一些珍贵历史资料。新中国成立以后，为摸清家底，国家有关部门和多个省区均组织过对草地的科学考察。20 世纪五六十年代，西北军政委员会、中央人民政府政务院、农业部、中国科学院都开展过包括草地资源在内的国土资源综合调查，西部各省区也组织了草地考察工作队。王栋、贾慎修、李继侗、章祖同、任继周等多位知名草原学者都应邀参与过一些草地考察活动①。另外，关于草原地区的民族学、人类

① 任继周、胥刚、李向林、林慧龙、唐增：《中国草业科学的发展轨迹与展望》，《科学通报》2016 年第 2 期，第 181 页。

学调查也在同期进行。林耀华率队完成《内蒙古呼纳盟民族调查报告》，翁独健指导完成《蒙古族社会历史调查》等。随着这些活动的开展，有关草地的调查报告大量出版。毫无疑问，这些考察报告值得深入挖掘，对探讨草地生态社会变迁具有重要参考价值。

总之，草地生态史作为环境史的一个分支领域，是在草地严重退化等全球环境问题日益凸显的背景下出现的。游牧文化作为人类文化的重要组成部分，常常受到人们有意或无意的忽视。草地生态史可以弥补既有研究的不足，着重探讨草地生态社会的变迁，可以从草地生态变迁、草地利用与保护、草地观念三个方面加以探讨，在全球史的视野下进行考察。面对气候变暖的可能趋势，研究草地生态史，对人类探索"如何靠脆弱的地球谋生而又不毁灭地球"这一根本问题具有重要意义。两个多世纪以来，随着工业文明的发展，人类干预和改造自然的能力空前提高，人类甚至被认为是影响地球环境变化的关键力量。2000年，克鲁岑等科学家提出了"人新世"这一概念，表达了对人类前途命运的深切担忧。姑且不论这一概念是否科学，但遏制贪欲、善待地球对人类的长期生存却是必需的。自然没有人类将继续存在，但人类没有自然就会面临毁灭。文化必须适应环境，只有把自然作为人类的亲密伙伴，保持对自然的谦恭，对自然加以保护，人类的可持续发展才能得以实现。

世界海洋经济竞争越演越烈[*]

姚 朋

现代海洋经济为开发、利用和保护海洋资源与依赖海洋空间而进行的生产活动，包括海洋渔业及种植养殖业、海洋交通运输业、海洋船舶工业、海盐及海滨矿砂业、海洋油气及电力业、海洋生物医药业、滨海休闲旅游业、海洋服务业等。从 20 世纪 90 年代初开始，冷战的结束带来了以"和平与发展"为主旋律的世界政治、经济新格局，中国进入改革发展和经济增长的新周期；与此同时，对海洋经济的研究和认识趋于成型。世界各海洋大国纷纷出台相关法规政策、展望、蓝图、指标体系、年鉴年报、白皮书、报告等，以此引导海洋经济的发展。1994 年以来，美国相继发表了《海洋活动经济评估》和各类海洋经济活动分析，国内海洋立法也渐入高潮。1997 年，加拿大通过了《加拿大海洋法》。1998 年澳大利亚通过了《澳大利亚海洋政策》。2007 年，日本通过了《海洋基本法》。2009 年，英国正式批准了由 11 个部分组成的《英国海洋法》。目前全世界有 100 多个国家制订了详尽的海洋经济发展规划，尤其是美国、加拿大、英国、澳大利亚、日本等海洋经济发展大国，均从国家战略的高度认识和协调海洋经济的发展。

一 海洋新兴产业发展迅猛

自 20 世纪 90 年代以来，随着世界海洋经济呈现加速度的发展势头，国家之间的海洋经济竞争呈现白热化的趋势，尤其对海洋新兴产业的竞争和海洋开发技术制高点的争夺日趋激烈。为了保持其在海洋经济发展领域

---

* 本文原载《中国社会科学报》2016 年 12 月 7 日。

的领先地位，美国加强了对海洋产业的组织与调整。加拿大海洋经济和海洋技术研发的大量投入，使得海洋经济产业特别是新兴产业得到了迅猛发展。美国在海洋工程技术、海洋旅游、邮轮经济、海洋生物医药、海洋风力发电等新潮、尖端海洋经济领域，居于世界领先地位。美国亦是极少数能从1500米以上深海完成石油、油气钻探和开发的国家（中国在列）之一。美国海洋休闲业在大西洋沿海岸地区已经开发百年以上，在墨西哥湾也有半个多世纪，其发展已经相当充分和成熟。

20世纪90年代以来，海洋经济在各个沿海国家的经济中占有越来越重要的位置。在世界海洋强国和大国中，海洋经济的GDP占比大多在7%~15%。美国海外贸易总额的95%和价值的37%通过海洋交通运输完成，而外大陆架海洋油气生产还贡献了30%的原油和23%的天然气产量。尤其值得关注的是，美国经济中，80%的GDP受到了海岸海洋经济的驱动，40%则是直接受到了海岸经济的驱动。目前，美国人口一多半分布于沿海地区，沿海地区对GDP的贡献也超过了半数，美国人口和经济最为集中的20个城市群，绝大部分都是沿海分布，位于内陆的仅有4个，光是洛杉矶港口就承担了美国与太平洋国家一半以上的贸易，而大洛杉矶市的GDP约占美国经济总量的21%。澳大利亚的沿海更是集中了全国85%的人口，荷兰耕地的85%经由填海而来。中国2015年的海洋经济占GDP的比重约为9.6%，海洋经济成为支撑中国经济增长的重要支柱。作为"海洋贸易国家"的英国，95%的贸易物资依赖国际海运通道。日本对海洋经济的依赖程度甚至更高，其99.8%的海外贸易量和40%的国内贸易靠海洋运输完成，海洋产品为日本居民提供了40%的动物蛋白。从全世界范围来看，海洋经济发展的一个重要趋势，就是人口、经济和产业不断向沿海地区集中。全世界目前有60%以上的人口和近70%的大中城市位于沿海地区，这无疑是海洋经济吸引力的部分体现。

二 海洋经济向高精尖方向发展

除了在远洋交通运输、海洋渔业、造船等传统海洋经济领域的迅猛发展，新兴的海洋经济产业尤其是海上采矿、海上休闲旅游、海洋可再生能源、海洋工程、海洋生物医药等的成长进入快车道，获得了前所未有的推动力，海洋经济开发不断依托高科技向高精尖方向发展，成为沿海国家经济增长的重要抓手和引擎，港口和临港工业园、海洋工业园的建设得到了相当的重视，涉及钢铁、石化、建材、矿物和原材料、农业大宗商品、以风电为代表的能源业、电子、机械制造等行业。

各海洋大国的发展模式不尽相同，呈现出差异化发展的趋势。海洋经济强国澳大利亚，以海洋油气业和海洋休闲旅游业最为突出。美国以巨额的海洋经济和海洋科技研发投入，站在了海洋经济发展的制高点，其一年的海洋经济预算高达 500 亿美元，先后设立了 700 多个海洋研究机构，建立了大量的临海经济园区，且从金融体系和财政体系予以大力支持，其海洋经济发展的支持体系是世界上最为完善的。韩国近 20 年来快速跟上世界海洋经济发展浪潮，形成了以海运、造船、水产和港口工程为支柱的海洋经济体系，其海洋水产业尤为发达。日本以"海洋立国"，尤其重视海洋经济与腹地经济产业的互联互动，形成"以大型港口为依托，以海洋经济为先导，腹地与海洋共同发展"的布局，其造船技术全球领先。海洋经济强国加拿大的海洋油气业、海洋交通运输业和滨海休闲旅游业尤为发达，其十分重视海洋环境保护，有关海洋的法律法规体系比较完善。俄罗斯有着丰富的海洋渔业资源和海洋油气资源，远洋航运业发达。俄罗斯和加拿大都高度重视对极地海洋资源的勘探和开发，也一直积极研究探索开通未来极具战略和商业价值的北极航道。英国拥有世界四大渔场之一的北海渔场，其海运业自 18~19 世纪领先于世界各国以来，至今仍非常发达；其海上天然气产量位居世界前列，海上风电、潮汐发电居于世界领先地位，滨海休闲旅游业极为发达且体量庞大。

三　我国海洋经济发展空间很大

中国作为世界海洋经济发展的后起之秀，赶上了第三次世界性海洋经济发展浪潮的历史性机遇。目前，中国已经在海洋经济规模、海洋经济门类等方面成为世界性的海洋强国，个别沿海省份的海洋经济比重已经接近发达海洋强国。但是，与之相比，我国的差距仍然明显。我国海洋经济最为发达的广东省与加拿大对比,虽然广东的海洋经济在 GDP 中的占比与加拿大持平甚至更高,但是,其开发还停留在初级阶段,海洋经济的结构性不均衡特点比较突出,传统的海洋渔业等第一产业比重偏高,临海工业未能形成规模和体系,第三产业比重仍然偏低。例如,海洋邮轮、海洋信息服务、海洋休闲旅游等海洋经济第三产业,与发达国家相比仍有相当差距。中国与发达海洋强国相比,无论是海洋经济在 GDP 中的占比,还是海洋科技的贡献度,差距仍较明显。我国大量海洋资源被闲置,渔船总体装备落后,尤其是远海捕捞渔船的吨位、质量和数量总体落后于发达国家。我国海洋环境污染问题严重,新兴海洋经济产业、海洋现代服务业的培育步伐较慢,海洋科技创新能力不够,海洋战略新兴产业产业化速度缓慢、规模不大,除了个别领域,我国总体海洋技术和机械业未能步入世界顶尖技术国家行列。

2012 年我国"海洋强国"战略实施,对海洋经济在 GDP 中的占比提出了新的要求和规划,这也是新一届党中央提出建设"21 世纪海上丝绸之路"的一个重要底蕴。要用历史感、使命感和紧迫感来认识世界海洋经济的发展历程,从长时段史观观察世界三次海洋经济发展浪潮,可以发现,第一次世界海洋经济发展浪潮后诞生了英帝国,第二次浪潮助推美国登上世界霸主。其中,海洋经济和制海权起到了至关重要的作用。方兴未艾的第三次世界海洋经济发展浪潮表明,各海洋大国都把海洋经济作为巩固海权、海洋权益和国防的重要手段,各国围绕海洋经济的发展、竞争,围绕海洋专属开发区的归属,围绕海洋科技技术制高点的争夺,在可以预见的将来势必愈演愈烈。各国围绕大力扶持海洋科技研发、扶持海洋经济战略新兴产业发展的竞争也会进入新的阶段。在"海洋强国"战略和"一带一路"倡议中,我国海洋经济被寄予重托。中国的崛起离不开海洋经济的高速发展,中国的现代化也离不开海洋经济的现代化。

建立农村社会养老保险制度的理由、条件与启示[*]

——以若干国家的农村养老保险制度为例

王宏波

【摘要】 国外一些国家建立农民养老保险制度，既是为了解决农民的老年生活困境，也是为了提升农业效率和竞争力以及促进社会稳定等。政府的财力支撑和政党之间争取农民支持是建立农民养老保险制度的两个基本条件。在完善我国城乡居保制度过程中，有必要从更广泛的意义上认识农民养老保险制度的意义，不断提高农民养老保障水平，增强政府在农村社会养老保险事业改革发展中的激励。

【关键词】 农村　农民　养老金制度

一　建立农村社会养老保险制度的理由

社会保障在形式上表现为对公民在暂时或永久失去劳动能力以及由于各种原因发生生活困难时由政府和社会所给予的物质帮助。西方发达国家在建立起针对雇佣工人的社会养老保险制度后，也逐渐关注农民的养老问题，把农民纳入了社会养老保险的覆盖范围。发展中国家尽管农业人口众多、政府财力弱，但也越来越重视农民社会养老保险问题。从世界各国建立农民社会养老保险制度的缘由看，主要涉及以下三个方面。

---

* 本文原载《农村经济》2017 年第 12 期。

(一) 风险论

自从有了人类社会，人们的生产和生活就面临着风险。在以自给自足为主要特征的传统农业社会，家庭、土地和农村社区是农民传统上应对生活风险的主体。在快速工业化和城镇化过程中，这些传统社会保护手段的功能趋于弱化甚至失灵。家庭是农民的基本生产和生活单位，也承担了对家庭成员诸多生活风险的保障。但是，在工业化和城市化过程中，农村的混合型家庭逐渐瓦解，户均规模变小。这种变化意味着基于家庭成员之间的亲缘关系和姻缘关系所构建的家庭网在分担家庭内部风险和收入转移中的作用降低。土地保障的显见弊端是保障水平低和不稳定性。工业化社会的农业生产往往是为了出售的商品性生产，收入状况与市场行情密切相关，一旦遇到较差的行情，农民收入就会大幅度降低，从而危及其基本生存。

发达国家正是看到农民传统的养老保障手段失灵，才着手考虑建立社会养老保险制度。例如，联邦德国 1957 年建立了农民养老保险制度。当时联邦德国老年农民的处境是：已经不能从子女那儿获得满足其必要生活条件的现金需求，比如购买香烟等，老年农民经常性处于贫困状态，过着不体面的生活[①]。从某种程度上可以说，联邦德国建立农民养老保险制度，正是对农民养老困境的回应。美国也是由于类似的原因，早在 1954 年就把农民纳入联邦一般社会养老保险范围之内。

(二) 权利论

自 20 世纪中叶以来，社会各个阶层都应享受同等的社会保障待遇逐渐成为共识。《世界人权宣言》第 22 条指出：每个人，作为社会的一员，有权享受社会保障，并有权享受他的个人尊严和人格的自由发展所必需的经济、社会和文化方面各种权利的实现。第 25 条则把这个权利细化为：人人有权享受为维持他本人和家属的健康和福利所需要的生活水准，包括食物、衣服、住房、医疗和必要的社会服务。在遭到失业、疾病、残废、丧

---

① Anton Geier, *Das Gesetz ueber eine Altershilfe fuer Landwirte im System der deutschen Sozialversicherung*, Wuerzburg: München Univ., Diss, 1975.

偶、衰老或在其他不能控制的情况下丧失谋生能力时，有权享受保障。联邦德国更是将实行社会保险、实施福利制度作为国家属性的重要部分，其《基本法》第 20 条规定，"联邦德国是民主的、社会的、联邦制国家"①。这里的"社会"即指向全体公民提供社会保险等福利待遇，将国家为公民提供保障与国家的合法性紧密地联系在一起。美国在其《美利坚合众国宪法》的序言中，开宗明义，将增进全民福利作为联邦政府建立的目的之一。中国宪法也在第 45 条规定："中华人民共和国公民在年老、疾病或者丧失劳动能力的情况下，有从国家和社会获得物质帮助的权利。国家发展为公民享受这些权利所需要的社会保险、社会救济和医疗卫生事业。"这段话表明社会保险是个人权利的一部分，而不仅是一种制度。

从实践层面看，赋予农民享受与其他社会阶层同等的社会保障权，是世界各国建立农民社会保障制度的重要考量。以贝弗里奇报告为基础所建立的福利国家，如英国、丹麦、荷兰等，把保障对象扩展到全体国民，规定凡是由于各种原因达到国民最低生活标准的公民都有权获得社会保障。德国、法国、波兰则是制定了针对农村人口的特殊保险体制，包括养老保险、健康保险和意外伤害保险等，主要满足农村老年人、残疾人、主要劳动力亡故、疾病、孕妇和意外事故等方面的需求。日本等国则采取混合体制，既把农民纳入一般社会保障制度之中，又建立了独立的农民社会保障制度。

（三）工具论

社会保障不仅仅是应对困境的手段，也是提高人们的福利、保护和提高国家经济发展水平的手段，同时还有预防将来风险以及增加家庭财产的功能。很多国家正是看到了社会保障的这些正向功能而着力把农民纳入社会保障的覆盖范围。

例如，农业效率较低、人们的食品需求依赖国际市场，是德国自工业革命后一直面临的问题。农业低效的原因具有多样性，其中不可忽视的两个因素，一是二战后初期联邦德国农场规模小，缺乏规模经济，导致了大

---

① Deutscher Bundestag, *Grundgesetz fuer die Bundersrepublik Deutschland*, Berlin: H. Heenemann GmbH & Co. KG, 2015.

型农业机械使用率的低下。据统计，1949 年联邦德国建立时，拥有农场面积 0.5~1 公顷的农户有 29.21 万户，1~2 公顷的有 30.59 万户，2~5 公顷的有 55.36 万户，5~10 公顷的有 40.38 万户，10~15 公顷的有 17.18 万户，15~20 公顷的有 8.44 万户，20~30 公顷的有 7.21 万户，30~50 公顷的有 4.03 万户，50~100 公顷的有 1.26 万户，100 公顷及以上的有 0.3 万户，15 公顷以下的农户占 89%[1]。在属于联邦德国经济发达地区之一的北莱茵—威斯特法伦州的布里隆经济专区，1950 年，在 129 个州级农场中，面积在 4~7 公顷的有 54 个，面积在 7~15 公顷的有 65 个，面积在 15 公顷及以上的有 10 个，15 公顷以下的农场占了 92%。[2] 二是农场主年龄老化。据统计，1950 年联邦德国老龄化达到 13.79%，到 1961 年老龄化已经达到 16.81%。[3] 而在农村，由于受联邦德国以工业重建为中心的经济复兴战略的导向性影响和农村老年农民的贫困化现状的影响，农村"年轻一代外流"[4]，农村的老龄化比城市更高。正如 W. 阿博尔在其 1956 年出版的《农业人口的养老保险》中所指出的，"我国主业农民的大约五分之一年龄超过 65 岁"[5]。德国政府及社会各界充分认识到，要解决上述两个问题，就要改变以往的老年农民一直等到失去劳动力而把农场主移交给年轻一代的自然转移模式，使老年农民愿意尽早把土地移交给子女或出租给其他人（无继承人的情况下），从而退出其经营的土地。但是，来自土地的收入是农场主老年生活保障的重要来源。如果农场主在移交农场后不能得到满足其生活条件的养老金待遇，他们往往不会主动移交或出租其经营的土地，从而退出农业经营。于是，联邦德国政府试图通过给予农场主养老金待遇

---

① 〔苏〕德拉切娃：《西德农业——欧洲经济共同体国家农业一体化条件下的西德农业》，裴元伦译，农业出版社，1979。

② Karl Becker, Peter Zur, "Neuordnungder Landwirtschaft in der Bundesrepublik Deutschland zwischen 1945 und 1970", *Orientierungen zur Wirtschafts-und Gesellschaftspolitik*, Bonn, Juni, 2013.

③ Peter Flora, *State, Economy and Society in Western Europe 1815-1975: a Data Handbook in two Volumes*, London: Macmillan Press, 1983.

④ Konrad Hagedorn, *Agrarsozialpolitik in der Bundesrepublik Deutschland*, Berlin: Erich Schmidt Verlag GmbH, 1982.

⑤ W. Abel, "Die Alterversicherung der bauerlichen Bevoelkerung", *Schriftenreihen für Laendliche Sozialfrage*, 1956 (17).

的方式，促进他们自愿转让土地，从而实现土地集中和规模化经营，也扭转农业人口的严重老龄化趋势，实现农业人口的年轻化。联邦德国农民养老保险制度对待遇领取条件的限制，较为充分地证明了政策意图。该限制性条款是：农民到了退休年龄之后，只有把自己经营的农场转移给继承人或出租给他人，退出农业经营，才有申请获取养老金的权利。

二　建立农村社会养老保险制度的条件

如前文所述，有多种理由把农民纳入社会养老保险的覆盖范围之内。但是，各个国家建立农民社会养老保险制度的时间存在差异性。有的国家尽管有建立农民社会养老保险制度的客观需求，但这一制度迟迟未能建立起来。这一事实表明，农村社会养老保险的制度供给，需要相应的支撑条件。概括来说，建立农村社会养老保险体制，一是需要经济支撑，二是需要政府的政治意愿。

（一）经济支撑

世界上所有建立农民社会养老保险制度的国家都通过立法，除规定投保者个人缴费外，辅之以国家大量的财政支持或其他补助，以提高农民参加社会养老保险的积极性，并确保其养老保险待遇与其他从业者的待遇在原则上平等。这一事实表明，经济发展水平和由其决定的政府财力状况，是建立农民社会养老保险制度的前提条件。

以德国为例，在 1957 年德国建立农民养老保险制度时，养老金的水平为每月已婚者 60 马克、未婚者 40 马克，之后不断提高。例如，从 1963 年4 月 1 日开始调整为已婚者 100 马克、未婚者 65 马克，从 1965 年 5 月 1 日开始调整为已婚者 150 马克、未婚者 100 马克，从 1969 年 7 月 1 日起调整为已婚者 175 马克、未婚者 115 马克[1]。德国农民养老金的来源，一是农

---

[1] Wilfried Bertram, *Die Alterssicherung der selbständigen Landwirte unter besonderer Beruecksichtigung des Strukturwandels in der Landwirtschaft der Bundersrepublik Deutschland*, Köln, 1970.

民缴纳的保险费，二是联邦政府的补贴。其中，政府补贴占到 2/3 以上，且一直呈上涨趋势。显而易见，建立农民养老保险制度并不断提高农民享受养老金待遇标准，需要经济发展和财力来支撑。而德国恰好在 20 世纪 50 年代创造了经济快速发展的奇迹。有关资料显示，联邦德国工业生产在 1950 年底达到 1936 年的水平，1951 年超过 1938 年的水平，从 1952 年初起经济开始进入复兴和繁荣期。工业指数以 1950 年为 100，1952 年为 124，1957 年达到 197。工业的持续增长带动了国民生产总值的持续增长，以 1950 年为 100，1952 年为 121，1957 年达到了 177，1952 年至 1957 年国民生产总值年均增长率达到 8.15%①。德国经济发展及其由此带来的政府财力增加，为建立农民养老金制度并不断提高养老金待遇标准奠定了物质基础。

美国的情况也类似，农民作为一般性社会养老保险保障群体的一部分，其养老金水平呈上涨趋势。1945～1970 年，一般性社会养老金由 25.11 美元增加到了 118.59 美元②。而在 1954 年联邦政府把农民纳入一般性社会养老保险体系时，美国社会处于"富裕状态"。以 GDP 的水平为例，1950 年至 1954 年连续五年，美国的 GDP 水平按照 1990 年的国际元推算，达到 1.6 万亿元以上，比澳大利亚、新西兰、加拿大三国 GDP 总和的 8 倍还要多③，这为美国联邦政府把农民纳入一般性社会养老保险体系提供了比较坚实的物质基础。

（二）政治意愿

尽管存在风险论、权利论、工具论等多种把农民纳入社会保障的理由，但这并不表明政府就必然会建立农民养老保险制度。从发达国家和一些发展中国家建立农民养老保险制度的历史看，政府的政治意愿至关重要。而政府向农民提供社会保障的政治意愿，则在很大程度上取决于社会运动。

---

① 〔联邦德国〕卡尔·哈达赫：《二十世纪德国经济史》，扬绪译，商务印书馆，1984。
② 杨斌、丁建军：《美国养老保险制度的嬗变、特点及启示》，《中州学刊》2015 年第 5 期。
③ 〔英〕安格斯·麦迪森：《世界经济千年统计》，伍晓鹰、施发启译，北京大学出版社，2009。

德国案例。1949 年联邦德国成立时，基督教民主联盟（Deutschlands Christlich-Demokratische Union，德语缩写为 CDU，以下简称基民盟）在第一届联邦议会选举中获胜，执掌联邦德国政权。1953 年，基民盟在争取第二届连任的第二届联邦议会选举纲领中指出：农业的社会政策不仅要为农业企业主，而且要为共同劳动的家庭成员和外地的劳动力建立必要的保障，扩大一直存在的农业同业工伤事故保险协会和疾病保险。但是，这一保障是指农业领域业已存在的工伤事故保险和主要针对农业工人的疾病保险，没有提到独立经营的农民的养老保障问题。1957 年是联邦议会选举年。德国各大政党为了获取选票，极力迎合农民选民。基民盟在汉堡举行的该党第七次联邦党代会上发表的《对德国人民的宣言》指出：基民盟的政策服务于生活在城市和农村的所有阶层的福祉。① 基民盟的最大竞争对手、德国成立时间最早的工人政党社会民主党（Sozialdemokratische Partei Deutschlands，德语缩写为 SPD）更是把农民作为重要的"争取对象"，在其竞选纲领中提出了"社会公正带来安全"的概念②。在养老保险领域，该党特别提出：对独立经营者的老年供养（照顾）是义不容辞的职责。独立经营者当然包括农民。这是对联邦德国政治具有重要影响的政党首次明确地提出国家对包括农民在内的独立经营者的养老问题负有责任。从某种程度上说，德国农民养老金制度的确立和不断发展与完善，与德国各政党之间争取农民的策略密切相关。

美国案例。与欧洲国家不同，美国迟迟不愿建立福利国家。当 1929～1932 年经济大危机使数千万美国民众陷入贫困无救的困境时，当政的美国总统、持自由放任主义治国理念的共和党人胡佛坚持自救论，不愿意干涉经济。胡佛在 1930 年的第二个国情咨文中说："经济不景气的问题是绝不能用立法的行动或行政的声明来解决的。"随着危机的加剧，胡佛被迫同意联邦拨款拯救那些濒临死亡的家畜，但仍然反对拨款救济"那些忍饥挨饿的农民及其家庭"，他在 1932 年的第四个国情咨文中仍然坚持：联邦政

---

① Christlich-Demokratische Union，*Das Programm der Christlich-Demokratische Union fur den zweiten Deutschen Bundestag*，http：//www. kas. de/wf/de/71. 8940/，2016-06-05.

② SPD-Programm zur Bundestagswahl 1957，*Jahrbuch der Sozaildemokratische Partei Deutschlands*，http：//library. fes. de/library/html/voll-prog-spec01. html，2016-06-02.

府"只能扮演一个规范性的角色，而不能成为经济和社会生活的参加者"①。这在一定程度上引发了美国公众的强烈不满。1933 年，受凯恩斯主义影响的民主党人罗斯福开始担任美国总统，顺应民意，表示："在早先的日子里，安全保障也是通过家庭成员之间的互相依靠和小居民点内各个家庭之间的互相依靠而取得的。大规模的社会和有组织行业的复杂情况，使得这种简单的安全保障方法不再适用。因此，我们被迫通过政府来运用整个民族的积极关心来增进每个人的安全保障。"② 在罗斯福的努力下，1935 年颁布了《社会保障法》，美国政府开始承担社会福利的责任，尽管当时主要限于对贫困群体的保障，不是普遍性的保障。此后随着美国社会经济的发展与美国民众认识的变化，美国社会保障制度在民主党相对比较积极的介入与共和党相对保守的介入的两党政治博弈中处于不断地发展和调整中，其中农民在 1954 年被纳入一般性社会养老保险的覆盖范围。

印度喀拉拉邦案例。该邦的经济发展水平在印度各邦中处于中等水平，但包括农民在内的社会公众享受了较高程度的社会保障。相关研究显示，这与该邦农民组织发达和厚实的市民社会有关。在喀拉拉邦，政府、企业、社会组织和个人比较好地组合在一起，在合作、矛盾、协调中不断完善。如果政府的决策与公众的期望有差距，公众会通过其所属的组织向政府反映，也有的通过聚会、游行的形式来表达其诉求。在这种情况下，反对党会利用这种机会对执政党施加压力。同理，执政党为了避免出现这种情况，会更多地考虑民意。该邦一些在保护穷人方面产生很好作用的社会计划，至少部分上是为了减少反对党对民众的吸引力而设立的。

三 相关启示与建议

（一）从城乡居保多功能性的视角，重视城乡居保制度建设

把农民纳入社会养老保险体制，具有多种积极的社会经济效果，也是

---

① 黄安年：《社会救济时期的社会保障——17 世纪初至 20 世纪 20 年代的美国》，《山东师范大学学报》（社会科学版）1997 年第 4 期。

② 关在汉编译《罗斯福选集》，商务印书馆，1982，第 58 页。

赋予农民平等公民权利的要求。这一理念与做法的启示是，有必要从农民养老保险制度多功能视角来审视建立和完善城乡居保制度的作用与意义。例如，我国农业生产规模小、土地细碎化、农业从业者呈现老龄化，很难使生产要素达到最优配置。而且，小农户也没有能力进行周期长、投资数额较大的农业基本设施建设，没有条件投入农业新技术，缺乏根据市场调整生产品种和结构的动力。上述情况在一定程度上导致农业生产效益低、竞争力弱。为了改变这种局面，国家出台了诸多促进农村土地流转、农民承包地退出及培育专业大户、家庭农场、农民专业合作社及公司农业等新型农业经营主体的政策。但应该看到，当城乡居保的保障水平尚较低从而不能应对农民老年生活风险的情况下，农民流转、退出承包地的意愿就会降低，适度规模经营就难以实现。从促进现代农业发展的角度看，提高城乡居保待遇水平、完善城乡居保制度，具有迫切性。

（二）提高城乡居保的待遇水平

农民养老保险制度的政策效果，主要取决于养老金水平的高低。德国等发达国家的农民养老保险制度建立之后，从应对农业结构变迁的需要和调整农业结构的需求出发，为了激励农民尽早退出农业经营活动，建立了养老金与经济形势相适应的调整机制，在每年固定的日期由联邦政府确定并公布养老金的数额，养老金水平逐步提高。目前我国农民养老金水平偏低，在试点时期中央确定的新农保基础养老金标准为每人每月55元，相当于当时农村贫困标准中的食品消费支出标准。几年下来中央确定的最低基础养老金标准仅仅做了一次调整，即2015年初，国务院决定同意提高城乡居民基础养老金，从每人每月55元提高到70元。与近年来城镇职工及机关事业单位养老金的大幅度增长相比，与城乡居保承担的多种社会功能相比，城乡居保的基础养老金水平仍然偏低。在今后的改革发展中，应建立城乡居保基础养老金的正常增长机制，可以每年或每两年对中央确定的基础养老金标准进行调整。调整的幅度既要依据经济发展和物价变动的情况，也应不低于城镇职工养老金的增长幅度。同时，在中央确定的基础养老金增长之后，中央应对地方政府提高基础养老金的数额和比例做出相应的硬性要求。由于中西部地区财政能力弱，应加大中央财政对其转移支付的力度，实现不同省份之间农民能享受到大体均等的养老金待遇。

（三）增强政府在农村社会保障体制改革及发展中的激励

政党之间争取农民阶层的竞争和广泛的社会运动，是联邦德国等发达国家农村社会养老保险制度建立、维持和发展的基础。从我国的总体情况看，目前中央决策层对农民养老问题已经给予了高度重视，地方政府出于社会稳定及地方间竞争等多种考虑，也有改革和发展农民养老事业的激励。可以预计，关注民生问题、实现公共服务均等化将是中国今后一个时期的主旋律。但同时应看到，目前的财税制度、干部选拔、土地制度等，都不利于地方政府转变片面追求 GDP 的行为模式。地方政府依然会优先考虑经济发展、税收收入、FDI 以及全国性的包含政治和政策导向性的硬性目标，不重视乃至忽视包括农民养老在内的民生事业的改革与发展。针对这一风险和不确定性，应继续弱化 GDP 和财政收入等经济发展类指标，加大农村社会保障和公共服务在地方政府绩效考核中所占的比重，推动地方政府加大财政投入的力度。通过这些考核指标的变化，引导地方政府的财政支出竞争向正确的方向发展，形成竞相发展农村社会保障事业的良性循环。

比利时社会主义运动：从棉花起义到制服革命[*]

邓　超

【摘要】在世界社会主义运动史上，比利时社会主义运动起步较早，拥有较为深厚的社会主义思想传统。本文简要梳理了比利时从建国初期一直到今天的社会主义运动史，重点呈现了革命与改良两种策略在比利时社会主义运动中的发展脉络。比利时社会主义的实践表明，当改良还有缓和社会矛盾的空间之时，革命不会成为民众首选的抗争手段。从最新的局势来看，比利时社会改良的空间日益缩小，而产生一种新型革命的氛围却与日俱增。社会主义者能否抓住时机，提出解决当前矛盾的创新政策，关系到比利时社会主义的前景。

【关键词】社会主义运动　比利时共产党　比利时社会党　制服革命

比利时是一个低调而又充满活力的低地小国。它的地理位置非常特殊，由于德国、法国、英国和荷兰环伺四周，西欧各大强势文化在这里交会融合，素有“西欧的十字路口”之称。在社会主义运动史上，许多著名的思想家和活动家在本国遭到迫害或驱逐之时，经常在避难过程中路过比利时，或在那里停留。马克思和恩格斯就曾经在布鲁塞尔生活过一段时间，著名的《共产党宣言》正是在布鲁塞尔写作完成的。第一国际和第二国际的许多重要会议曾在布鲁塞尔举行，连俄国社会民主工党（苏联共产党的前身）1903 年第二次代表大会的前半部分也是在那里召开。比利时的社会主义运动起步较早，拥有较为深厚的社会主义思想传统，但其毕竟是一个

＊　本文原载《当代世界与社会主义》2016 年第 2 期。

小国家，很难成为欧洲社会主义运动的领导者，所以常常被研究者忽视。

一

比利时的社会抗争传统相当悠久，可以追溯到建国初期。作为一个独立国家，比利时的历史开始于 1830 年。当年爆发了一场革命，比利时因而得以脱离荷兰联合王国获得独立。比利时的大工业出现于奥地利统治末期，在法国和荷兰统治时期进一步得到发展，使其成为当时仅次于英国的世界第二大工业化国家。立国之初，比利时政府就决定兴建铁路网，这在欧洲大陆尚属首次，使其成为西欧铁路运输中心。由于铁路以及随后的新运河建设极大地刺激了工商业的发展，工人阶级的人数也开始迅速增长。1841 年，比利时仅煤矿工人就有 38000 名，1851 年增长到了 48000 名，1860 年则为 78000 名[1]。比利时的人口是欧洲最稠密的，劳动力既多又廉价，因此工人所遭受的剥削相当深重。在 1850 年之前，工厂工人的生活状况极其悲惨。

统治阶级的财富在增长，可是比利时的工人们并没有从中得到相应的好处。玻璃厂的工人们需要在熊熊燃烧的炉火前工作 12 个小时，中间只能休息半小时。纺织厂的工人们值白班时需要工作 12.5 小时，而值夜班时也需要工作 9 个小时。绳索厂的工人每天则需要工作长达 14 个小时[2]。直到 1870 年前，比利时国内还没有一个能够有效捍卫工人权益的工会组织。所以，广泛的剥削激起了越来越多的反抗。当时的比利时工人大量集中在根特、安特卫普、沙勒罗瓦、列日等工业城市，这些地方遂成为工人阶级反抗活动的中心。从那时起，比利时的工人阶级斗争持续不断，工人的革命情绪较为旺盛，尤其是在采煤和冶金工业领域。

比利时早期的社会主义运动起始于一些中产阶级知识分子与技术工人。这些人大都曾参与比利时的独立革命，但是革命的结果令人失望。19世纪 30 年代，布鲁塞尔各个大学涌现出一大批年轻且富有理想主义气质的

---

① Bernard A. Cook, *Belgium: A History*, New York: Peter Lang Publishing, 2002, p.67.

② Bernard A. Cook, *Belgium: A History*, p.68.

民主主义者。他们建立民主协会，组织反抗活动，在集会上发表演讲，批评保守政府，宣传社会主义思想。为了扩大政治基础，他们还与下层阶级建立广泛联系，为贫苦工人提供经济支持。然而，这些人跟群众的接触相当有限，他们的意识形态是各种理想的大杂烩。一些人是批评私有制和社会剥削的圣西门的追随者，另一些人是主张极端平等主义的弗朗索瓦·巴贝夫及其意大利门徒邦纳罗蒂的支持者，还有相当多的人拥护查尔斯·傅立叶的"和谐制度"。

当时工人阶级的斗争不是由这些民主主义者领导的，这个任务是由技术工人承担的。1840年前后，家庭手工业开始没落。农村人口过剩，大批人口拥进城市。但是，这种情形除了使就业竞争更为激烈之外，并无助于阶级意识的产生。因为这些背井离乡的人没有机会上学，加上刚刚从农业地区进入最原始的工业环境，还眼巴巴地指望着政府提供一点点公共服务，所以容易变成温顺的劳动力。即使如此，资产阶级还是对这些非熟练工人充满了恐惧。他们制定了严格的反结社法，禁止工厂工人组织起来捍卫权益。相比之下，技术工人就有很多优势。资产阶级允许他们在一定程度上组织起来，因为他们的威胁没有那么大。他们受过训练，其中许多人还读过书。他们还可以利用行会的互助传统，以特殊资金充当社会福利，从而有效地替代了行会的作用，这对反结社法也是一种突破。

1834年至1840年，比利时工人运动的主要领导人是雅各布·卡茨（Jacob Kats）。他的父亲是一位荷兰共和派军官，他在荷兰统治时期曾经是一名小学教师，后来成了织布工。1839年，比利时的纺织行业经历了一场危机。在纺织中心根特召开的一次会议演变成了一场暴动，比利时政府出动军队进行镇压，卡茨和一些领导人被捕入狱，史称"棉花起义"。其他人接过了卡茨的旗帜，开始宣传更加激进的新思想。1843年，人民协会在布鲁塞尔和一些弗拉芒市镇成立。虽然卡茨曾经拒绝使用暴力，但是新领导人准备采取更激烈的行动。1846年4月，人民协会号召工人群众在布鲁塞尔举行一场游行，以抗议将工人阶级陷入贫穷的经济危机。遗憾的是，由于消息提前宣布，警察有了足够的时间扼杀抗议活动，这场行动终告失败。这个结果表明，比利时工人阶级还没有能力撼动统治集团。因此，当1848年革命席卷欧洲时，比利时风平浪静。

1851 年之后，一批法国流亡者来到比利时，增强了抗议活动的力量。激进的知识分子发展了一些大学生参加他们的会议，其中包括塞扎尔·德巴普（Cesar De Paepe）。他们主要传播蒲鲁东的无政府主义思想，这种意识形态缺乏集体主义观念，强调生产和消费合作。一些技术工人进行了生产合作方面的实验，但是由于资金短缺最终失败了。于是，一些人就认为应该把工人的革命力量用于社会反抗方面。另一些人则认为，应该建立强大的工人组织，通过内部合作在短期内改善生活。后者的策略逐渐获得了更多的支持。1857 年，根特的纺纱工人和织布工人分别成立了各自的工会组织，并在工厂无产阶级中吸纳新会员。在布鲁塞尔，政治协商组织人民（The People）成立于 1861 年，该组织后来成为第一国际比利时分部最初的中坚力量①。

比利时早期的社会主义思想传统很值得一提。它的早期社会主义先驱者有雅各布·卡茨、柯林斯男爵和纳·德·凯色尔。卡茨早在 19 世纪 30 年代就呼吁成立"劳动组织"，要求普及免费教育和普选制以及充分的信仰和政治自由。柯林斯更是构建了庞大的"理性社会主义"理论体系，在比利时社会主义运动的发展过程中具有重要作用，他的学说对德巴普产生了很大影响，在欧洲其他部分国家有少量的追随者。德·凯色尔是卡茨的密切合作者，他的著作不多，1854 年出版的《自然的支配》是其代表作品。他对社会主义思潮做出了一定贡献，如对所谓"双重封建主义"的攻击、主张革命是建立新秩序的必要手段和资产阶级在资本主义制度下的遭遇等论述。《社会主义思想史》的作者柯尔认为，这些贡献都是不容忽视的②。

二

第一国际翻开了比利时工人运动的新篇章，加强了比利时工人组织和知识分子团体之间的合作。知识分子很快就发现，矿工和工厂下层工人中

---

① Els Witte, Jan Craeybekx and Alain Meynen, *Political History of Belgium: from 1830 onwards*, Brussels: VUB University Press, 2000, p. 57.

② 〔英〕G. D. H. 柯尔：《社会主义思想史》第 2 卷，何瑞丰译，商务印书馆，1978，第 57~74 页。

蕴含着极大的革命潜能。他们组织会议、募集资金、发动罢工，并且派律师为被捕的罢工领导人无偿辩护。到 1870 年，第一国际在比利时有大约 6 万名成员，在重要的工业中心还有地区性支部。① 在根特、安特卫普和列日，一些工人组织先后加入第一国际，并积极支持第一国际的工作。第一国际还在比利时灌输阶级意识，宣传社会主义思想。一些蒲鲁东主义者开始转而支持马克思主义，信奉集体主义理论。19 世纪 60 年代，比利时社会主义的主要理论家是塞扎尔·德巴普。他是一名青年印刷工人和医生，在第一国际初期发挥了重要作用。1864 年，年仅 22 岁的德巴普已经崭露头角。他先后参加了 1865 年伦敦代表大会和 1867 年洛桑代表大会。在第一国际讨论工业社会化和控制问题时，他做出了特殊贡献②。德巴普的思想在第一国际时期发生了一些转变，主张对国家的土地、矿山、港口和铁路实行集体化。尽管如此，蒲鲁东主义和巴枯宁所鼓吹的无政府主义仍然在比利时占据多数地位，在 19 世纪 70 年代盛极一时。

第一国际比利时支部在 1872 年走向衰落，主要原因是支部所执行的路线没有效果，从而引起失望与不信任情绪。大多数成员不缴纳会费，支部逐渐失去影响力。另外，第一国际总委员会内部的斗争和巴黎公社遭到的残酷镇压使第一国际一蹶不振，这也给比利时的运动造成了极大的损害。在 1873 年经济危机期间，比利时支部的组织结构解体了。在混乱和失望的氛围中，改革派抓住了时机，开始填补真空。改革运动迅速推进，尤其是在法兰德斯和布拉班特省。这股力量开始与自由主义政党的进步派合作，一直持续到 19 世纪八九十年代。

比利时工人运动在 80 年代同时利用革命和社会民主主义两种策略。主张革命的无政府主义者在阿尔弗雷德·德费索（Alfred Defuisseaux）领导下组织起大规模和激烈的罢工活动，席卷了瓦隆工业地区。1886 年 3 月，罢工起始于列日的钢铁厂，迅速扩散至埃诺省工业地区。暴力行为与破坏活动遭到严酷镇压，政府甚至出动了军队。数百名工人被判刑，几位领导人受到迫害。第二年，富有战斗精神的埃诺工人再次进行罢工，这次他们

---

① Els Witte, Jan Craeybekx and Alain Meynen, *Political History of Belgium：From 1830 Onwards*, p. 58.
② 〔英〕G. D. H. 柯尔：《社会主义思想史》第 2 卷，何瑞丰译，第 102 页。

提出了普选权的诉求。但是，列日等工业城市却经不起反复折腾，罢工最终失败了。

这一时期，改革派却取得了不小成绩。改革派领导人在那些具有悠久工人运动传统的城市为建立社会主义政党而积极准备。1877 年，在本地第一国际支部的帮助下，法兰德斯社会党成立。1878 年，布拉班特社会党在布鲁塞尔成立。1885 年 4 月，在社会主义领导人特别是德巴普的影响下，几股力量集中起来成立了比利时工人党。其中最大的一支力量是受德国社会民主党影响而建立在根特的工人运动组织，另一支力量属于具有斗争传统的无政府主义。除了一些口头上的宣言，工人党的所有活动都围绕两大目标展开：第一是领导和团结瓦隆工人，第二是争取普选权①。该党所主张的社会主义同马克思主义政党有些距离。与那些以德国社民党为榜样建立起来的社会党相比，比利时工人党的"马克思主义"性质要少得多。但是这种分歧其实并不太大，因为该党跟其他具有马克思主义性质的政党存在密切的合作。1887 年，上过小学或者通过选举测试的工人获得了在市政选举中投票的权利。这是一次重大的突破，为工人联合会和选举联盟的建立打开了大门。

1886 年罢工期间，由于担心卷入暴力冲突和招致毁灭，新成立的工人党一致反对大规模工人行动，甚至为此开除了德费索。不过，比利时工人党几年后又重新接纳了他。1890 年，革命派和改革派在争取普选权的大罢工中达成妥协，进行了密切合作。比利时工人运动实现了重新统一，比利时历史学家认为，这是社会民主主义的胜利②。

比利时工人党先后领导了三次重要的大罢工，即 1893 年、1902 年和 1913 年大罢工。在 1893 年的总罢工之后，比利时工人取得了选举权，但是改革极其有限。新制度赋予成年男子选举权（妇女选举权直到二战后才获得），同时有广泛的多选区投票的机会。这次改革的直接结果是，30 名

---

① Pascal Delwit, "The Belgian Socialist Party", in R. Ladrech, P. Marliere eds., *Social Democratic Parties in the European Union：History, Organization, Policies*, London：Macmillan Press, 1999, p. 30.

② Els Witte, Jan Craeybekx and Alain Meynen, *Political History of Belgium：From 1830 Onwards*, p. 78.

社会主义者进入了众议院。这是一个重大的变化，因为比利时工人党第一次拥有了利用议会的手段，从而变成了一个议会政党。工人党宣布了它的布鲁塞尔纲领，宣称其目标是"集体占有"，强调集体占有的目的在于"为人人取得最大可能的自由感和幸福感"，还提到"个人或集体"有权利享受共同遗产。比利时人提出了道德在社会转型过程中的明确作用。他们认为，在资本主义向"集体主义"转变的同时，"道德必须有相应的转变，必须发展利他主义的精神和实行团结的原则"。这种诉诸利他主义的做法同科学社会主义是格格不入的，马克思主义者认为这是小资产阶级的一厢情愿。从比利时社会主义的先驱者那里开始，道德改革和人类团结或友爱的思想在社会主义宣传中起了很大作用。1894年3月，比利时工人党在大会上提出了《卡尔尼翁纲领》（Charte de Quaregnon），这份文件是各派妥协的结果。纲领强调非暴力，追求普选权、义务和免费教育以及社会立法。这份纲领表明，比利时工人运动已经转变为改革运动。这份纲领对比利时社会主义运动的影响深远，它所建立的原则一直延续到了二战后。

三

比利时工人党从建党之初就表现出对理论问题缺乏兴趣的倾向。在第二国际时期，这一点曾受到许多著名社会主义者如考茨基的嘲讽。在有关修正主义的辩论中，当被问到比利时人持何种立场时，他回答说，他没有看出这个党持有任何立场。比利时学者认为，无论是在两次世界大战之间，还是二战之后，工人党的这种倾向都无法否认[1]。该党的一位领导人热夫·朗斯后来回忆说，"在宣传马克思主义观点的那些人中间，很少有人读过马克思的著作，即使在最著名的工人运动领导人之中，所以我说，马克思著作的直接影响是相当小的。我认为，他们读的著作很少超过《共产党宣言》的范围"[2]。

---

[1] Pascal Delwit, "The Belgian Socialist Party", p. 31.
[2] 〔美〕斯蒂文·克雷默：《西欧社会主义：一代人的经历》，王宏周等译，东方出版社，1992，第152页。

　　数年之内，议会道路很快从比利时工人党的一般策略转变为主要目标。从19世纪末到20世纪初，比利时产业工人的数量和生活水平都得到很大提高。产业工人的数量从1896年的934000人增长到了1910年的1176000人，实际收入从1896年到1910年增长了4%[①]。比利时工人党认为，通过议会斗争，可以在比利时社会中为被压迫者争取权益。而夺取政权这样重大的议题没有或极少受到重视。虽然在一战前夕，争取普选权的目标并未实现，但是工人党在融入比利时政治生活的道路上大踏步前进。1914年，工人党领袖埃米尔·王德威尔得加入政府，出任国防部长一职。该党发表宣言，号召全体党员支持国防事业。德军入侵之后，比利时在法国勒哈弗尔建立了流亡政府。1917年，王德威尔得访问俄国之后，对布尔什维主义持激烈的反对态度。

　　一战结束后，比利时政府进行了改组，王德威尔得在新内阁中任司法部长，另有工人党的其他几位领导人也进入内阁。这一届政府制定了一系列进步的社会法。在1919年的选举中，比利时工人党赢得了70个席位，比一战前增加了36个席位。同年，"八小时工作制"得以确立，比利时政府实施了养老金制度，改革了税制，征收累进所得税和遗产税。但是，党内反对社会党人继续参加资产阶级政府的声音日渐增多，这些反对者最终脱党，组成了比利时共产党。在强大的压力下，社会党人在1921年退出政府。在随后的几年内，天主教党和自由党的联合政府削减了失业津贴，修改了养老金法，并批评1919年给予工会的权利。这样一来，反而增强了工人党的地位，在1925年的大选中，工人党在下院的席位增加到了78席，第一次成为比利时第一大党。但是由于同资产阶级政党在兵役问题上的冲突，工人党于1927年再次退出了政府。一直到1935年，工人党都保持了反对党的地位。柯尔认为："总的说来，比利时社会党在战后是一个稳健的合法政党，愿意与各资产阶级政党合作从事艰巨的民族复兴工作，并深知除了在建成福利国家方面取得有限进展之外，他们还没有强大到足以完成任何建设性的社会主义计划。他们接受凡此种种限制的立场使他们经常遭受左翼的批评，但是他们总是设法使绝大多数比利时社会党人

---

　　① Bernard A. Cook, *Belgium: A History*, p. 75.

继续拥护他们。"①

1921 年，比利时共产党由两个组织合并而正式成立。虽然比利时共产党一直积极开展活动，但是在 20 世纪 20 年代中期之前，并未获得较多支持。因为一战后比利时国内的形势需要为经济复兴共同努力，革命活动很难获得普遍响应，加之比利时共产党内部四分五裂，削弱了成功的可能，所以党的活动并没有多大起色。只是到了 20 年代后期，由于失业严重，共产党主张实行对失业进行救济的国民经济政策，得到的支持逐渐增多。这一时期，比利时共产党对工会实行"钻心破坏术"政策，取得了一定成效。1925 年，该党参加大选并取得突破，开始进入议会。1928 年，党内发生了与托洛茨基派的严重冲突，后者随后被清除出党。在 1929 年的大选中，共产党只获得 2 个席位，这个结果表明该党此时在政治上仍然缺乏影响力。实际上直到 30 年代的经济危机之前，比利时共产党基本上处于无足轻重的地位。

在整个 20 世纪 20 年代，比利时社会主义运动仍然处于社会党人的领导之下。王德威尔得仍然是公认的社会主义运动的领袖，不过亨利·德·曼已经脱颖而出。德·曼来自一个说法语的弗拉芒家庭。他在一战之前，是马克思主义派的代表，但是一战的爆发影响了德·曼的思想。他曾在德国留学，德国思想对他的影响很大。他后来根据自己在德国和美国的经历，发展出一些新观点。1926 年，他在德国发表了《超越马克思主义》（*Beyond Marxism*），他说自己的著作只是从个人角度对马克思主义的修正。他否定了资本主义制度下中上层阶级的政治经济压迫导致阶级斗争的思想。他还反驳了根据经济标准和生产关系中的地位区分阶级的观点②。

到 20 世纪 30 年代，德·曼已经成为新一代理论界的领导人物。1933年，由于经济萧条，他制定了著名的《劳工计划》（*Working Plan*），并说服工人党在圣诞节会议上接受了这一计划。这一计划具有双重意义：首先赋予国家新的职能，其次作为一项巨大的动员手段，以消除比利时共产党

① 〔英〕G. D. H. 柯尔：《社会主义思想史》第 4 卷下册，奚瑞森译，商务印书馆，1994，第 48~49 页。

② Pascal Delwit, "The Belgian Socialist Party", p. 31.

日益增大的影响力。许多社会主义的支持者担心，工人党会偏离社会主义方向，走向阶级合作，从而损害对工人阶级的影响。虽然工人党此后并未付出传统追随者众叛亲离的代价，但是工人阶级分别忠诚于工人党和天主教党的僵局并未打破，并且一直延续到当代。1939年，王德威尔得去世，德·曼接任比利时工人党主席。1940年，德军侵占比利时，德·曼宣布解散工人党。

30年代之后，比利时共产党的影响力逐步增强，尤其是在德国占领时期，共产党赢得了比利时人民相当多的尊重与同情。二战期间，比利时共产党是独立阵线的成员，他们不仅为盟军提供了一支训练有素的军队，消灭敌人，看管战俘，而且一度在比利时政府军需要重新集结和补充装备之时帮助夺取武器①。共产党员在抵抗运动中起到了积极作用，许多党员在斗争行动中甚至献出了宝贵的生命。

四

比利时在二战中所受的破坏并不严重，工业设备较好地保存了下来。加之战争快要结束时，大批盟军部队驻扎在比利时，比利时的美元非常充足。因此，比利时的经济在战后不仅迅速恢复，而且进入了一个变化和繁荣的阶段。正是在这一时期，比利时一改往昔低收入、低生活水平的旧貌，一跃而成为一个高收入、高生活水平的国家，它的经济基础由重工业向服务和技术行业转变，工业重心由瓦隆地区转移到法兰德斯地区。在这种背景下，比利时国内的政治生活变得日趋紧张起来。从战后初期开始，国王问题、中产阶级问题、农民抗议、工人大罢工、弗拉芒人和瓦隆人的不和以及非洲事件不断地引发社会冲突。

比利时共产党在战后经历了逐步边缘化的过程。战后初期，比共的影响力达到其历史上的顶峰，在1946年2月的大选中获得了12.7%的选票，取代自由党成为第三大党。尽管如此，比利时共产党与法国和意大利的共

---

① Els Witte, Jan Craeybekx and Alain Meynen, *Political History of Belgium: From 1830 Onwards*, p. 165.

产党比起来还是非常弱小的。比共在大选之后一度进入内阁参加联合政府，但是很快就于 1947 年 3 月退出了。比共在 1949 年的选举中仅得到了 7% 的选票，影响力明显削弱[1]。在战后比利时社会中，正统马克思主义话语如"阶级斗争"和"无产阶级专政"开始对群众失去吸引力。更重要的原因是，由于美国极力遏制共产主义，随后的马歇尔计划和冷战的开启所造成的政治生态对比利时共产党大为不利。还有，其他党特别是社会党一直在进行强有力的竞争，美国的利益集团也乐于支持社会党的反共行动。此外，瓦隆工业区的没落，也使比利时共产党进一步削弱。在整个 50 年代，党的力量和影响急剧下降。比共虽然做出了很大努力，并修改了党章，但是收效甚微。20 世纪 60 年代末，由于苏联在东欧采取的镇压行动，比共在国内的处境更是雪上加霜。1985 年，比共在大选中失利，从此再也未能进入议会。比共衰落之后，比利时劳动党成为国内最大的共产主义政党，该党在比利时工人运动中有一定影响力，但是一直未能进入主流政党的行列。

比利时工人党重建于 1945 年 5 月，不过党的名称改为比利时社会党，旨在表明党不仅仅是关注工人利益的政党，而且也是所有要求社会改革者的政党。新党宣称，从资本主义经济向社会主义经济的转变只能通过渐进的过程实现，明确宣示其改良主义观点。美国学者指出，虽然该党到第二次世界大战后很长一段时间内仍然坚定地坚持马克思主义的原则，但它的活动却总是改良主义的[2]。二战以后，社会党基本上致力于推动福利国家的建立。1958 年社会党大选失利之后，领导层受到左翼批评，于是制订了一项结构改革计划，重点发展经济民主。1974 年 11 月，社会党为了重新定位而召开了意识形态会议。此时比利时正处于经济增长时期的顶峰，会议决定进一步扩大经济民主。这次会议标志着社会党向左转变。

1978 年，由于比利时转变为联邦制，社会党分裂为两个新党：法语社会党（PS）和荷语社会党（SP）。1981 年，法语社会党选举失利之后，居伊·斯皮塔埃尔（Guy Spitaels）成为新党首，重新评估 8 年前的计划显得

---

[1] F. E. Oppenheim, "Belgian Political Parties Since Liberation", *The Review of Politics*, Vol. 12, No. 1 (Jan., 1950), p. 118.

[2] 〔美〕斯蒂文·克雷默：《西欧社会主义：一代人的经历》，王宏周等译，第 113 页。

尤为迫切。1982 年，法语社会党召开以"创新和行动"为主题的意识形态大会，体现了对经济危机的关注。计划经济被抛弃，而选择性通货再膨胀（selective reflation）成为当时普遍的选择，标志着法语社会党向中间转变。同时期，荷语社会党在主席卡雷尔·范·米耶特（Karel Van Miert）的领导下，向基督教工人运动全面开放。1990 年，居伊·斯皮塔埃尔发起了一个论坛，讨论社会民主主义身份问题。论坛的中心议题包括政党的功能、社会主义的作用和社会主义事业的本质等。会上还讨论了新的问题，比如建设生态社会的问题、应对新社会运动的必要性以及改革比利时工人运动的某些经济构成等。此外，斯皮塔埃尔批评了意识形态过时论和社会主义运动无用论。为了使社会民主主义恢复活力，他们还探讨了可能采取的手段，但是这些改革措施在现实中未能实施①。

冷战结束以后，比利时的两大社会党都经历了一段艰难的时光。两党不仅要面对迪特鲁丑闻所带来的挑战，而且还卷入了几起秘密基金案，几位重要人物卷入贪腐丑闻。此后两党的命运走向了不同的方向。法语社会党在 2010 年 6 月的大选中获胜，党主席迪·吕波（Elio Di Rupo）于 2011 年 12 月 6 日出任总理，从而结束了比利时长达 540 天无正式政府的状态。荷语社会党在大选败北后，一直未能在法兰德斯地区恢复活力和吸引力。不仅如此，其党主席斯蒂尔特（Steve Stevaert）涉嫌性侵案件遭起诉后溺水自杀，更是雪上加霜。总体而言，冷战后比利时两大社会党无论是在思想和实践方面都缺乏重大创新和突破，而且还疲于应付各种挑战，表现出前所未有的虚弱。最新的选举结果表明，两大社会党已经退出了政治生活的中心，目前政府总理一职由法语革新运动党主席米歇尔（Charles Michel）担任，执政联盟由法语革新运动党与新弗拉芒联盟党、荷语基督教民主党及荷语开放自由党组成。

最近几年，在欧洲经济危机的背景下，左翼日益活跃，比利时也不例外。米歇尔新政府成立之后，发布了一系列"新政"，其中包括延长退休年龄到 67 岁、减少公共部门工资总额 10%、取消工资上涨并且削减社会保障福利等。2014 年下半年，比利时三大主要工会就宣布将陆续组织全国

---

① Pascal Delwit，"The Belgian Socialist Party"，p. 33.

范围的游行示威和大罢工。11 月 6 日，约 10 万人参加了在布鲁塞尔举行的示威游行，抗议联邦政府近期宣布的紧缩政策，全国性大罢工拉开了帷幕。比利时前首相迪·吕波也加入了游行队伍，他指出，新一届政府的紧缩政策显然有失公平，因为牺牲了普通职工的利益。2015 年 4 月 22 日，比利时社会主义工会发起全国公共部门 24 小时大罢工，继续抗议政府的财政紧缩政策。10 月 7 日，首都布鲁塞尔发生了声势浩大的游行示威活动。根据警方的统计，参加此次抗议活动的人数达到约 8.1 万人，来自全国各地不同行业，当日布鲁塞尔市区的公共交通系统几乎瘫痪。10 月 9 日，布鲁塞尔的铁路员工又发起了大罢工。比利时社会联盟当天要求公共铁路公司进行改革，削减开支并完善其员工的社会保障制度。在这一系列的抗议活动中，抗议者身着统一的工会服装，因而被媒体称为"制服革命"。但是，比利时政府改革高福利制度实属无奈，因为这种政策不仅制约经济发展，而且很难持续下去。加上紧缩政策的背后，是经济发达的弗拉芒区与经济相对落后的瓦隆区之间的民族矛盾，而这一点涉及两大民族的历史恩怨，并关系到比利时国家的存亡，想要在短期内解决实非易事。由此可见，政府与民众之间的冲突在一定时期内很难逆转，比利时的"制服革命"仍将继续。

革命与改良是 20 世纪世界社会主义运动的两大主题。比利时因为处于德法思想交流的要冲，其社会主义运动的历史颇具代表性，在一定程度上提供了观察西欧社会主义运动发展变化的一扇窗口。比利时在国际社会主义组织的发展中也曾发挥特殊作用，为世界社会主义运动贡献过很多有价值的思想、经验。作为改良主义的实际践行者，比利时的实践表明，当改良还有缓和社会矛盾的空间之时，革命不会成为民众首选的抗争手段。比利时是最早发展资本主义的国家之一，目前已经进入了很发达的阶段，同时也具备了丰富的物质基础。虽然今天的比利时已经没有传统意义上的无产阶级，也不大可能发生传统意义上的革命，但是从最新的事态演进来看，改良的空间日益缩小，而产生一种新型革命的氛围却在与日俱增。社会主义者能否抓住时机，提出有竞争力的创新政策，乃至建设什么样的社会和实现这一目标的具体战略，关系到比利时社会主义的前景。

近代英法科学家职业化
及身份认同[*]

张　瑾

【摘要】近代以来的科技发展极大地改变了世界的面貌，改变了人们的生活。作为科技中的重要因素的科学家这一职业的身份认同有其自身发展的历程。18~19世纪是科学家职业发展的重要时期，越来越多的科学家靠科学工作谋生，科学成果在公众的心目中扮演了越来越突出的角色。科学家的职业化始于科学业余爱好者的兴趣和好奇，继而自发性地集结成立各种学术团体，逐渐被政府认可和接纳并大力支持，随之在研究机构和大学里发扬光大。经过几个世纪的历练、蜕变和积累，科学家最终在19世纪末完成职业化的发展。近代科学家职业发展的历程是值得研究的课题。了解这一过程有益于厘清科技人才发展的脉络和把握未来科学的发展方向。

【关键词】科学家职业化　身份认同　皇家学会　法国科学院

随着科学技术在现代社会中的作用越来越大，人们大大增加了对科学发展史探讨的兴趣，对科学发展的理论化探讨必然进一步深化。科学家作为科技发展中的重要因素，其职业身份的认同有其自身发展的历程。18~19世纪是科学家职业发展的重要时期，越来越多的科学家靠科学工作谋生，科学成果在公众的心目中扮演了越来越突出的角色。

职业科学家有这样一些特点：他们从事科学研究这项特殊的工作，需要专门的知识或者技能，以创新探索知识为目标，追求极端专业化的知识

---

* 　该文发表于《深圳大学学报》（人文社会科学版）2017年第4期。

含量，具有较高的社会地位。职业科学家的工作时间不具有固定性，对工作地点和设备要求较高。科学发展的历史与人类的历史一样悠久，但科学家职业发展的历史应该从近代算起。科学家的职业发展一开始是自学成才的科学业余爱好者单打独斗，进而成立各种学会，经历了科学与工业革命、法国大革命等的磨合，逐渐在大学的教育中取得重要地位。经过这样一些曲折的过程，科学家最终在 19 世纪后期成为成熟的职业。

一 最初起源：科学业余爱好者

近代早期，英国所取得的科学成就很多来自商人与工匠，掌握科学知识的人大多是自学成才，其中很多人来自社会底层。在当时科学的领路人中，"汉福瑞·科尔是个商人，马修·贝克是个造船匠，约翰·舒特是瓦匠，罗伯特·诺曼是航海员，威廉·布恩是枪手，约翰·赫斯特是药剂师"①。

对于第一次科学革命中诞生的科学家们，决不能一刀切地说他们都是一般意义上的新教徒。伽利略、开普勒、笛卡尔、波义耳、哈维和牛顿的宗教信仰不是严格的正教的类别，有些是天主教徒，有些是新教徒②。这批科学家的产生对欧洲的科学发展起到了巨大作用。如瑞典有着科学发展的悠久传统，1649 年受到笛卡尔定居此地的鞭策，科学革命很早就来到了瑞典。笛卡尔于 1596 年出生在法国，欧洲大陆暴发黑死病时他于 1649 年到了瑞典。新科学很快在斯德哥尔摩的医学院和乌普萨拉大学的医学系生根发芽③。

17 世纪末，世界发生了急剧变化。文艺复兴和科学革命为人类认识自己和自然界打开了新的视野。启蒙运动和工业革命是 18 世纪的伟大运动，正是它们打开了近代世界的大门。18 世纪，科学引起了所有文化人

---

① Taylor E. G. R., *The Haven-Finding Art: A History of Navigation from Odysseus to Captain Cook*, London: Hollis & Carter, 1956, pp. 196-201.

② Kearney H., *Origins of the Scientific Revolution*, London: Longmans, 1964, p. 154.

③ McClellan Ⅲ James E., *Science Reorganized: Scientific Societies in the Eighteenth Century*, New York: Columbia University Press, 1985, p. 83.

的兴趣①。这时许多科学的门外汉，如社会思想家、政治家和哲学家，都打算把新的科学方法引入自己的学科。这样做往往带有戏剧性，而且并不是总能成功。身为绅士的爱好者们被好奇心所驱使，但并未意识到这一重要的过程对于国家及他们自己的财富具有巨大的价值。皇家学会本身就代表了不同英国社会阶层的交往的无障碍性。它的会员包括大臣和拥有大量土地的绅士阶层、大学讲师、律师、商人，甚至是店主②。比如，17 世纪最突出的显微镜专家是自学成才的荷兰人列文虎克（Antony van Leeuwenhoek），他被称为当时最伟大的业余科学家。他原来从事纺织品生意，后来开始制作显微镜。也许是他的爱好与生意需要的结合，因为布料商常用放大镜检查亚麻布的质量，后来，他制作了上百台工艺精湛的显微镜，远超过布料商的简单需要。他的惊人才干在 1673 年被医生和解剖学家格拉夫写信推荐给了伦敦的英国皇家学会。1680 年，列文虎克被选为皇家学会会员。

在科学技术发展的初期，各个领域的界限并不明显，跨行人才比比皆是。当时由于学科并未分类，化学家也可以是物理学家或生理学家，地质学家也可以是植物学家或动物学家或称博物家，数学家同时也可以是天文学家，等等。18 世纪成功的发明家可以是勇敢的商人，也可以同时是熟练的以观察或实验为依据的实验家。有学者总结道，1825～1925 年间典型科学发明时代的发明家的特点之一就是他可以单枪匹马地工作③。这方面的人才数不胜数。如库克（Captain James Cook）就是 18 世纪流行的兼容并收的科学家之一，他作为一位航海家在天文学方面贡献了精确的测量和观测，在地理学方面提供了地图和海图的编制，并且对植物学、动物学和人类学进行了观察和描述。著名化学家拉瓦锡在科学职业的发展史上也是一个典型人物。在近代科学出现的时候，一开始有着科学兴趣的人们受雇或拿到薪水的工作都是科学以外的事情。拉瓦锡的职业是一个税款征收人，

---

① Bachelard G., *La Formation de L'Esprit Scientifique*: *Contribution à une Paychanalyse de la Connaissance Objective*, Paris: Librairie Philosophique J. Vrin, 1983, p. 32.

② Perkin H., *The Origins of Modern English Society 1780-1880*, Toronto: University of Toronto Press, 1969, p. 68.

③ Conant J. B., *Science and Common Sense*, New Haven: Yale University Press, 1971, pp. 301, 303.

这一职业唯一与科学相关的就是他用自己的收入去支付实验费用。这在科学全面专业化的道路上是一个重要的进步，因为人们可以从事与他们的科学兴趣产生关联的工作①。

直到 1833 年英国哲学科学史家威廉·惠威尔才在英国科学促进会上提出了"科学家"一词。他在 1840 年的《归纳科学的哲学》中再次严肃地提出了这个词，他把科学工作者与"艺术家"这个词做比对而得出了"科学家"这个词②。但即便是出现了这样一个专有名词，科学家职业的真正涌现也是后来的事了。科学家的职业角色绝不是自然而然出现的。16~18 世纪伟大的科学家们大都是典型的"业余爱好者"，即使他们对科学有着极大的热忱，但他们还是不得已地将科学作为其非本职工作，而靠其他办法谋生。完全不同于现在的专业科研人员，他们当时的困难是显而易见的。如果业余爱好者们特别幸运，或许能找到一位崇拜科学的赞助者，并为他们提供研究资金。当时英国社会作为整体并没有明确规定并普遍赞同科学家们的职业。查尔斯·巴贝奇在 1851 年写道："科学在英国不是一个职业，它的从事者们甚至都不被认可为一个阶层。"③

二 逐步发展：英国皇家学会和法国科学院

最早的学术团体可追溯的历史很长，但与 18~19 世纪科学家的职业化关系最近的学术团体应该从英国皇家学会和法国科学院说起。1660 年成立的英国皇家学会和 1666 年成立的法国科学院表明那时科学工作者的工作已经得到社会的承认和国家的重视，科学职业发展史也由此开启了一个新的篇章。

英国皇家学会于 1660 年正式成立，并凭借英王授予的 1662 年、1663 年、1669 年三个特许状最终获得社团法人地位，被英国法律所认可。很多

---

① Crosland M. , *Studies in the Culture of Science in France and Britain since the Enlightenment*, Hampshire：Variorum，1995，p. 41.

② Whewell W. , *The Philosophy of the Inductive Sciences：Founded upon Their History*. Vol. Ⅱ , London：John W. Parker，West Strand，MDCCCXL（1840），p. 416.

③ Babbage C. , *The Exposition of 1851*, New York：New York University Press，1989，p. 113.

研究中称皇家学会于 1662 年成立，是将英王查理二世第一次授予特许状的年代作为其成立年份。皇家学会是英国近代科学的摇篮，它起源于由数学家、科学家和物理学家组成的非正式社团，社团成员从事一些具体的实验工作和有关自然的理论探讨。皇家学会的经费主要来自商人的赞助和会员缴纳的会费，国家并没有提供什么实质性的支持。法国科学院则是领取国王津贴，研究项目受官方资助，且受其约束。皇家学会比法国科学院更独立，更提倡自由研究，成员也更多。19 世纪初英国政府开始对皇家学会拨款，让其负责有关科学和教育方面的工作。

皇家学会最重要的职能是其会员在自然哲学各科目进行实验并进行成果的展示[1]。为此，1665 年皇家学会创办了《哲学学报》，这一媒介成为科学成果交流的重要平台，促进了科学的繁荣。《哲学学报》1774 年第 64 卷上的目录中涉及的科学领域繁多，有关于太阳黑子的观测结果、月食、人口考察、电报线的改进、木星行星的观测记录、植物目录等的科学文章。其 1807 年的目录中有关于昼夜平分点的运动、得白内障的儿童及手术后情况、人的胃与反刍的动物两个不同的腔的比较、树皮的构造等的文章。其 1842 年的目录中有关于泰晤士河潮涨潮落的规律、地心引力、地质学、胸腔导管的化学分析、北欧极光、纤维等的文章[2]。可见，皇家学会成员研究的领域不断拓宽，学科分类越来越细化和复杂，科学考察的手段也越发先进。《哲学学报》开创了科学学会创办科学期刊的先例，18 世纪的科学学会几乎普遍开始效仿这种模式。不难看到，这种由国家科研机构组织出版重要刊物发表重大科研成果的形式一直延续至今。

皇家学会在 19 世纪之后继续发挥科学领头兵的作用，吸纳了各行业的人才。20 世纪以后科学从业人员的职业化程度越来越高，皇家学会中职业科学家身份的会员占绝大部分（具体情况见表 1，其中的增幅是表格所列后一年份相对前一年份的数量而言）。

---

[1] Haycock D. B., *William Stukeley*: *Science*, *Religion and Archaeology in Eighteenth-Century England*, Woodbridge: The Boydell Press, 2002, p. 18.

[2] 这三期参见皇家学会在 1774 年、1807 年、1842 年出版的《哲学学报》（*Philosophical Transactions*）的目录。

表 1　英国皇家学会各行业会员的数量及其增幅

单位：人, %

行业	1881 年	1914 年	增幅	1953 年	增幅
杰出的门外汉	54	38		8	
船员	13	6		2	
士兵	26	6		3	
应用科学家	62	79	27	134	70
非实用的科学家	134	289	116	348	20
医学人士	55	11		6	
牧师	14	4		0	
其他	120	40		46	

资料来源：Kaplan N., *Science and Society*, Chicago: Rand McNally & Company, 1965, p. 87。

19 世纪中后期英国科学社团的发展势头迅猛，具体情况见表 2。

表 2　英国科学社团的会员（1868 年）

单位：人

学会名称	人数	学会名称	人数
统计学会	371	民族学会	219
伦敦数学学会	111	人类学会	1031
皇家天文学会	528	林奈学会	482
化学学会	192	昆虫学会	208
英国气象学会	306	皇家园艺学会	3395
地质学会	1100	（皇家）动物学会	2923
地质学家协会	230	皇家植物学会	2422
苏格兰气象学会	520	皇家农业学会	5525
曼彻斯特统计学会	162	爱丁堡植物学会	368
格拉斯哥自然史学会	120	约克夏农业学会	500
阿尔斯特化学农业学会	218	威尔特希尔自然史学会	313

资料来源：Russell C. A., *Science and Social Change, 1700–1900*, Hong Kong: The Macmillan Press Ltd., 1983, p. 222。

随着科学在公众心目中的地位明显提高，19世纪的科学演讲大受欢迎。1859年达尔文的《物种起源》出版第一天就销售一空。业余及专业的科学团体或学会不断涌现。1856年随着英国医学协会的建立，一个新的更大的职业研究机构产生了，它包括医生，牙医，机械的、矿动力和电动力的工程师，造船工程师，会计师，测量员，化学家，教师以及其他人，巧妙地把利益至上且没有职业道德的庸医和江湖骗子排除在外。1858年颁布《医学注册法案》后，国家严格管理职业标准，对充斥着医生、牙医、药剂师、船主和矿井管理的自由市场进行整顿，1855~1870年的一系列改革将市政服务融入职业领域。让人觉得耳目一新的是一些领薪水的行业，如教育、宗教、新闻以及中央和地方政府等行业或部门，比医药和法律这些付费行业发展得还快①。1831年成立的英国科学促进会最初由一些对当时的英国科学体制不满的科学人发起，它在19世纪的英国科学发展中发挥着相当重要的作用。19世纪中后期，在赫胥黎等的引导下，英国科学促进会努力推动科学和神学相分离，排除国教对科学活动的控制，实现科学职业正规化。

法国科学院的建立受到了意大利的科学团体和英国皇家学会的鼓励。巴黎学界的各种学会团体与意大利、英国的科学界有密切联系。1666年12月22日，法国政府认为科学可以巩固王权、加强统治，因此批准成立了法国科学院，成立之初就吸收了外国著名科学家作为首批院士。这些院士都是各个领域的专业的科学家，共同研究解决皇家交给他们的市政、军事、教育以及工农业方面涉及的科学问题，科学院还被要求审查发明和颁发奖励等。1699年1月20日，路易十四为这个组织赐名"皇家科学院"，将其安置在巴黎的卢浮宫里，并制定了章程，院士成员数量得以增加。1761~1782年，法国科学院主持编写了多卷本技术丛书，1835年创办了期刊《法国科学院报告》。

有学者认为法国科学院的成立开创了独立的科学研究机构的先例，标志着法国出现了人类历史上第一批职业科学家，他们享有来自政府

① Perkin H., *The Origins of Modern English Society 1780-1880*, Toronto: University of Toronto Press, 1969, p. 429.

的稳定而丰厚的津贴和科研经费，这是法国科学院区别于文艺复兴时期的学会乃至英国皇家学会的重要特征之一，也是它能迅速获得成功的重要原因之一①。这应该是从其受到官方支持的角度得出的结论。可以说，18 世纪的法国科学院在得到政府支持的基础上在科学职业发展道路上起到了里程碑的作用。法国大革命之前，法国科学院已经在欧洲有一定影响。但法国科学院也存在皇家特权干涉和不公正现象这样的弊端。

有学者认为 18 世纪上半叶的法国及其社团有三个主要特点。第一，与 17 世纪相比，新的地方社团数量激增。至 1760 年出现了 20 多个新机构，而 1700 年之前只有零星几个，而且 17 世纪已经凋落的一些社团开始复兴。这些新的增长表明科学的学术团体运动在法国地方省份已经引人注目地在各个领域取得了重要进展。第二，在发展过程中，法国外省（巴黎以外）的中心区成立了一些学术社团。主要的地方社团在一些大城市出现更早，如波尔多、里昂、蒙彼利埃、图卢兹和鲁昂。到 18 世纪中期，巴黎的社团有了外省的其他社团网络的后援，这些外省社团体现了在巴黎之后法国文化和经济的第二层级的重要性。这是法国学术社团运动的重要扩展，提升了整个民族的学术和研究机构力量。第三，在这一时期科学首次成为法国外省社团的重要关注点。17 世纪时法国学术社团几乎全部倚重文学。参与自然科学的外省有蒙彼利埃、波尔多、布雷斯特，在这些地方建立的全部或绝大多数的机构是科学机构。其他地方如康城、蒙托邦、南希等仍然更倾向于辞藻学和文学方面。17 世纪的一些专注于辞藻学和文学的社团开始向科学方面转变。以上这些发展使得法国的学术和科学团体繁荣起来②。

1650~1800 年，法国学术团体和科学社团数量迅速上升。1700 年以后，以皇家学会和法国科学院为效仿对象，各种学术社团纷纷成立。1790 年达到数值的高峰，有近百个社团。法国在科学职业发展的道路上充当了欧洲的先行者。19 世纪 70 年代法国至少新成立了 143 个学会团

---

① 李斌：《法国科学院——科学院时代》，《世界博览》2008 年第 9 期，第 76 页。

② McClellan Ⅲ James E., *Science Reorganized: Scientific Societies in the Eighteenth Century*, New York: Columbia University Press, 1985, p. 90.

体。有学者总结了与科学有关的团体情况（不包括考古学、地理学和心理学），详见表3。

表3 法国19世纪70年代新成立的科学团体所属领域

单位：个

科学团体所属领域	数量
多学科（包括人文学科）	22
科学通论	17
自然史	3
物理学	2
气象学	2
医学	6
药学	5
兽医学	1
工艺学	7

资料来源：Russell C. A., *Science and Social Change*, *1700-1900*, pp. 215-216。

三 发展高峰期：大批职业科学家的出现

（一）工业革命和法国大革命的影响

工业革命的知识基础的雏形存在于约翰·瓦特的笔记中，他是个无名的工匠、白手起家的老师以及三流的企业家。1720年前的英国，有许多像瓦特一样从工匠变身为教育工作者的人，他们都默默无闻，靠应用科学和数学谋生，艰难度日[1]。历史告诉我们，科学发展的道路远不是一帆风顺的，最初科学家的命运也是多舛的。如工业革命最早的发明中最有影响的是约翰·凯伊（John Kay）发明的飞梭。他于1733年取得专利。这项发明加快了织布的速度，并且可以织更宽的布，同时还使以前需要两个人干的

---

[1] Jacob M. C., *Scientific Culture and the Making of the Industrial West*, Oxford：Oxford University Press, 1997, pp. 100-101.

活变成只需要一个人，提高了一倍的效率。然而这一发明引起织工的不满，他们害怕失去饭碗。后来凯伊辗转他乡推销自己的发明，但仍运气不佳。凯伊感到在英国不安全后移民法国，在那里他身无分文地死去。这些最初对工业革命做出贡献的发明家遭遇到了极大的挑战。

工业革命中从一开始对新技术的排斥到后来的接受，也反映出对科学家贡献的认同不是一蹴而就的。科技带来的生产效率的突飞猛进却是有目共睹的。蒸汽机的改进和应用给欧洲带来了翻天覆地的变化，以比利时的情况为例，1877 年比利时的蒸汽机功率是 1850 年时的 10 倍多，详见表 4。

表 4　比利时的蒸汽机数量以及功率

年份	机器数量（个）	功率（马力）
1850	2250	54300
1860	4961	157177
1870	9294	338404
1875	12241	510027
1876	12638	539864
1877	12943	555110

资料来源：Ministère de l'intérieur, *Annuaire Statistique de la Belgique 1877*, Vol. 12, Bruxelles, 1877, p. XXXII。

在全社会见证了科学技术为生产带来巨大推动力的基础上，工业革命才成为科学职业发展的坦途大道。19 世纪，科学职业化的发展和科学制度化的进程在工业中展开，这一过程贯穿了整个 19 世纪。19 世纪早期，科学与工业基本上处于隔离状态。企业家需要的只是技工，对科学研究没有产生认同和需要。后来工业对科学技术的需求的发展，促使企业资本家为科学家配备工业实验室等，并在一定程度上开始了大学与工业的互动。工业发展和技术创新形成了紧密的互助模式，科学家的社会地位也不言而喻地提高了。

18~19 世纪是欧洲政治巨变的时期。法国大革命对学术的影响不容小觑。18 世纪 90 年代是法国科学史上一个有着深远影响的转折时期，因为在法国大革命期间，法国所有学术团体都瓦解了，随之在拿破仑时期其他政府科研机构也被终结了。[①]

法国大革命爆发最初，法国科学院似乎没有受到影响，但随着革命的进行，形势对科学院越来越不利，院士们开始被视为"皇家专制的工具""书呆子和江湖骗子"。1793 年激进的雅各宾派上台以后，法国科学院与旧制度下建立的其他科学组织一起全部被解散。大革命时，皇室政府税务官员被废黜。许多人把拉瓦锡看成人民的公敌"税农"的一员。拉瓦锡曾经反对接纳马拉加入法国科学院，当马拉在法国革命政府掌权时，革命法庭通过了判决，宣布"共和国不需要科学家"，拉瓦锡的处决按计划执行。当时 51 岁的拉瓦锡正处于其科学事业的巅峰期。其他科学家有的逃离，有的被监禁。这些悲剧不得不说是科学史上的重大损失。随后上台的热月党人很快意识到，国家面临各种困难，需要科学人员出谋划策。1795 年，国民公会将包括法国科学院在内的曾被取消的文化学术团体组织起来成立了"国家科学与艺术学院"，下设科学、道德与政治科学、文学与美术三个学部。1803 年，拿破仑废除了道德与政治科学部。1816 年，路易十八下令恢复旧制，"国家科学与艺术学院"与创建于 1635 年的法兰西学院、1663 年创建的法兰西文学院、1666 年创建的法国科学院整合后被改组为"法兰西学院"，并重新获得各自的独立性，科学院得以重获新生。1832 年法兰西人文与社会科学院也加入该机构。在这期间，无论名称怎么更替，科学部分在其中的人数和比例都是最大的。改组后，法国科学院仍然由国家资助，不同于大革命之前的是，它由一个主要履行科学有关管理职能的荣誉性质的科学家组织转变为真正意义上的国家科研机构。法国革命政府对科学事业的推动，使法国的科学出现了空前的繁荣。

值得一提的是，大革命期间，法国科学院给埃及带去了科学的福音，将法兰西研究院的学者们和各种研究仪器送往了埃及。1798 年 5 月 18 日，学者们和 32000 名法军一起乘 400 余艘战舰从法国南部港口土伦起航，历

---

① McClellan Ⅲ James E., *Science Reorganized: Scientific Societies in the Eighteenth Century*, p. 67.

经两个多月到达了开罗，随即开始科学考察和研究工作。存在时间不到3年的埃及研究院实际上是法国科学院的一个临时机构，但它取得的成果影响深远。[①]

总而言之，工业革命和法国大革命的历史大背景给科学职业发展的道路带来了机遇，但更多的是挑战和动荡。

（二）科学职业教育的催生

18世纪末英国的大学中仍以神学和古典教育为主，自然科学处于劣势。除了与航海和采矿相关的自然学科，其他自然学科很少能够得到政府的财政支持。随着科学对社会生活各方面的广泛影响，科班出身的科学家在工业部门中的需要量也越来越大。在伦敦以外建立的一些地方大学，比名牌大学更重视实验科学，但是英国大学最早建立实验室也是19世纪中叶的事了。

17世纪和18世纪对教育基金捐赠的下降伴随着亚里士多德派教育理论在大学的胜利，这意味着大学教育越来越成为上层阶级的特权：文学教育是一种上层阶级教育。这对于发展大学科学来说无疑起不到很好的连接作用[②]。技术教育需要的觉醒开始于1851~1867年。数学和物理作为独立的学科在学校出现是在1840年的欧洲[③]。

18世纪法国的大学停滞不前，大学并没有对法国科学职业的发展发挥重要的作用。工业革命对法国产生了很大的影响，法国从英国引进了大量的技术，急需大量科技人才。法国大革命后，政府意识到科学和教育的重要性，为了解决从事科学传播的教师缺乏的问题，1794年创办了巴黎高等师范学校，为国家培养教师队伍。师范学校则在培养科学家上起到了越来越重要的作用，这些科学家将会在高等教育领域谋职。1808年建立的国立大学有了很多科学类教员，也慢慢包含了新的职业科学家们。19世纪早

---

① 李艳平：《大革命期间的法国科学院与埃及研究院》，《自然辩证法通讯》2006年第5期，第80、83页。

② Kaplan N. , *Science and Society* , Chicago: Rand McNally & Company, 1965, p. 37.

③ Pečujlić M. , *Science and Technology in the Transformation of the World* , Tokyo: The United Nations University, 1982, p. 54.

期，政府机构设置了大量的科学职位，这些岗位上的人展现的卓越才能使法国在物理和生物科学领域的大部分学科分支的成就大大超越其他国家①。随着生产效率的提高，以及国家对科学技术研究的重视，当时的法国从事科学研究的人剧增。

欧洲科学的职业教育是逐渐发展起来的。在西班牙，科学已经在所有大学的课程之列，但哥白尼学说在18世纪没有被很好地教授，或者在被提及时被当作假说，而不是作为理解自然的力学基础。在18世纪的荷兰大学里，在乌德勒支，我们能够看到牛顿的物理学被很好地教授。不管是在莱顿、海德威克、乌德勒支，还是在格罗宁根，不同的科学学院在教授每个论点或每篇论文时都解释其数学原理，而不是依靠机械装置或机器。科学的学习种类和对其推广的时间在西欧各国存在差异。这些差异影响但并不是决定性地影响哪些国家工业化和它们何时工业化②。德国在法国教育改革的影响下，于1821年建立了柏林工业学院。为了培养高级技术人才，创立了"导师制"，培养研究生；为了培养高级科研人员，设立了研究纯粹科学和精密工程的研究学院。可以说，科学职业教育催生了大批职业科学家的出现。

在科学发展的道路上，女性在性别上的弱势地位是比较明显的，从事科学工作的女性的职业化的发展缓慢前行。随着时间的推移，科学对女性的影响越来越大。从18世纪30年代开始，有一股由牛顿学派如意大利人弗朗西斯科·阿尔加罗蒂（Francesco Algarotti）领引的在全欧洲寻找科学的女性受众的风潮。英国出现了其明确目的是使女性接近科学的期刊。这也可能与女性能够使用其剩余资本有关。1775年一本伦敦股票交易所的指南提到，股票经纪人开始帮助女性投资并代表她们出现在交易场所。18世纪80年代的伯明翰，技工开始在女校教授课程③。

---

① Crosland M., *Studies in the Culture of Science in France and Britain since the Enlightenment*, Hampshire: Variorum, 1995, pp. 38-39.

② Jacob M. C., *Scientific Culture and the Making of the Industrial West*, Oxford: Oxford University Press, 1997, p. 131.

③ Jacob M. C., *Scientific Culture and the Making of the Industrial West*, p. 109.

四 发展成熟期：科学家职业身份的最终认同

19 世纪在科学史上是一个辉煌的时代，在这个时期里，诸多重大发现打开了新世界的大门。新工具和新方法不断涌现，提供了通向元素、恒星和宇宙之门的钥匙。科学家互相启发、互相竞争发明的优先权、互相尊重以及诚恳地辩论，科学思想百花齐放。

19 世纪是科学和科学家都已进入成熟期的年代，实验方法和实验步骤益趋复杂，这一趋势持续到 20 世纪。19 世纪末期，科学家的身份完全从业余转向专业。随着新材料、新方法的出现，科学研究领域进一步拓宽，各专业分工也进一步细化。科学发展与社会和国家的关系也越来越紧密，这明显体现在科学的前进需要来自国家和社会的经费支持，这些支持能让科学家们拥有更完善的实验设备，进行更多的地质勘探以及得到更多的正规培训等。科学不断走向复杂化，经历了 18 世纪惊人的进步之后，各个学科领域渐趋成熟并发展到新高度（从表 5 中可以看到 19 世纪以来各国医学领域的成果层出不穷）。各门学科之间的边界或多或少已被确定，18 世纪的通才都已让位给专家。19 世纪的科学已经变得如此复杂，对于个人来说，如果不深入钻研某一领域或学科，则很难做出重大的贡献。19 世纪还见证了炼金术及其神秘主义的消亡，对于接二连三的新发现有了更为合理的科学解释，神秘主义的残余终于被科学彻底抛弃。

表 5 各国医学领域的新发现（1800~1926 年）

单位：个

年份	美国	英国	法国	德国	其他	未知	总数
1800~1809	2	8	9	5	2	1	27
1810~1819	3	14	19	6	2	3	47
1820~1829	1	12	26	12	5	1	57
1830~1839	4	20	18	25	3	1	71
1840~1849	6	14	13	28	7	—	68
1850~1859	7	12	11	32	4	3	69

续表

年份	美国	英国	法国	德国	其他	未知	总数
1860~1869	5	5	10	33	7	2	62
1870~1879	5	7	7	37	6	1	63
1880~1889	18	12	19	74	19	5	147
1890~1899	26	13	18	44	24	11	136
1900~1909	28	18	13	61	20	8	148
1910~1919	40	18	8	20	11	7	104
1920~1926	27	3	3	7	2	2	44

资料来源：N. Kaplan, *Science and Society*, p. 42.

皇家学会不时地从其赞助者和政府那里得到财政资助。王室给予的特殊补助金使皇家学会能够从事一些主要的考察和工程，这些与政府在航海、贸易和殖民地扩张等方面的利益有着最直接的关系。例如，1761 年和 1769 年皇家学会参与的金星过境，18 世纪 80 年代在伦敦和巴黎之间子午线的确立，从 1767 年开始每年发表的格林尼治的天文观测数据，这些如果没有政府的支持和资助是不可能完成的[1]。所以有学者认为，研究机构与政府之间以及科学和社会之间的更深层的联系是 17 世纪科学组织形式的主要进步。它们向 18 世纪的其他科学学术团体预示了一种新的、更有效的特点，那就是皇家学会这种模式很难被模仿和超越[2]。这是政府对科学发展的社会和政治层面的促进作用的体现。

科学日益增长的复杂性产生了新的科学分支。科学进步要求越来越昂贵和特殊的设备，只有靠来自公共机构的资助、共享研究与开放的资源，以及来自政府的资助，才能得到足够的经费。哥白尼独自坐在箭楼里用自制的粗劣仪器，不分昼夜地观察天文就能自成天文学体系[3]，或者是未经

---

[1] McClellan Ⅲ James E., *Science Reorganized: Scientific Societies in the Eighteenth Century*, p. 30.

[2] McClellan Ⅲ James E., *Science Reorganized: Scientific Societies in the Eighteenth Century*, p. 66.

[3] 1506 年哥白尼回到波兰，先是住在他舅父的官邸，整理他从意大利搜集到的天文资料。1512 年其舅父病死，哥白尼便迁到弗隆堡居住，一直到逝世。在弗隆堡，他买下一座箭楼，建立一座小小的天文台，此地后来被称为"哥白尼塔"，自 17 世纪以来被作为天文学的圣地保存下来。

正规科学训练的富兰克林从商人转向电学就能对科学研究做出重大贡献的时代已经不可复制了。不同于过去，现代科学越来越需要高度的客观和严谨，并且在智力交换的基础上从群体中受益。科学组织和科学教育在 19 世纪的进一步完善为科学职业发展的最终完成奠定了坚实的基础。

五 结语

科学概念来自西方，科学职业的最初发展也应该回到西方的语境中来探讨。近代以来，科学职业始于科学业余爱好者的兴趣和好奇，继而自发性地集结成立各种学术团体，逐渐被政府认可和接纳并大力支持，随之在研究机构和大学里发扬光大。经过几个世纪的历练、蜕变和积累，科学家职业最终在 19 世纪成熟，前赴后继的科学家们在世界科技史上树立了一座又一座丰碑，极大地改变了世界的面貌并推动着社会的发展。

英法科学家职业的发展和认同源于其独特的科学文化模式。英法的科学先驱者们在长期的科学实践活动中形成的基于共同信念和价值观的科学精神是科学发展的动力。这种对知识无尽索求和向往的精神既是科学家在科学领域内取得成功的保证，又进一步在社会中扩大影响，深入大众，传播科学理念。英法最具有原创性的科学家在众多领域做出卓越贡献的根源在于他们对科学的热爱、虔诚的科学态度、不迷信权威的原创精神等。这些正是对英法科学文化的传承和回应。另外，徒有科学精神是不够的，还必须与科学的实验方法相结合。科学是需要身体力行地实践的，正所谓实践是检验真理的唯一标准。英法科学家们用无数的实验和探索一步步使科学从神学中抽身出来，独立并强大了科学本身。

在科学家职业发展的过程中，科学研究的学术社团起了极为重要的作用，它是连接科研"个体户"与政府的桥梁。17 世纪和 18 世纪是学术社团蓬勃发展的时期，英国皇家学会和法国科学院有着最耀眼的学术地位。这两个国家最高科研团体和机构对两国科学的传承有着至关重要的作用。尽管各自都经历了几百年的风雨，但英国皇家学会和法国科学院依然屹立不倒且焕发着勃勃生机。2006 年 4 月 18 日，法国科学院成为公共法人实体，并在颁布的科研规划法的框架内行使其职责。法国科学院在科学体制格局中拥有独特的法律地位，其宗旨是鼓励和保护研究精神。从创立之日起，法国科学院就致力于科学的发展并提高教育和出版物的质量，以及在科学领域里为政府提供决策咨询服务。这种双重职能随着知识的不断发展与时间的推移而得到加强。两个团体的制度管理也可圈可点。在院士的选拔聘用上体现出追求卓越性、开放性和跨学科性，不拘囿于本国人才。英国皇家学会和法国科学院通过定期的学术会议和出版高水平学术刊物发布最新的科技消息、科技政策及其他有关科技与社会关系方面的报告，扩大了科学对国家、社会、人民群众的影响力。

毋庸置疑，科学职业的发展与学术社团是密不可分的。这些学术社团被后人称为"科学共同体"。欧洲的科学社团对科学的进步起到的巨大的推动作用表现在推动学术交流、促进科学教育、清除科学发展的障碍、指导资助科研工作等方面。学术社团等会聚了社会上不同阶层的热爱科学的"战友"，吸纳了各行业的人才，起到了科学的先锋作用，也进一步提高了科学从业人员的社会地位，推广了科学的概念，使人们对科学更为重视和尊重。

科学家无论是基于科技成果的转化运用的目的对新知识的创建应用研究，还是纯粹在科学好奇心的驱使下进行的知识和理论创新的基础研究，对一个国家保持其经济与文化的活力都是不可或缺的。英法两国在这方面具有自己的特色和侧重点，并适时进行调整。总的说来，两国的科学家职业发展历程和科学发展的经验是人类科学史上的宝贵财富。

中世纪晚期英格兰圣职候选人的"头衔"探析[*]

——以赫里福德主教区为例

孙　剑

【摘要】 在中世纪的英格兰，教士需要持有一份"头衔"，即一定的经济来源，才能作为圣职候选人在圣职授予仪式中获得正级神品，进而有资格在教会中谋得一份教职。1400 年至 1532 年赫里福德主教区主教文件汇编中的神职人员授职名单保存了 4 种教会认可的"头衔"。修道院"头衔"原本只是"法定的虚构物"，却为教会认可并大力推广。其他三种"头衔"（世袭"头衔"、私人"头衔"和圣俸"头衔"）虽为数不多，却代表着圣职候选人获得的真实经济来源。这些具体的"头衔"折射出中世纪晚期英格兰教会和教士群体与世俗社会之间紧密的经济社会关系，反映了直到宗教改革前夕天主教会在英格兰仍然具有稳定的生存空间，教士仍然是一份具有吸引力的职业。另外，一些"头衔"也暗示了教会内部的不稳定因素以及世俗社会对于教会的态度转变。

【关键词】 中世纪晚期　英格兰　圣职候选人　"头衔"　赫里福德主教区

中世纪英格兰的天主教会并不是一个孤立存在于世俗社会之外的宗教

---

* 本文原载《世界历史》2016 年第 2 期。本文所使用的有关中世纪教会机构和教职的中文翻译，主要参考刘城《英国中世纪教会研究》，首都师范大学出版社，1996；〔英〕罗伯特·斯旺森《欧洲的宗教与虔诚（1215—1515）》，龙秀清、张日元译，上海三联书店，2012。

机构，而是整个社会结构中的重要组成部分，与当时英格兰世俗社会的各个方面都有着紧密联系。作为教会中的神职人员，教士（主要是俗界教士，即 secular clergy）不仅来源于世俗社会中的不同阶层，还肩负着为广大世俗教众提供属灵服务（cure of souls）的职责。因此，与教会一样，教士同样与当时的世俗社会密不可分。在中世纪的英格兰，作为"祈祷的人"以及接受过教育的阶层，教士拥有较高的社会地位和稳定体面的收入。那些拥有良好的家庭和社会背景或者接受过大学教育的教士还有机会跻身教会高级神职人员的行列，为教会高层与世俗王权服务。因此，成为教士并获得教职，对于世俗大众具有很强的吸引力。

中世纪英格兰的教会组织形态以及有关教士的规定是在 12 世纪最终形成并完善的。根据教会法（canon law）的规定，教士须以圣职候选人（ordinand）的身份在圣职授予仪式（ordination）中获得正级神品（major order），这样才能具备取得正式教职的资格①。在圣职授予仪式之前，主教区主教或者其代理人会针对圣职候选人的资质进行严格检查。在诸多资质中，圣职候选人所持有的"头衔"（title）是最为教会所重视的②。

"头衔"是一份经济来源的证明。它表明圣职候选人在获得正级神品的过程中，以及在找到可以取得圣俸或者薪俸的神职工作之前，有经济能力维持自身的基本生活。如果圣职候选人在参加授职仪式时无法提供一份"头衔"，即缺乏一定的经济来源，教会法规定授职主教必须承担在经济上资助圣职候选人的义务③。由此可见，"头衔"的意义旨在不增加主教和主

---

① 圣职候选人一般在 12 岁的时候接受削发仪式（first tonsure），拥有了区别于俗人的教士身份。此后，教士可以在圣职授予仪式中获得初级神品（minor order），依次是看门人（janitor）、读经者（lector）、驱魔士（exorcist）和襄礼员（acolyte）。这样，教士才能有资格获得正级神品，从低到高为副助祭（subdeacon）、助祭（deacon）和司祭（priest）。只有拥有司祭神品的教士才有资格从事属灵服务。见 Peter Heath, *The English Parish Clergy on the Eve of the Reformation*, London, Routledge, 1969, pp. 20-21。

② 此规定只针对俗界教士。僧侣阶层，如修士（monk）、律士（canon）和托钵僧（friar）等，可以直接从他们所隶属的修会和修道院获得经济资助而无须持有"头衔"。见 Peter Heath, *The English Parish Clergy on the Eve of the Reformation*, p. 21。

③ H. S. Bennett, "Medieval Ordination Lists in the English Episcopal Registers", in J. C. Davis ed., *Studies Presented to Sir Hilary Jeninson*, Oxford: Oxford University Press, 1957, p. 26; David Robinson, "Titles for Orders in England, 1268-1348", *Journal of Ecclesiastical History*, Vol. 65 (2014), pp. 522-523。

教区经济负担的前提下，确保教士不会因陷入贫困而玷污教会和神职人员的神圣性[①]。"头衔"的具体信息会在圣职候选人参加圣职授予仪式以获得正级神品时由专门的抄写员记录在神职人员授职名单（ordination list）之中，最后汇总到主教文件汇编（episcopal register）中。教会法并没有明确规定圣职候选人如何取得经济资助，因此出现在主教文件汇编中的"头衔"的具体形式呈现出千差万别的特点。根据所代表的经济来源，可以将"头衔"分为四类，包括修道院"头衔"（monastic title）、世袭"头衔"（patrimonial title）、私人"头衔"（private title）和圣俸"头衔"（benefice title）。"头衔"所包含的丰富信息为进行有关中世纪英格兰教会、教士群体以及教俗关系的研究提供了直接的证据。通过对不同种类"头衔"所提供信息的梳理、归纳和分析，如"头衔"提供者、资助方式等，不仅可以了解有关中世纪英格兰教会的发展情况，还能窥见教士群体在正式进入教职界之前在当时世俗社会中的家庭背景与社会关系。这些都为阐明中世纪英格兰天主教会和教士群体与世俗社会之间不可分割的紧密关系提供了最为有力的支持。

本文借助解读现存的 1400 年至 1532 年赫里福德主教区主教文件汇编中的神职人员授职名单，对不同的"头衔"进行归类、统计和分析。选取这份原始材料的主要原因有二。第一，这一时间段的赫里福德主教区神职人员授职名单保存相对集中完整[②]，其中出现的"头衔"种类非常齐全。这为本文的研究提供了一个连续的、完整的、长时段的范例。第二，赫里福德主教区位于英格兰中西部。其西部边界涵盖了一部分威尔士的"边界地区"（Marches of Wales）[③]，成为威尔士四个主教区的教士进入英格兰寻求圣职的必经之路。因此，赫里福德主教区的"头衔"情况兼具全国和地

---

① Tim Cooper, *The Last Generation of English Catholic Clergy*, Rochester, N. Y.: Boydell, 1999, p. 19; Peter Heath, *The English Parish Clergy on the Eve of the Reformation*, p. 17.

② 保存有 1493 年至 1503 年神职人员授职名单的赫里福德主教文件汇编在英格兰内战中遗失。这是该时段中唯一一处比较大的文献缺失。见 David M. Smith, *Guide to Bishops' Registers of England and Wales*, London: Royal Historical Society, 1981, pp. 98–101。

③ 威尔士的"边界地区"并不在英格兰国王的直接统治之下，具有特殊的政治地位。关于威尔士边界地区的介绍，详见 R. R. Davies, *Lordship and Society in the March of Wales, 1281–1400*, Oxford: Oxford University Press, 1978, pp. 15–33。

方特色，从而使本文的研究不会成为一个孤立的个案研究。此外，本文所选取的时间起止范围大致是英格兰的中世纪晚期到宗教改革前夕。在这段时期内，"头衔"的发展已经成熟。分析此时期内的"头衔"内容和特征所反映出的教俗关系，也可以为探究英格兰宗教改革的原因提供新的思路和方向。

一 圣职候选人"头衔"的研究状况

迄今为止，中世纪教会史学者对于"头衔"的研究主要集中在修道院"头衔"，尤其是探讨其所代表的经济来源的真实性。汉密尔顿·汤普森认为修道院确实使用一定的资金作为对圣职候选人的经济支持，资金来源是教众委托给修道院用于修建追思礼拜堂的捐献①。彼得·希斯表示无法确定修道院"头衔"出现的原因和真实性，只能假设这种"头衔"是一种借贷关系②。罗伯特·斯旺森在对中世纪晚期英格兰主教文件汇编中修道院"头衔"的特点、盛行的原因和发展概况进行梳理和分析后，认为修道院"头衔"只是"法定的虚构物"（legal fiction），掩盖了圣职候选人的真实经济来源和社会地位③。斯旺森的论述对于修道院"头衔"的研究起到了承上启下的作用。之后的其他学者只是在他的论点基础上进行一些新的补充，并没有大的修正。比如蒂姆·库珀注意到提供修道院"头衔"的修会所在地区与圣职候选人籍贯之间的联系④。

修道院"头衔"是由不同修会和修道院为圣职候选人提供的经济资助，包括修道院（monastery）、小修道院（priory）、大修道院（abbey）、女修道院（nunnery）、慈养院（hospital）等。这类"头衔"从 14 世纪初

---

① Hamilton Thompson, *The English Clergy and their Organization in the Later Middle Ages*, Oxford: Clarendon Press, 1947, p. 143.

② Peter Heath, *The English Parish Clergy on the Eve of the Reformation*, pp. 17, 21.

③ Robert Swanson, "Titles to Orders in Medieval English Episcopal Registers", in H. Mayr-Harting and R. I. Moore eds., *Studies in Medieval History Presented to R. H. C. Davis*, London, Hambleton Press, 1985, p. 245.

④ Tim Cooper, *The Last Generation of English Catholic Clergy*, p. 21.

期开始在英格兰盛行①。在此之前，"头衔"的形式几乎都是由家庭或者私人资助者提供的②。从 14 世纪末到宗教改革前夕，修道院"头衔"已经成为最主要的"头衔"形式③。在 1400 年至 1532 年赫里福德主教区神职人员授职名单中，五分之四的"头衔"都可以归入此类，其统治地位非常明显。此外，这些提供"头衔"的修会和修道院的分布范围非常广，不仅有位于赫里福德主教区内的，还包括英格兰其他主教区甚至威尔士、苏格兰和爱尔兰等地区的修道机构。

不可否认，在数量众多的修道院"头衔"中会有一些是代表着修道院提供的真实经济资助。在圣职候选人取得正级神品并最终获得圣俸之前，提供"头衔"的修道院会一直为其提供经济支持。或者，修道院与圣职候选人签订薪俸合同（很可能是短期合同）。根据合同规定，圣职候选人在获得正级神品之后，被雇用到修道院所处的堂区教堂工作，成为助理牧师并靠领取薪俸来维持生活④。但是，通常情况下，修道院"头衔"在神职人员授职名单的记录中只记载提供相应"头衔"的修道院的名字和所处地，这就导致几乎无法仅凭书面记录来判断修道院"头衔"的真实性。另外，从实际角度考虑，修道院并不可能在经济上支持所有从他们那里获得"头衔"的圣职候选人。修道院"头衔"在中世纪晚期大行其道的原因，应该是和当时教会所面临的实际情况有关。1348 年黑死病大规模暴发之后，从 14 世纪晚期至 15 世纪中期前后，在英格兰又发生了几次规模不等的瘟疫。大批教士在这些瘟疫中死亡，这造成了教会日常工作的停滞，更导致在很多堂区没有教士为教众提供属灵服务。为了应对这种情况，教会需要招募大量教士进行补充。随着圣职候选人的数量不断增加，主教区中负责检查这些候选人所持"头衔"真实有效性的机构的工作压力也与日俱增。因此，把这项工作委托给修道院，让其作为一种"票据结算所"

① David Robinson, "Titles for Orders in England, 1268-1348", pp. 527-533.
② David Robinson, "Titles for Orders in England, 1268-1348", p. 525.
③ Robert Swanson, "Titles to Orders in Medieval English Episcopal Registers", p. 233.
④ Tim Cooper, *The Last Generation of English Catholic Clergy*, p. 19; Margaret Bowker, *The Secular Clergy in the Diocese of Lincoln* 1495-1520, Cambridge: Cambridge University Press, 1968, p. 61; J. C. H. Aveling, "The English Clergy, Catholic and Protestant in the 16th and 17th Centuries", in W. Haase ed., *Rome and the Anglicans*, Berlin: Gruyter, 1982, p. 64.

(clearing house),会给教区机构减轻很多负担①。这样,圣职候选人先向修道院提交其财力或者经济来源的相关证明,修道院在检查并核实之后,就会给候选人出具用于参加授职仪式的"头衔"。而此时在"头衔"证明文件上标明的就是颁发该"头衔"的修道院的名称。由此可见,修道院并没有为圣职候选人提供真实的"头衔",而是仅仅确认了候选人的经济来源。参加授职仪式并获得正级神品的教士与出具"头衔"的修道院之间并不存在真实的经济关联②。在赫里福德主教区授职名单中,大量的修道院"头衔"是由经济实力并不强大的小型修道院颁发的。比如,多尔修道院和西妥会的茨维尔修道院分别为 110 名和 84 名圣职候选人颁发过"头衔"。根据 1535 年教产大清查(Valor Ecclesiasticus)档案,它们各自的净收入分别只有 101 镑和 24 镑③。相比之下,净收入为 308 镑的大莫尔文修道院却只提供了 41 个"头衔"④。这种现象也同样出现在其他主教区⑤。这无疑证明修道院只是在履行核查圣职候选人经济来源并颁发"头衔"的职责,而非真正为候选人提供经济资助。此外,1532 年坎特伯雷教职会议颁布教令,修道院为圣职候选人出具"头衔"的费用不得超过 4 便士⑥。这从侧面反映出在中世纪晚期圣职候选人向修道院购买"头衔"已经是非常普遍化的事情。在这种运作机制下,修道院"头衔"就是一种"法定的虚

---

① Tim Cooper, *The Last Generation of English Catholic Clergy*, p. 20; Robert Swanson, "Titles to Orders in Medieval English Episcopal Registers", pp. 242-243.

② Claire Cross, "Ordinations in the Diocese of York 1500-1630", in Claire Cross ed., *Patronage and Recruitment in the Tudor and Early Stuart Church*, York: Borthwick Institute Publications, 1996, p. 7.

③ David Knowles, *Medieval Religious Houses: England and Wales*, London: Longman Press, 1971, pp. 54, 112.

④ David Knowles, *Medieval Religious Houses: England and Wales*, p. 54.

⑤ Tim Cooper, *The Last Generation of English Catholic Clergy*, p. 24; Claire Cross, "Ordinations in the Diocese of York 1500-1630", p. 7; Hamilton Thompson, *The English Clergy and their Organization in the Later Middle Ages*, p. 143; David Robinson, "Titles for Orders in England, 1268-1348", pp. 525, 539; Peter Heath, *The English Parish Clergy on the Eve of the Reformation*, p. 17; Robert Swanson, "Titles to Orders in Medieval English Episcopal Registers", p. 242.

⑥ Robert Swanson, "Titles to Orders in Medieval English Episcopal Registers", p. 244; Virginia Davis, "Preparation for Service in the late medieval English Church", in A. Curry and E. Matthew, eds., *Concepts and Patterns of Service in the Later Middle Ages*, Rochester, N.Y., Boydell, 2000, pp. 40-41.

构物"，掩盖了圣职候选人的真实经济来源。因此，尽管修道院"头衔"的数量很大，却并不能为本文的研究提供最为直接的证据。

此外，也有一些中世纪教会史学者关注了其他种类"头衔"向修道院"头衔"的过渡过程。例如，大卫·鲁滨逊在其《1268 年至 1348 年间英格兰的神品"头衔"》一文中对于中世纪前期英格兰各主教区中"头衔"的分布情况以及其他种类"头衔"向修道院"头衔"转变的过程进行了系统的梳理和分析①。威廉·J. 多哈在其著作《黑死病和教士的领导地位》一书中提到了黑死病之前的赫里福德主教区的"头衔"情况，但只是通过简单的数据来分析其他"头衔"向修道院"头衔"转变的趋向②。

以上这些学者虽然对于中世纪英格兰的"头衔"情况进行了相关研究，但是并没有充分利用除修道院"头衔"之外的其他三类"头衔"，通过解读这些具体"头衔"的内容来考察中世纪英格兰教会和教士群体与世俗社会之间的联系。虽然其他三种"头衔"数量相对较少，但是所记载的内容却非常丰富。通过它们，可以追踪到圣职候选人的真实经济来源。这为深入了解圣职候选人与"头衔"提供者之间的具体社会关系、当时的教俗关系等提供了直接而真实的证据。因此，这三种"头衔"就是本文所关注的重点。

二　世袭"头衔"

世袭"头衔"是圣职候选人从自己家庭或家族内部获得的经济资助。这种"头衔"在英格兰大致出现于 12 世纪晚期，一般被记录为"继承于他自己或家庭"（de sua vel paterna hereditate）③。林肯主教区的"头衔"记录显示世袭"头衔"所代表的金额一般为 5 英镑④。但是，这个数额并不是定式。持有世袭"头衔"的圣职候选人经常会被要求起

---

① David Robinson, "Titles for Orders in England, 1268–1348".
② William J. Dohar, *The Black Death and Pastoral Leadership*, Philadelphia: Pennsylvania University Press, 1995.
③ David Robinson, "Titles for Orders in England, 1268–1348", p. 523.
④ Margaret Bowker, *The Secular Clergy in the Diocese of Lincoln* 1495–1520, p. 61.

誓，保证在获得所有正级神品时都使用该"头衔"。因此，从本质上看，只有家境优越的圣职候选人才有机会获得这种"头衔"。从 14 世纪中期开始，世袭"头衔"在英格兰各个主教区（包括赫里福德主教区）的神职人员授职名单中的数量大幅下降，这种趋势一直持续到宗教改革前夕①。造成这种情况的原因主要有两点。第一，在黑死病之后，财产的贬值以及关于"财产在家庭内部保有和流传"的传统纽带的转变，迫使圣职候选人减少了对家庭资助的依赖②。第二，修道院"头衔"逐渐成为定式并被广泛使用。

在 1400 年至 1532 年的赫里福德主教区神职人员授职名单中一共出现了 32 例世袭"头衔"，其中有 15 例记录了具体的信息。比如，约翰·史密斯在 1418 年 3 月获得副助祭神品的时候，所持有的"头衔"是"继承自他父亲的财产"（ad ti. Patrimonii patris sui）③。约翰（艾农之子）提交的"头衔"是"继承自理查·康沃尔的财产，用于获得所有正级神品"。他最终在 1421 年 5 月凭借该"头衔"成为司祭④。同样在这个月成为司祭的约翰·迈恩德所持有的世袭"头衔"更为具体，为"价值 4 马克的世袭财产"⑤。这些世袭"头衔"说明，在中世纪晚期的赫里福德主教区，教士这份职业对于那些家境优越的年轻人来说仍然具有吸引力。他们通过自己家庭或者家族的支持进入教会成为教士，将来除了会为自己的家庭服务之外，还会利用教会中的关系为自己的家庭谋得利益。

---

① William J. Dohar, *The Black Death and Pastoral Leadership*, pp. 112 – 115; Margaret Bowker, *The Secular Clergy in the Diocese of Lincoln 1495 – 1520*, p. 61; Claire Cross, "Ordinations in the Diocese of York 1500 – 1630", p. 7; Tim Cooper, *The Last Generation of English Catholic Clergy*, p. 21; Robert Swanson, "Titles to Orders in Medieval English Episcopal Registers", pp. 234, 242; R. K. Rose, "Priests and Patrons in the Fourteenth-Century Diocese of Carlisle", *Studies in Church History*, Vol. 16 (1979), pp. 211–212.

② H. S. Bennett, "Medieval Ordination Lists in the English Episcopal Registers", pp. 26 – 27; William J. Dohar, *The Black Death and Pastoral Leadership*, p. 115.

③ Arthur T. Bannister ed., *Registrum Edmundi Lacy*, A. D. MCCCCXVII-MCCCCXX, Canterbury and York Society Publications, 1918, p. 101.

④ Arthur T. Bannister ed., *Registrum Thome Spofford*, A. D. MCCCCXXII-MCCCCXLVIII, Canterbury and York Society Publications, 1919, p. 21.

⑤ Arthur T. Bannister ed., *Registrum Thome Spofford*, p. 21.

三　私人"头衔"

顾名思义，私人"头衔"是由个人或私人团体为圣职候选人提供的经济支持。这类"头衔"的提供者包括俗界人士（如普通教众、地方贵族、庄园领主等）、教会和修道机构的高层，以及私人世俗团体①。在 1400 年至 1532 年，一共有 274 名持有私人"头衔"的圣职候选人在赫里福德主教区参加授职仪式，其中绝大部分出现在 15 世纪上半叶。从 15 世纪下半叶直至宗教改革前夕，私人"头衔"出现的频率呈现快速下降的趋势。导致这种现象的原因与前述世袭"头衔"的情况是类似的。

私人"头衔"的记录形式大致有两种。第一是"头衔"提供者的名字，有时会包括该提供者的身份或者职位等其他信息。第二是具体的资助金额或者作为资金来源的庄园地产。通过考察私人"头衔"所承载的信息，可以挖掘出更多有价值的信息。

埃德蒙·西蒙兹在 1441 年 6 月获得副助祭神品时所提交的"头衔"是"主教的恩惠"（the bishop's grace）②。在所考察的时段内，他是唯一一名由主教本人资助的圣职候选人。根据他成为司祭时所持有的由主教座堂提供的"头衔"，可以推断他应该已经成为服务主教的教士团中的一员了③。这种类似的情况也在其他主教区出现过④。其他高级教士同样会为圣职候选人提供经济支持。例如，萨洛普辖区的执事长约翰·霍尔为瓦尔特·希伦提供了一份"头衔"，供其在 1402 年 9 月获得了助祭神品⑤。赫里福德辖区的执事长约翰·巴罗资助罗杰·韦布在 1424 年 9 月成为司祭⑥。这些教会的高层人士之所以提供私人"头衔"，一方面是可以资助圣职候选人获得正级神品从而成为服务于他们的私人助理，来完成一定的教

---

① David Robinson, "Titles for Orders in England, 1268-1348", pp. 524-525.

② Arthur T. Bannister ed., *Registrum Thome Spofford*, p. 337.

③ Arthur T. Bannister ed., *Registrum Thome Spofford*, p. 340.

④ David Robinson, "Titles for Orders in England, 1268-1348", p. 525.

⑤ William W. Capes ed., *Registrum Johannis Trefnant*, *A. D. MCCCLXXXIX-MCCCCIV*, Canterbury and York Society Publications, 1916, p. 229.

⑥ Arthur T. Bannister ed., *Registrum Thome Spofford*, p. 296.

会工作，另一方面可能是利用圣职候选人在俗界的关系建立和培养与世俗社会的关系，以获得一定的利益。

在提供私人"头衔"的俗界人士中，不少人具有一定的社会身份或者社会职务，诸如骑士（knight）、绅士（esquire）、骑士扈从（armiger）或者市长等。这个群体具备一定的经济实力来雇用教士作为私人牧师为其祈祷，以获得灵魂的救赎。比如，赫里福德的某任市长约翰·迈耶为托马斯·基尼提供了一份"头衔"，供其在 1407 年至 1409 年相继获得三个正级神品①。乔治·萨维奇在 1517 年 12 月获得副助祭神品时所持有的"头衔"是由骑士约翰·萨维奇从位于柴德尔的庄园的年收入中拿出的 8 镑②。理查德·克罗夫特爵士的遗孀埃莉亚诺拉夫人拿出 6 马克的地租作为"头衔"资助圣职候选人菲利普·尼古拉斯在 1513 年至 1514 年获得了全部三个正级神品③。对于那些拥有多处庄园地产的领主来说，他们会在经济上支持当地的圣职候选人获得正级神品。待授职之后，这些新的教士就可以为领主或者庄园内的世俗社区提供属灵服务。领主约翰·哈利爵士在 1450 年至 1480 年至少为 7 名圣职候选人提供了私人"头衔"。其中 4 名候选人的"头衔"都是出自位于布朗普顿和伯顿的私人领地的收入。比如约翰·伯顿就是在哈利爵士提供的"头衔"下获得了副助祭和助祭神品。很明显，这名圣职候选人就是来自当地④。此外，哈利爵士用他位于南安普敦利斯地区的私人领地的收入支持另外 3 名圣职候选人获得了正级神品。

此外，有两个私人"头衔"的提供者，在这里需要特别说明。他们是当时存在于赫里福德地区的两个私人组织，分别为拉德洛的帕默斯行会（the guild of Palmers in Ludlow）和丁莫尔圣殿骑士团支部（Dynmore preceptory）。帕默斯行会是位于赫里福德主教区拉德洛城镇的独立的俗界

---

① Joseph H. Parry ed. , *Registrum Roberti Mascall*, *A. D. MCCCCIV-MCCCCXVI*, Canterbury and York Society Press, 1917, pp. 135, 138, 144.

② Arthur T. Bannister ed. , *Registrum Caroli Bothe*, *A. D. MDXVI-MDXXXV*, Canterbury and York Society Publications, 1921, p. 325.

③ Arthur T. Bannister ed. , *Registrum Ricardi Mayew*, *A. D. MDIV-MDXVI*, Canterbury and York Society Publications, 1919, pp. 263-265.

④ Arthur T. Bannister ed. , *Registrum Thome Myllyng*, *A. D. MCCCCLXXIV-MCCCCXCII*, Canterbury and York Society Publications, 1920, pp. 156-157.

行会组织。在中世纪晚期，其经济、社会和宗教方面的影响力覆盖了英格兰西部和威尔士的边界地区①。这个行会财力颇丰，因此可以提供"头衔"来资助一定数量的圣职候选人去获得正级神品。待这些候选人完成授职之后，他们就会被行会雇用并安排在某些教堂、追思礼拜堂（chantry）和私人礼拜堂（chapel）中为其成员提供属灵服务②。丁莫尔圣殿骑士团支部成立于 12 世纪末，其所有权属于耶路撒冷圣约翰慈济院的骑士团。该组织同样需要教士在他们的私人礼拜堂来为其成员进行属灵服务。因此，他们也愿意出资作为"头衔"去资助一些圣职候选人获得正级神品。这两个组织在整个 15 世纪先后为 86 名圣职候选人提供了"头衔"。其中绝大多数是赫里福德主教区本地的圣职候选人。这些情况不仅说明在帕默斯行会和丁莫尔圣殿骑士团支部影响力所及的地方，教会和教士是被广泛需要的，而且也证明教士这份职业吸引着当时的年轻人投身其中。

四　圣俸"头衔"

持有圣俸"头衔"，意味着圣职候选人已经拥有了一份可以终身从教会获得的收入。在理论上，只有获得司祭神品的教士才有资格去争取一份圣俸。但是，对于那些还没能成为司祭的圣职候选人来说，他们可以通过申请教皇或者大主教颁发的特许状（dispensation）来规避这个规定，不过前提是他们必须尽快获得司祭神品（一般情况下期限是一年）③。在中世纪晚期英格兰的各个主教区，圣职候选人凭借圣俸"头衔"来获得正级神品的现象并不鲜见。但是到 15 世纪末的时候，大概只有 5% 的圣职候选人有这种机会④。在本文所考察的赫里福德主教区神职人员授职名单中，一共

---

① A. T. Gaydon ed. , *A History of the County of Shropshire*, Vol. 2, Oxford: Oxford University Press, 1973, pp. 134-140.

② David Robinson, "Titles for Orders in England, 1268-1348", p. 546; William J. Dohar, *The Black Death and Pastoral Leadership*, p. 111.

③ Peter Heath, *The English Parish Clergy on the Eve of the Reformation*, p. 40; Michael Burger, *Bishops, Clerks, and Diocesan Governance in Thirteenth-Century England*, Cambridge: Cambridge University Press, 2012, p. 24.

④ Virginia Davis, "Preparation for Service in the late medieval English Church", p. 41.

有 212 名圣职候选人是通过圣俸"头衔"来获得正级神品的。这个数量还略少于私人"头衔",因此在"头衔"总数中占据的比例也很小。

鉴于圣俸是从教会内的职位上获得的终身收入,不难想象,那些在尚未正式步入教士职业生涯就能以圣俸作为"头衔"的圣职候选人肯定具有某些特殊的背景或者渠道,才能获得圣职推荐权所有人的垂青[①]。首先,那些居于社会上层的家族中的一些成员,往往会选择进入教会,通过取得一定的神职来谋得经济利益,同时还能获得跻身教会上层和接触世俗王国高层政治的机会。教会也愿意提供这样的机会以求与世俗贵族阶层建立起密切的联系,以此来维护和扩大教会自身的利益。因此,家庭背景和社会关系良好的圣职候选人一般都可以从教会获得圣俸作为"头衔"来参加圣职授予仪式。不少英格兰的主教甚至在获得正级神品之前就已经获得了圣俸[②]。当然,作为教会贵族的主教也会利用圣俸去资助自己的家庭成员或者其他一些圣职候选人(这其中以获得大学学位的毕业生居多)成为教士,使其进入主教亲信的教士团队。这样一是可以建立或巩固自己的利益关系网,二是可以延揽一些有才能的教士为其服务[③]。从下面出现在赫里福德主教区的例子可以看出,主教与世俗贵族之间的利益关系是密不可分的。约翰·布思在 1527 年 6 月和 9 月分别获得助祭和司祭神品时,他所持有的"头衔"是"赫里福德执事长和英克贝罗的俸禄"[④]。这意味着约翰·布思在成为助祭之前不仅是主教区内赫里福德辖区的执事长,还拥有一份主教座堂中的俸禄[⑤]。他来自当时著名的布思家族,而且与时任赫里福德主教区主教的查尔斯·布思有着密切的血缘关系[⑥]。因此,也就不难

① 关于圣职推荐权的初步介绍,参见刘城《圣职推荐权与教士的职业生涯》,《世界历史》2004 年第 4 期。
② Joel T. Rosenthal, "The Fifteenth-Century Episcopate: Careers and Bequests", *Studies in Church History*, Vol. 10 (1973), pp. 117-128.
③ Peter Heath, *The English Parish Clergy on the Eve of the Reformation*, pp. 31-32.
④ Arthur T. Bannister ed., *Registrum Caroli Bothe*, p. 324.
⑤ John Le Neve, *Fasti Ecclesiae Anglicanae 1300-1541*, Vol. 2, London: Athlone Press, 1962, pp. 6, 31.
⑥ 查尔斯·布思是罗伯特·布思的非婚生子 (illegitimate son),而罗伯特·布思是约翰·布思的祖父,他的父亲罗杰·布思是约翰·布思的合法婚生之子。参见 Robert Swanson, *Church and Society in Late Medieval England*, London: Blackwell, 1989, pp. 79-80。

理解约翰·布思早早就能获得两份重要的圣俸并可以用它们作为获得正级神品的"头衔"的原因了。

在不同的圣俸"头衔"中，有两种可以清楚地指向圣职候选人要么具有良好的家庭背景，要么是被主教选中成为其亲信的教士，它们分别是堂区主持人（rector）和主教座堂中的俸禄（prebend）。在中世纪晚期的英格兰，很多堂区主持人会寻求特许状，允许他们一段时期甚至长期不驻在其负责的堂区教堂①。而主教座堂中的俸禄则干脆是一种只领取收入而一般不必承担具体职责的"闲职"（sinecure）②。前者的圣俸推荐权一般掌握在教俗贵族手中，后者则完全由主教支配。因此，从这两种圣俸的本质和特征来看，当它们被用作"头衔"时，可以很容易推测出持有人具备一定的家族背景或社会关系。在1400年至1532年的赫里福德主教区，一共有73名持有堂区主持人"头衔"以及11名持有主教座堂的俸禄"头衔"的圣职候选人获得正级神品。例如，约翰·特莱弗南特在1401年12月获得助祭神品时持有的圣俸"头衔"为罗斯堂区主持人③。理查德·拉德黑尔在1434年12月还仅仅是襄礼员的时候就已经拥有了新拉德诺堂区主持人的圣俸并以此作为"头衔"了④。他后来先后成为赫里福德主教座堂的司库（treasurer）和赫里福德辖区的执事长⑤。在用作"头衔"的堂区代理人圣俸中，有一些堂区并不在赫里福德主教区。比如，托马斯·维尔迈尔在1408年9月获得副助祭神品时所持有的"头衔"是西费尔顿堂区主持人，而该堂区位于考文垂和利其菲尔德主教区⑥。这说明，这些圣职候选人的关系网并不局限于赫里福德主教区一地。在那些通过主教座堂俸禄"头衔"获得正级神品的圣职候选人中，有两个例子最为典型。埃德蒙·奥德利在1466年4月和1471年9月分别获得副助祭和助祭神品时所持有的"头衔"是主教座

---

① Hamilton Thompson, *The English Clergy and their Organization in the Later Middle Ages*, p. 103.

② Hamilton Thompson, *The English Clergy and their Organization in the Later Middle Ages*, pp. 76-78.

③ William W. Capes ed., *Registrum Johannis Trefnant*, p. 444.

④ Arthur T. Bannister ed., *Registrum Thome Spofford*, p. 317.

⑤ A. B. Emden, *A Biographical Register of the University of Oxford to A. D. 1500*, Vol. 3, Oxford: Clarendon Press, 1959, p. 1603; John Le Neve, *Fasti Ecclesiae Anglicanae 1300 - 1541*, Vol. 2, p. 11.

⑥ Joseph H. Parry ed., *Registrum Roberti Mascall*, p. 139.

堂中的俸禄①。在以后的教士生涯中，他成功地成为罗切斯特主教区主教。另一名圣职候选人威廉·德拉贝尔在 1515 年 3~4 月相继获得副助祭、助祭和司祭三个神品，他所持有的"头衔"也是主教座堂中的俸禄②。根据档案记载，他不仅拥有硕士学位，还是主教身边的教士（clerk）③。

其次，正在牛津或者剑桥大学学习的学生可以从自己所属的学院那里获得圣俸④。这样他们就可以将这份圣俸作为"头衔"，用来参加圣职授予仪式并获得正级神品。在赫里福德主教区，有 19 名圣职候选人持有的是牛津大学不同学院所提供的"头衔"。这些受过大学教育的教士在获得学位之后，有的会继续留在大学中进行服务，也有的因为具备诸如法律等的专业知识而被主教任命处理其世俗事务⑤。比如，理查·纽布里奇在 1436 年4 月获得司祭神品的时候持有的就是他所在的牛津大学默顿学院所提供的圣俸"头衔"⑥。他在成为司祭后曾在牛津大学服务过一段时间，还曾作为学院监管人的候选人之一被默顿学院向坎特伯雷主教区主教举荐过⑦。

最后，教会或者具有圣职推荐权的推荐人为圣职候选人提供某份圣俸，用来作为对其为教会或者推荐人服务的奖励或报酬。这份圣俸就可以被圣职候选人作为"头衔"来获得正级神品。对于前者，往往是圣职候选人已经在教会中从事服务性的工作。由于该圣职候选人还不具备从事属灵服务或者辅助属灵服务的资格，因此教会授予其一份圣俸，资助其获得正级神品，最终成为司祭。例如，有 4 名圣职候选人持有堂区主持人代理（vicar）的"头衔"在赫里福德主教区参加授职仪式获得司祭神品⑧。因

① Arthur T. Bannister ed., *Registrum Johannis Stanbury*, *A. D. MCCCCLIII-MCCCCLXXIV*, Canterbury and York Society Publications, 1919, pp. 157, 167.
② Arthur T. Bannister ed., *Registrum Ricardi Mayew*, pp. 269-270.
③ Arthur T. Bannister ed., *Registrum Ricardi Mayew*, pp. 276, 280.
④ Roy M. Haines, "The Education of the English Clergy during the Later Middle Ages", *Canadian Journal of History*, Vol. 4 (1969), p. 18.
⑤ Robin R. Storey, "Recruitment of English Clergy in the Period of the Conciliar Movement", *Annuarium Historiae Conciliorum*, No. 7 (1975), p. 298.
⑥ Arthur T. Bannister ed., *Registrum Thome Spofford*, p. 323.
⑦ A. B. Emden, *A Biographical Register of the University of Oxford to A. D. 1500*, Vol. 2, Oxford: Clarendon Press, 1958, p. 1353.
⑧ Joseph H. Parry ed., *Registrum Roberti Mascall*, p. 141; Arthur T. Bannister ed., *Registrum Thome Myllyng*, p. 155; Arthur T. Bannister ed., *Registrum Ricardi Mayew*, p. 265.

为作为在堂区主持人不居于堂区时负责主持属灵活动的教士，堂区主持人代理必须获得司祭神品才能具备相关资格为教众服务。也有一些为教会服务性的圣俸是带有见习性质，收入不会很高。在赫里福德主教区神职人员授职名单中，最具代表性的就是教堂的圣器管理人（sacristanship）圣俸和主教座堂中的律士助理（vicar choral）圣俸。共有11名在赫里福德主教区参加授职仪式的候选人使用的是某教堂的圣器管理人（sacristanship）圣俸作为"头衔"。通过一个例子可以窥见这种圣俸"头衔"的本质。彼得·亨特在1412年5月获得副助祭神品时持有的是一份"位于卢埃林·康沃尔的地产地租中的100先令"的私人"头衔"。同年12月，他在成为助祭时所持有的"头衔"变更为"梅奥·布雷斯教堂的圣器管理人"。而在1413年9月被授予司祭神品时，他的"头衔"来源于"主教座堂修士团"。[1]由此可见，圣器管理人是一种类似于学徒的见习岗位，它代表的圣俸收入可以支持圣职候选人获得正级神品。主教座堂中的律士助理是主教座堂中的低级教士，其职责是辅助主教座堂修士团中每位律士个人的日常性属灵活动，以便他们能拥有更多时间进行管理和修道活动。[2] 圣职候选人通过这份圣俸取得的收入可以支持其获得正级神品。在赫里福德主教区授职名单中一共出现了59例这样的"头衔"。这说明主教座堂对低级教士的需求是持续稳定的。另外，由于15世纪英格兰爆发过数次席卷全国的瘟疫，因此主教座堂亟须增加低级教士来进行日常的属灵活动。这其中，如托马斯·斯迈思在1463年12月的授职仪式上同时获得了襄礼员和副助祭两个神品。他持有的一份特许状显示，之所以允许他在同一天获得两个神品，是因为主教座堂中连一名副助祭都没有。[3] 不过，这两种圣俸的任期一般比较短，因此圣职候选人借助这两种圣俸的"头衔"获得一定的正级神品或者最终成为司祭后，就会设法去寻求另外的圣俸。

圣职推荐权的世俗拥有者也可以为圣职候选人提供圣俸"头衔"，一般是来换取圣职候选人的属灵服务。这种情况最典型的是永久追思礼拜堂

---

① Joseph H. Parry ed., *Registrum Roberti Mascall*, pp. 153, 154, 157.

② Kathleen Edwards, *The English Secular Cathedrals in the Middle Ages*, Manchester: Manchester University Press, 1967, pp. 252-258.

③ Arthur T. Bannister ed., *Registrum Johannis Stanbury*, p. 153.

(perpetual chantry）圣俸。某些教众为了生前或者身后的属灵需求会出资捐建永久追思礼拜堂，聘请一位拥有属灵服务资格的司祭来主持追思礼拜堂以提供为捐建者所做的弥撒服务。如果出资人选定的教士还没有获得司祭神品，那么他可以凭借永久追思礼拜堂的圣俸收入来作为"头衔"去参加授职仪式。例如，在15世纪的前20年里，先后有六名圣职候选人凭借温福德追思礼拜堂的圣俸"头衔"来获得正级神品①。这表明，也许和前面的见习类圣俸相似，圣职候选人并不会长期在该圣俸服务。

五　结语

赫里福德主教区神职人员授职名单中圣职候选人所持有的"头衔"种类齐全，内容丰富多样。"头衔"的多样性，为进一步了解其所代表的真实经济来源提供了可能性，同时还有助于揭示教会中教士阶层与世俗社会的经济社会关系。另外，不同类型的"头衔"所占的比重也处在变化当中。这种演进过程，反映了中世纪晚期英格兰教会的内部运作机制以及为了应对当时经济社会的变化而对自身所采取的改进和发展。通过赫里福德主教区的个案研究，不仅可以展示出当地教士的职业生涯情况以及当地教会与世俗社会的关系，而且丰富和发展了对于中世纪晚期英格兰教士阶层以及教会与世俗社会的关系的考察研究。修道院"头衔"在教会的认可下出现并盛行，相当于变相降低了教士阶层的准入门槛。这样加速了圣职候选人获得神品的速度，从而招募了大量教士，维持了教会各级组织的正常运转。但是，大批圣职候选人获得正级神品后跻身教士行列，必然加剧教士间对于教职的竞争。鉴于圣俸的数量是非常有限的，绝大部分教士只能通过临时的教职或者充当私人牧师来挣取薪俸以维持生活。这样他们就逐渐沦为教士阶层中的"无产阶级"。相比之下，拥有良好家庭背景或者社会关系的圣职候选人甚至在参加授职仪式之前就可以获得圣俸。在成为司祭之后，他们还有机会拥有多份圣俸并跻身教会高层。这种经济上的差距

---

① Joseph H. Parry ed., *Registrum Roberti Mascall*, pp. 138, 139, 141, 142, 144, 145, 148-152, 154, 164.

促使那些收入微薄的教士把精力更多地投入到增加经济收入中，而忽视了履行作为神职人员的职责。这激起了世俗教众和教会高级教士的不满，从而为15世纪末罗拉德派的再度兴起以及16世纪初宗教改革思想在英格兰教士中的传播埋下了伏笔。随着宗教改革的到来，修道院"头衔"的使命也走向终结。亨利八世在1535年下令解散修道院以后，修道院地产被王室和俗人所接管。这些修道院财产的接收者成为新的私人"头衔"提供者。但是他们在为圣职候选人提供"头衔"时所采取的谨慎态度，直接导致圣职候选人的人数开始急剧下降[1]。这种变化反证了修道院"头衔"只是一种"法定的虚构物"的本质。

数量相对不多的其他三种"头衔"揭示了圣职候选人的真实经济来源。它们为研究中世纪晚期到宗教改革前夕英格兰教会和世俗社会之间的紧密联系提供了重要的线索和依据。无论是家庭还是私人所提供的"头衔"，都说明中世纪晚期的英格兰世俗民众对于宗教信仰的需求依然存在，天主教会在世俗社会仍有生存的基础，同时也反映出教士职业对于世俗社会的吸引力。一部分圣职候选人在成为司祭之后，仍然会在其所在的堂区工作，服务当地教众。也有一些圣职候选人会被资助者雇用成为私人牧师。这看似与修道院"头衔"所反映出的情况相矛盾，但是，这正说明中世纪晚期英格兰教会和世俗社会的发展情况及其相互关系的复杂性。此外，从有些"头衔"所显示的资助金额来看，一部分圣职候选人获得的资助能够维持体面的生活[2]。但是，另一些数额较小的资助则暗示着有的教士在找到神职之前的生活会非常拮据。由此可以推断，修道院"头衔"中必然也会有类似的情况。从修道院"头衔"购买活动的常态化可以推测，修道院在颁发给圣职候选人"头衔"之前并不会严格检查他们的真实经济来源。因此，一些所持资助并不充裕的圣职候选人依然可以得到"头衔"并获得正级神品。那么，经济上的困顿必然使得这些教士极大地关注如何

---

[1]　Robert Swanson, "Titles to Orders in Medieval English Episcopal Registers", p. 244; Margaret Bowker, "The Henrician Reformation and the Parish Clergy", *Bulletin of the Institute of Historical Research*, No. 1 (1977), pp. 79-80.

[2]　根据1378年的教会规定，履行属灵服务的司祭的最高年收入是8马克。参见 B. H. Putnam, "Maximum Wage-Laws for Priests after the Black Death", *The American Historical Review*, Vol. 21 (1915), pp. 21-22.

从教职和其他渠道取得更多的收入，而不是重视应该履行的为世俗大众提供属灵服务的职责。相比之下，对于那些持有圣俸"头衔"的圣职候选人来说，他们已经在教会中谋得了一席之地，有了一个良好的职业开端。教会通过授予圣俸，不仅使一批有才能的世俗青年成为教士并为其所用，也拉拢了世俗社会上层，与其形成利益互补的关系。但是，这些群体对于圣俸的垄断，会导致其他教士的不满和对改革的呼声。总之，"头衔"所折射出的教士职业生涯早期的经济社会因素，既说明宗教改革之前的天主教会在英格兰世俗社会中仍然具有稳定的生存空间，也揭示了教会内部的不稳定因素以及世俗社会对于教会态度的转变。而这些可能就是在之后的宗教改革中，亨利八世采取一种并不触及天主教会根本的模式，而这种模式也为英格兰教会和世俗社会所广泛接受的原因。

革命话语与概念的初现：法国旧制度末期关于税收特权问题的论辩[*]

黄艳红

【摘要】 在 18 世纪五六十年代的法国，围绕 1/20 税展开的有关税收特权的辩论促进了财政公开性的政治话语的形成，在这个过程中，高等法院等特权机构扮演了重要角色。但是，在抗议王权的新税制、为等级团体社会中的特权制度辩护时，它们使用的一整套概念植根于以个别主义原则组织起来的社会，其权利、自由等都是多样的、复数的，并且这种局面是历史形成的。但在这 30 年关于税收特权的思考和辩论中，逐渐发展出一种超越个别性、忽视历史先例、基于普遍的理性和平等原则的新的政治话语，这是对特权者们使用的概念的单数化和抽象化的过程。

【关键词】 法国旧制度　税收特权　革命话语　概念的单数化

莱因哈特·科泽勒克曾指出，在 18 世纪中叶到 19 世纪中叶的欧洲，随着旧世界的解体和新世界的诞生，出现了一些几乎是全新的术语，而一系列旧概念开始发生深刻的转变，其含义日益接近我们今日对该词的理解①。从社会史背景而言，这场概念史上的变革与等级制社会的解体是同步的，正是从社会和政治革命中，发生了政治话语史上的单一化和简单化现象：复数的自由中产生单数的自由，复数的正义中产生单数的正义，复

---

* 本文主体部分发表于《世界历史》2017 年第 6 期。
① Reinhart Koselleck, "Einleitung", in Otto Brunner etc. eds., *Geschichtliche Grundbegriffe, Historisches Lexikon zur politisch-sozialen Sprache in Deutschland*, Band 1, Stuttgart: Ernst Klett Verlag, 1972, pp. xiv-xx.

数的革命中产生单数的大写的革命：la Révolution①。

从科泽勒克的研究来看，话语和概念的演变是可以还原到社会史和政治史之中的。本文将在这方面做一些尝试，选择的问题是 1750~1780 年法国舆论界围绕税收特权问题展开的辩论，之所以不把考察的时段顺延到大革命前夕，正是想揭示科泽勒克所谓"鞍型期"（Sattelzeit）② 的概念史转变是个相当漫长的进程，它与较长时段中的政治气候和话语环境的发展息息相关。我们将会看到，这场辩论不但催生了某些新的政治话语，而且一些频繁使用的术语呈现新旧内涵冲突的格局，复数概念的单数化趋向也逐步呈现出来。

一 "公开性"及其矛盾

1695 年以后，法国王权开始推行具有普遍主义色彩的直接税政策③，要求教士和贵族这两个特权等级以及其他享有特权的团体和地区也缴纳新的直接税。新政策受到各级特权机构的抵制和质疑，也引发了有关税收特权问题的辩论；到 18 世纪中叶，随着 1/20 税的出台，国家的税收机器逐步加强对特权者的课税，随之而来的抵制渐趋激烈，有关的辩论亦呈公开化的趋势。

研究法国旧制度末年财税问题的学者，几乎无人不关注启蒙时代出现

---

① Reinhart Koselleck, "Historia Magistra Vitae. Über die Auflösung des Topos im Horizont neuzeitlich bewegter Geschichte", in Reinhart Koselleck, *Vergangene Zukunft. Zur Semantik geschichtlicher Zeiten*, Göttingen: Suhrkamp Verlag, 1979, pp. 38–66. 科泽勒克在其他论文中反复提及等级制社会解体与概念演变的关系，如 "'Neuzeit'. Zur Semantik moderne Bewegungsbegriffe", in Reinhart Koselleck, *Vergangene Zukunft. Zur Semantik geschichtlicher Zeiten*, pp. 300–348。关于"革命"概念在启蒙和大革命时代的演变，基思·贝克也有类似的看法，参见 Keith Baker, "Inventing the French Revolution", in Keith Baker, *Inventing the French Revolution. Essays on French Political Culture in the Eighteenth Century*, Cambridge: Cambridge University Press, 1990, pp. 203–223。

② 关于鞍型期概念变化的基本特征，见 Reinhart Koselleck, "Einleitung", pp. xv-xix。

③ 关于这一政策的历程，参阅 Marcel Marion, *Les impôts directs sous l'ancien régime, principalement au XVIII e siècle*, Paris: Cornély, 1910; *Histoire financière de la France depuis 1715*, Paris: A. Rousseau, 1919; Michael Kwass, *Privilege and the Politics of Taxation in Eighteenth-Century France*, Liberté, Égalité, Fiscalité, Cambridge: Cambridge Press, 2000; 黄艳红《法国旧制度末期的税收、特权和政治》，社会科学文献出版社，2016。

的一个新现象：公共舆论扮演着越来越重要的角色。早期的夏尔·戈梅尔和马塞尔·马里翁都在他们的研究中注意到了舆论对财税问题的议论和对政府政策的影响。20 世纪 80 年代以后，受哈贝马斯的影响，公共舆论、公共领域更是成为旧制度和大革命史研究中的专门的考察对象①。

有关公共舆论问题的探讨，18 世纪就已出现②。这种情况是当时实际局势的一个反映。只要看看当时两位知名人物的说法，就能感受到知识传播和公共舆论发展造成的巨大影响。1775 年 2 月，巴黎税务法院院长马勒泽尔布说：

> 公众对过去那些他们最漠不关心的事物有了强烈的兴趣。公众如今成为一个独立于所有权威、所有权威都必须尊重的法庭……公众的法庭（Tribunal du Public）是世界上所有法官中的最高裁决者。③

两年后，财政大臣内克同样表示，舆论的力量已经支配了所有人的思想，即使君主也得敬畏三分，他还认为，"在法国，舆论的巨大力量经常

---

① 仅举数例：Arlette Farge, *Dire et mal dire: L' opinion publique au XVIIIe siècle*, Paris: Seuil, 1992; Sarah Maza, *Privates Lives and Public Affaires: The Causes célèbres of Prerevolutionary France*, Berkeley: University of California Press, 1993; Joan Landes, *Women and the Public Sphere in the Age of the French Revolution*, Ithaca: Cornell University Press, 1988; Keith Baker, "Politique et opinion publique sous l' Ancien Régime", *Annales*, E. S. C., 42. année, N. 1, 1987, pp. 41 – 71; Keith Baker, "Public Opinion as Political Invention", in Keith Baker, *Inventing the French Revolution. Essays on French Political Culture in the Eighteenth Century*, pp. 167–199; Sarah Maza, "Le Tribunal de la nation: les mémoires judiciaires et l' opnion publique à la fin de l' Ancien Régime"), *Annales*, E. S. C., 42. année, N. 1, 1987, pp. 73–90; Mona Ozouf, "Public Opinion at the End of the Old Regime", *The Journal of Modern History*, Vol. 60, (Supplement: Rethinking French Politics in 1788), 1988, pp. 1–21。国内学者的研究可参阅洪庆明《试析 18 世纪法国"公共舆论"的演生与政治文化转变》，《史林》2010 年第 00 期；《理解革命发生学的新路径和新视域——18 世纪法国的政治、话语和公共舆论研究》，《史学理论研究》2011 年第 3 期。

② N. S. H. Linguet, "Réflexion sur l' Opinion publique, et sur le respect qui lui dû"), *Annales politiques, civiles et littéraires du dix-huitième siècle*), Paris, 1777 – 1792, pp. 296 – 313; Condorcet, *Réflexion sur le commerce des bleds*, Londre, 1776, p. 140.

③ *Discours prononcés dans l' Académie françoise, Le Jeudi XVI Février M. DCC. LXXV.*, à la réception de M. de Lamoignon de Malesherbes, Paris, 1775.

比任何其他力量都更有力地阻止了权力的滥用"①。但这种状况的形成有一个过程，它离不开旧制度的政治和社会生活的实际。

基思·贝克曾说，在绝对主义体制下，一切权威都来自国王，像高等法院这样的议事机构，没有任何合法权力以社会的名义向体制外的民众通报政府事务。这就是人们常提到的政治是"国王的秘密"（secret du roi）②。从这个基本原则出发，高等法院的诤谏书理论上只是法官们对国王的建议，不可公之于众；任何未经许可的公开讨论都是非法的。因此绝对主义的政治不是一种公共的政治③。实际上，这也是王权的一种自我理解。1766年3月，路易十五对表现得很不驯服的法官们曾有一番著名的训话：

> 朕的法院的存在及其权威皆来源于朕本人；法院的全部权力都只是以朕的名义来行使的；立法权只属于朕一人，这一权力不依赖于任何其他东西，也不容分享；朕的法庭的法官之所以能登记、发布和执行——而非制定——法律，之所以可向朕明示从义务上说善而有益之事，端赖于朕之权威；公共秩序皆系于朕本人，民族之权力和利益必定与朕的权力和利益紧密相连，必定要握于朕的手中……④

政治是国王的专属领域，包括大臣在内的高级官员，根本上说都是为他服务的。历史学家们很早就指出旧制度政治生活的非公开性。19世纪末的泰纳说，直到18世纪，在很多人的意识中，法国是国王的一份世袭家产，人们对他的财政管理横加指责，就像干涉某个私人的事务一样荒谬。但到了1788年，人们以"无法想见的鲁莽和疯狂"声称，国家的收入不应该由国王支配⑤。莫尔奈也提到，根据路易十四时代的政治理念，臣民

---

① Jacques Necker, *De l' administration des finances de la France*, Tome 1, Paris, 1784, pp. lxx-lxiv.
② Keith Baker, "Public Opinion as Political Invention", p. 170.
③ Keith Baker, "Politique et opinion publique sous l' Ancien Régime", p. 42.
④ Jules Flammermont, *Les remontrances du parlement de Paris au XVIII e siècle*, Paris: Nationale Imprimerie, 1888-1898, Tome 2, pp. 567-568.
⑤ Hippolyte Taine, *Les origines de la France contemporaine*, Paris: Robert Laffont, 2011, pp. 63-64.

只有服从的权利，国王卖掉臣民或某块国土，就像领主卖掉他的绵羊一样。政治是带有骇人的神秘色彩的领域，任何对国务的议论都可能受到惩处。但到 1780 年前后，"七封印都已崩坏，任何人都可以涉足国务的圣殿"①。

财政领域的非公开性和神秘性同样早已有人指出。1679 年就有人说，"财政科学是黑色的妖术，没有人对此有半分理解"，直到 18 世纪中叶，"没有哪个词像财政那样常见，但没有哪种事务像财政那样让人一无所知"②；甚至对于旧制度的大臣而言，财政问题也是讳莫如深。财政大臣内克说，"对自己的财政状况一无所知是王国政府面临的主要问题之一"③。

不过，泰纳和莫尔奈都指出，1780 年以后舆论对政治事务已经有了公开而热烈的讨论，前引马勒泽尔布和内克的言论也佐证了这一点。这种转变同样表现在财政领域。从某种意义上说，国王的新税制及其引发的政治后果是酝酿这种公开性的催化剂。本文想强调的是，这种关于财政公开性的话语一开始就包含着冲突的种子。

最近有人提出，18 世纪法国的税制改革产生了一个连带效应：公众对国家事务的公开性要求。在这方面，1/20 税的设立具有关键意义：该税要求纳税人进行财产申报，国家税吏对申报进行核查，这意味着对私人财产状况的深度了解，但也导致了一种对等的要求：纳税人首先是有文化的纳税人希望了解国家财政状况④。

在很长的时间里，法国人不仅认为国家财政，连家庭和企业的财产状况都是一种秘密。在 1/10 税（1710 年起开征，1749 年废止）尚处于

---

① Daniel Mornet, *Les origines intellectuelles de la Révolution française*, *1715 - 1787*, Lyon：Manufacture, 1989, pp. 31-32, 528.

② Arnaud Decroix, *Question fiscale et réforme financière en France. Logique de la transparence et recherche de la confiance publique*, Aix-en-Provence：Université Aix-en-Provence Presse, 2006, pp. 19, 37.

③ A. 古德温编《新编剑桥世界近代史》第 8 卷，中国社会科学院世界历史研究所组译，中国社会科学出版社，1999，第 761 页。

④ Arnaud Decroix, "Les parlements, la réforme fiscale et l' opinion publique dans les dernières décennies de l' Ancien Régime", *Parlement（s）*, *Revue d' histoire politique*, Vol. 15 (2011), pp. 92-104.

讨论过程中时，一些地方官员就认为，该税计划中要求的财产申报会泄露家庭秘密，"违反民族的天性"①，将引起人们的极度反感。法国最古老的国家直接税军役税（tailles），一般由教区进行集体摊派，国家不需要对纳税人的家庭财产状况进行细致了解。但 1/10 税的申报和核查意味着国家要对纳税人的财产状况进行全面了解，这是一种全新的现象。1/10税由于形势仓促和几番波折，财产申报效果欠佳。但 1/20 税让法国的纳税人首先是特权者感受到了来自国家税收机器前所未有的压力，但也招来了他们的抗议，而抗议的一个后果就是国家财政公开化的逐步发展。

七年战争（1756~1763 年）期间，国王和各高等法院因为 1/20 税的加倍和延长而不断发生冲突②。战争结束后，政府为平息高等法院的抗议并收拾财政局面，于 1763 年 4 月颁布法令，宣布停止征收战时特别捐税，但法令同时指出，为改进 1/20 税的征收，政府将进行全国性的地产清查。法令中提到，税收应参照纳税人的财力以"公正持久之比例"确立，"又不对固有的特权造成任何损害"；为此应对王国境内的所有财产进行清查和估算，包括"亲王、教会、贵族和特权者的财产"③。

这个法令典型地反映了君主制国家在旧制度最后几十年中推行的税收新政的立场：一方面希望最大限度地实现税收制度的合理化，将 1/20 税视为一种普遍政策，另一方面又承诺不触动既有特权。这个法令还意味着，国家税务机关将更为深入地了解臣民的财产秘密。这种行为导致的一个后果是，以法院贵族为代表的特权集团也对国王提出了反要求。例如，1763年 9 月，普罗旺斯地区的埃克斯高等法院向国王提交了一份长达 170 余页的诤谏书（remontrances）④，它首先警告国王，法国的政治生活中正在发

① Richard Bonney, "Le secret de leurs familles: The Fiscal and Social Limits of Louis XIV's Dixième", *The French History*, Vol. 7 (1998), pp. 383-416.
② Jean Egret, *Louis XV et l'opposition parlementaire, 1715-1774*, Paris: Armand Colin, 1970; Julian Swann, *Politics and the Parlement of Paris, 1754-1774*, Cambridge: Cambridge University Press, 1995.
③ *Edit du Roi qui ordonne le dénombrement des Biens-fonds du Royaume, & la prorogation provisoire d'une partie des Impositions, avec la cessation du troisième Vingtième & des doublemens de la Capitation*, Donné a Versailles au mois d'Avril 1763, Paris, 1763.
④ Archives Nationales, K707, N.76.

生一场"革命"：

> 此刻法国政治中似乎发生一场革命（révolution），人们已经看不
> 到古老宪法的痕迹……收取贡税的是强力，让人交钱的是恐惧……这
> 必将改变一个幸运政府的权限。

按照基思·贝克对"革命"概念的研究，法官们这里说的革命，指
的是带有负面意义的动乱，而不是20多年后法国人向往的积极的变
革①。接着他们又援引"古老宪法"和"自然法"为地方税收协商机制
辩护：

> 在君主制的关键时期，习惯的做法总是召集民族会议，听取它的
> 意见并纠正民族所控诉的弊端，并承诺捐税的必要性……我们坚守宪
> 法和自然法，随时听取人民的要求、满足他们的合理要求、按需收
> 税、核税时听取纳税人的意见，这些都是正当的做法。

1760年5月10日，鲁昂高等法院也曾要求国王"请将古老的宪法还
给我们"，"请把三级会议还给我们"②，这表明，至少在外省法院贵族圈子
中，一种要求恢复和强化传统"宪法"和代表机构的话语开始形成气候。
他们话语中的"民族""人民"等概念，听起来也的确是具有普遍意义和
"公共"性质的。不过他们在提到"民族大会"之后，随即又将这种代表
制度缩小到普罗旺斯地方：

> 我们不质疑普罗旺斯有征收税款的同意权，如果本省三级会议能
> 合法地召集，向您提供捐赠和忠诚，我们由衷赞同。这就是为什么我
> 们一直恳求陛下召集三级会议……

---

① Keith Baker, "Inventing the French Revolution", pp. 204-206.

② *Remontrances du Parlement de Rouen au sujet de l'édit du mois de Février dernier, et de la Déclaration du 3 du même mois* (1760). 按：该文献系小册子，无出版信息。

这种情况绝不是偶然的。P. M. 琼斯指出，在旧制度时期，"祖国"和民族（nations）是地方性产物，当人们谈论这两个概念的时候，"他们脑子里想的不是法国，而是阿图瓦和普罗旺斯"之类的地方①。因此 nations 呈现为复数。当埃克斯的法官们为普罗旺斯的地方特权辩护时，这一点就更明显了。他们指责税收统一化的政策是图谋摧毁三级会议地区②的法律地位：

> 人们试图通过与税区地区（pays d'élection）的合一来摧毁三级会议地区，三级会议地区将被迫放弃这个对它们而言不是有利而是变得很沉重的宪法，因为人们承诺维护特权，目的只是希望使特权变得沉重，最后被迫放弃它。

对这些地方袍贵族而言，民族在税收方面首先应区分为不同的地区，遵守不同的税制，维护传统的特权，而全国统一的税收制度是不合乎自然法和古老宪法的。这种态度突出地反映了当时法国社会的"个体主义"（particularisme）组织原则，即每个等级或团体——无论是地方性的还是群体性的——都有其特殊的权利。

不过，这些特权的辩护士还是提出了一些新见解。他们在指出"大臣们眼光短浅，必须从国家必不可少的绝对需要出发"的同时，提出了财政公开的必要性，与前述所谓"秘密"论相比，这可谓一个新现象：

> 开支及其征收在我们看来被隐瞒了，唯有在人所共知的情形下，我们才能向陛下陈述重要的真相……财政因为人为的手法而使我们不了解它的弊端……我们无法了解财政状况。这让您的高等法院想揭开国家事务的面纱，有人怕公开之后会损害信用……最看重信用的民族

---

① P. M. Jones, *Reform and Revolution in France: The Politics of Trasition, 1774 – 1791*, Cambridge: Cambridge University Press, 1995, p. 14.

② 在旧制度末期，布列塔尼、朗格多克、普罗旺斯等边境省份仍保留着地方代议机构的残留——省三级会议，这个机构的权限虽然不断受到中央集权的行政机构的侵蚀，但仍可以与国王协商确定本省上缴的国税，并在征税方面享有一定的自治权，法国其余地区被称为税区地区（pays d'élection）。

的例子表明①，明智和公开的措施根本不会损害信用，相反，公开性对信用造成的损害肯定比不上神秘性……顽固的秘密性剥夺了所有信心。

　　于是法官们提出了一个合乎现代政治理念的要求：要想对国家的财税法令进行审核并提出更有效的建议，必须先了解国家的财政状况；公开性不会损害国王的信用。他们关于财政公开性与公共信心的见解，跟后来内克等人的看法有颇为一致的地方。这是当时法国政治气候走向的一个反映，正是在这种背景下，前引马勒泽尔布和内克的言论才显得顺理成章。

　　实际上，财政公开性的话语可以追溯得更早。18 世纪初，图卢兹高等法院就要求国王公布账目。七年战争期间，这种公开性的要求更成气候了。大约在埃克斯高等法院提交这份诤谏书的同时，鲁昂高等法院也要求“国王陛下应将王国收入和开支……提交它的高等法院”②；1768 年，巴黎税务法院在关于军役税的呈文中称，“每年公布最详细和切实的税款数目”是所有机构登记和审核税务法令的必要条件③。可以说，到 18 世纪 60 年代，司法机构中已经出现了“财政公开性”的话语。

　　作为呼应，国王于 1763 年 11 月专门发表一个特许状，邀请“朕的高等法院、审计法院和税务法院”就“完善和简化朕的所有财政收入之设立、摊派和征收及其使用与审计”提交报告，并规定设立一个高级委员会，其八名成员中，四名来自巴黎高等法院，两名来自巴黎税务法院，两名来自巴黎审计法院④。到这个时候，国王至少愿意部分开放财税问题上的“秘密”。

---

① “最重信用的民族”有可能是指英国。后来内克在谈到信用与公开性问题时，也强调英国在这方面的榜样作用。见 *Extrait du Compte rendu au roi，par M. Necker*，Paris，1781，pp. 55-79。

② Arnaud Decroix，“Les parlements，la réforme fiscale et l’opinion publique dans les dernières décennies de l’Ancien Régime”，p. 101.

③ *Mémoires pour servir à l’histoire du droit public de la France en matières d’impôts*，Bruxelles，1779，p. 269.

④ *Lettres patentes du Roi，Portant établissement d’une Commission pour l’exécution de la Déclaration du 21 Novembre 1763*，Paris，1763.

　　但这并不意味着王权认为它的财政可以成为"公共舆论"中讨论的话题。从 18 世纪 50 年代开始，因为宗教纷争和财政问题的争吵，很多政治话题随着高等法院诤谏书的印刷传播和大量小册子的问世而成为公共话题，绝对主义正在失去对政治话语的控制①。马勒泽尔布等人想顺势而为，但当时的政府仍然不能容忍公共舆论对权威的挑衅。1764 年 3 月底，一项王家宣言下令"禁止印刷、销售和贩卖任何有关财政改革和管理的文字、著作和方案"，称某些"无品之人在公众中贸然传播"的东西"可能是有害的"，这些作者"以所谓的财政计划为名，专事不公正的夸张言论，甚至胆敢发表最该受惩处的诽谤言辞"②。这与 1766 年路易十五的那番训话在精神上是一致的。

　　作为政治体制的一部分，高等法院的确有了某种"财政公开性"的要求，但这种新的政治话语仍然被限制在等级-特权制的社会框架中。埃克斯高等法院首先要求的是普罗旺斯三级会议的税收商议权，法国的古老宪法是这种地方特权的依据，但这是一种地方性"自由"，并不具有普遍意义。如果说 18 世纪中叶法国政治生活中出现的"公共舆论"标志着个体化的社会等级-团体向民族共同体的转化③，那么这一点在法院贵族的政治话语中是要打折扣的，当他们援引古老宪法和自然法时，恰恰是要抵制税收体制的统一化。他们对公开性的要求一开始就埋下了冲突的种子，因为其使用的概念内涵已经与另一套话语构成冲突。

二　1750 年的两套话语

　　大革命前夕曾有人提到，1749 年是风气和舆论出现重大转变的一年④，是年设立的 1/20 税引起了一场关于教会免税特权的辩论。历史学家马里翁

① Keith Baker, "Public Opinion as Political Invention", pp. 169-170.
② Isambert etc. éds., *Recueil Général des anciennes lois françaises, depuis l'an 420 jusqu'à la Révolution de 1789*, Tome 32, Paris: Belin, 1830, pp. 400-401.
③ Keith Baker, "Public Opinion as Political Invention", p. 168.
④ Arnaud Decroix, "Les parlements, la réforme fiscale et l'opinion publique dans les dernières décennies de l'Ancien Régime"; Richard Bonney, "Le secret de leurs familles: The Fiscal and Social Limits of Louis XIV's Dixième".

已在有关当时的财政总监马肖的论著中详细叙述了这场论战①，这里试图依据当时的一些出版物②，对这一论争中呈现的概念和话语冲突做一点分析。

1/20 的课征需要纳税人申报财产状况。对于世俗纳税人，1749 年设立该税的法令已做了规定③。1750 年 8 月，国王颁布法令，要求教会财产受益人像王国的所有其他财产所有者一样④，在 10 个月内申报其圣俸（bénéfice）的收入，因为"没有什么比平等地分派捐税更令人渴望的了"，为使国家开支所需与财力"更成比例"，国王就必须了解教会的财产状况⑤，尽管这并不要求教士直接向国王的税吏申报，而是由各教区税务所（bureaux des décimes）⑥ 负责。但这个在 1/20 税背景下提出的财产申报要求不能让教会安心。9 月 10 日的教会诤谏书就说，设立 1/20 税的法令中"有些可能让我们感到不安的普遍化的说法"，这种税收的原则"可能完全推翻我们的豁免权"，但这些豁免权的源头在于我们财产的神圣性。"任何未经教会同意而改变其用途的做法都是不合法的。陛下的代理人看来没有承认世俗财产与献给神的财产之间的任何区别；他们简直认为教会财产的自由自愿的捐献是必须缴纳的捐税。"教会强调其财产的神圣性，不同于别的财产，因而其负担税收的方式是"自由自愿的"，不同于其他"必须缴纳"的捐税。这同样是旧制度"个体主义"组织原则的一个反映，税收从其形态到缴纳的形式都是多样的、复数的。而按比例平等地征收捐税意味着忽视财产性质的差异，这让教会不能容忍。它也像埃克斯的法官们一样，以"自然法"理论来为自己的特权辩护：

---

① Marcel Marion, *Machault d' Arnouville, étude sur l' histoire du contrôle général des finances de 1749 à1754*, Paris: Meglioti, ré-édtion de 1978, pp. 261-302.

② 关于当时出版物的情况，参阅 René Stourm, *Bibliothèque historique des finances de la France au dix-huitième siècle*, Paris: Guilloman, 1895, pp. 124-125。

③ Marcel Marion, *Les impôts directs sous l' ancien régime, principalement au XⅧ e siècle*, pp. 287-292.

④ 关于教会的免税特权，参阅黄艳红《试析法国旧制度末年的教会免税特权》，《世界历史》2009 年第 2 期。

⑤ *Déclaration du Roy...Donné à Versailles, le 17 Août 1750*, Paris, 1750.

⑥ 系教会自己设立的、负责其内部钱款征收的机构。详见 John McManners, *Church and Society in Eighteenth-Century France*, Oxford: Clarendon Press, 1998, Vol. 1, pp. 150-163。

教士财产是奉献给神的……没有教士的同意，不得挪作他用……这一真理的源头在于自然法：唯有自然法（le droit naturel）可以向所有民族揭示这一点。①

然而，从随后的论述来看，教士们对自然法的理解，是以历史先例为基础的——就像埃克斯高等法院提到的"古老宪法"一样——他们从教会史、从克洛维时代的文书中寻找其特权的"自然法"基础：

从君主制一开始，我们的国王就将我们已经确定的原则付诸实践，教会财产权的豁免权是以其性质（nature）为基础的……历史已经给我们提供了好多例证，证明我们的先王认可高卢教会在罗马皇帝治下就已享有的豁免权。②

历史形成的才是自然的，而新税与教士财产的性质不相容（incompatible avec la nature de leurs biens）；与此相对应的是，它对任何试图改变现状的"创新"都格外警惕：有关教会财产和用途的最细微的"新颖举措（nouveautés）都会给宗教带来巨大的危险"。创新对于他们并不是现代人通常认为的积极概念。接着，教士们还对鼓吹"创新"的启蒙哲人们谴责了一番："一种可怕的哲学像致命的毒液一样扩散开。"③

教会的确有理由担心，因为连伏尔泰都在攻击他们的特权。1750年，伏尔泰在一篇题为《智者与人民的呼声》的短文（收入当年在伦敦出版的一本有关教会豁免权的小册子中）中，强调君主国家权威的统一性高于等级特权：

如果不同的等级中没有统一的权威，则不会有好的政府……精神

---

① Léon Mention éd. , *Documents relatifs aux rapports du Clergé avec la Royauté de 1705 à 1789*, Paris: Alfonse Picard, 1903, Tome 2, p. 131.

② Léon Mention éd. , *Documents relatifs aux rapports du Clergé avec la Royauté de 1705 à 1789*, Tome 2, p. 134.

③ Léon Mention éd. , *Documents relatifs aux rapports du Clergé avec la Royauté de 1705 à 1789*, Tome 2, pp. 146-147.

权威和世俗权威的区分，是汪达尔野蛮主义的残留，这就好像我家里有两个主人……

尤为重要的是，伏尔泰以理性来对抗以历史为基础的自然法：

> 理性告诉我们，君主可以让某些过去的弊端存在下去……理性向我们显示，当君主想废除这类习惯时，后者就像为了建设现代建筑而须拆除的哥特式建筑一样……当君主要终结某种偏见陋习时，人民就应予以支持……哪怕陋习有四千年之久。

虽然伏尔泰仍寄希望于哲学王的改革，但以理性革除"四千年"弊政的话语，已经预示着 1788 年拉博-圣艾蒂安牧师的著名口号："我们的历史不是我们的法典"，"曾经的拥有并不是永恒的权利"[①]。

反对教会特权的还有教会本身的成员。他们认为法国教会的奢侈堕落已经偏离了基督教最初的素朴精神，违背原始教会的简朴谦卑理念的"残忍教士"，"根本不能存在于我们的等级中"；他们以"完全的平等"为口号，要求教士像贵族和第三等级一样缴纳 1/20 税，为此

> 不必深入探究历史和传统，我们只需要福音和理性。缴纳赋税不是出于纯粹的慷慨，也不是自愿捐献，而是出于信仰的义务……宗教不能认可理性所谴责的弊端。[②]

像伏尔泰一样，这位教士也在诉诸理性，不过他还没有放弃信仰，相反他认为原始基督教精神与理性并不相悖。

必须特别提及当时詹森主义者对这个问题的看法。詹森主义的代言人、巴黎高等法院的法官肖伟兰修士像前引那位教士一样，指责教会的腐化堕落，教会的富有和各种优先权玷污了神的意图，他还就自然法和"公

---

① Rabaut-Saint-Etienne, *Considérations sur les intérêts du tiers-état*, Paris, 1788, p. 13.
② "La Voix du prêtre", *Recueil des voix pour et contre les immunités du Clergé*, Londres, 1750, pp. 17-51.

平"概念提出了完全不同于教会官方的见解：

> 自然法众说纷纭，但不带偏见地看，这些永恒法则意味着激发我们的正义、真理和人道……自然公平（équité nauturelle）不能容许社会的一方……只享有各种好处而不承受任何负担，分享利益而不分担必需的费用，收获而不贡献，或者只按照自己的意愿贡献；然而它受军队的保护而自己不战斗，不支付军饷……自然法只能意味着所有公民的平等，它只能要求公民全体一致承担公共义务，每个人根据自己的力量做出贡献……①

在埃克斯高等法院和 1750 年教会的诤谏书中，自然法和历史先例（或"古老宪法"）是普罗旺斯地方特权和教会团体特权的基石，历史形成的权利和义务是多样化的；但肖伟兰强调的是义务的普遍性，依据的是抽象的权利-义务关系。这种论证逻辑也见于其他小册子中："每个公民都应该为了公共防御而走上战场，每个人也应该奉献自己的部分财物以供管理工作必不可少的开支。"②

当然，教会也能找到自己的辩护者，这些人认为不能将教会财产与世俗财产等量齐观，并且对伏尔泰等人揶揄了一番：

> 某个疯子竟自居国家的改革者……毫无疑问，神的权威要求教会为国家负担做出贡献，耶稣-基督也是这样告知圣彼得的……然而还是要固守形式。教士从信仰上不能将其全部所有物归因于君主……如果这样，教士作为有益于国家所有其他团体的团体，将会失去特权……并像王国所有臣民一样分担所有捐税……这简直是一种屈辱。③

---

① L'abbé Chauvelin, *Examen impartial des immunités ecclésiastiques*, *Contenant les Maximes du Droit public, et les faits historiques qui y ont rapport*, Londres, 1751, p. 42.

② Damiens de Gomicourt, *Observation sur la nature des biens ecclésiastiques*, Londres, 1751, p. 3.

③ "La voix du fou et des femmes", *Recueil des voix pour et contre les immunités du Clergé*, pp. 95-101.

因此税收形态的多样性和特权还涉及身份地位问题：失去特权就意味着降低身份，混淆被历史认可的等级化的社会秩序。税收义务绝不可是普遍的，它必须由等级、地域等差异来界定。

1750 年，一位教会免税特权的辩护者做了系统的答复①。他认为，首先，从事实上说，迄今为止，没有哪个宗教团体不享有豁免权，无论是法律上还是事实上；历史造成现状有其合理性。其次，社会成员的分工不一样。教士教化灵魂等"个人性"投入甚至比其他等级的"实物性"投入更为重要。不能要求教士像商人和士兵一样从事贩卖和杀戮之事。再次是关于正义和自然权利的问题。人实际获得的权利并不都是平等的；在政治状态下存在获得性权益（droits acquis），也存在针对物品和个人的奴役；不同的公民并不享有同等的政治权利。因此正义不是在所有个人中维持权利和义务的平等，而是让每个人享有其合法获得的权益。最后，在所有文明国家，都有一些公民等级负担的公共开支明显高于其他等级，因为社会各个等级的贡献（contribution）是有差异的，这是文明状态的结果。比例平等税制是空想，是反文明的，因为文明就是不平等的结果。

综上所述，可以看出，所有特权辩护者的话语，都是基于人与人之间具体的差异性之上的，这种差异是历史形成的，它反映的是社会职能及各自贵贱等级的不同；在这种话语体系中，正义、自然权利、自由等概念，都需要与等级化差异化的社会现实协调，它们对于不同的阶层和群体有着不同的内涵——正如不同的阶层和地区有着不同的税制一样。

因此，为免税特权辩护的话语，是等级-团体制的特权社会的产物。旧制度史专家在谈到这个社会的本质时强调：它的各个团体有各自的权利和规章，有它的"自由"（libertés 或 franchises），也即它的特权（privilèges）②。自由和特权在这里都是复数的，教会有教会的自由和特权，普罗旺斯有其地方性的自由和特权，甚至平民也有自己的自由和特权。1776 年 3 月，巴黎高等法院就称平民是"自由身份的公民"（citoyens de condition libre），只是这些平民与贵族存在的差距，就像过去农奴与贵族的

---

① *Réponse aux lettres contre l'immunité des biens ecclésiastique*, 1750, pp. 4-5.

② Hubert Méthivier, *L'Ancien Régime*, Paris: PUF, 1961, pp. 3-6.

差距①。所有这些自由的内涵都有所不同，它们不能通约，因而必须是复数的。它几乎总是与特权勾连在一起：一个普通的农民也可以因为其所属的地域和群体而成为特权者，如普罗旺斯的农民。因此这种制度下的自由是个别的、排他的概念。

在18世纪的德国，情况同样如此。在1741年的德语词典中，拉丁文复数的"权利"（jura）和"自由"（libertates），并不是用来解释单数的德语"自由"（freiheit），而是放在了复数的"特权"（privilegien）词目之下②。蔺志强教授对中世纪英国《大宪章》的分析也表明了libertas这种"中世纪自由"与特权的密切关系、它的多样性及其与现代自由概念的差异③。

然而，伏尔泰和肖伟兰等人提出了另一套针锋相对的话语。他们以理性来对抗历史形成的多样性，以国家与公民关系的普遍性来论证税收的普遍性，并且认为这才是自然法的要求。这是一种扫除个别性的普遍性话语。在特权的辩护者眼里，这类言论的"标新立异"之处，正在于消除等级-团体制社会中权利和义务的多样性，从而实现对相关概念的"单数化"。

三　话语冲突的发展

前文提到，国王在1763年决定对法院贵族开放其财政秘密，但对于正在形成气候的公共舆论而言，这等于打开了一扇门。有评论说，财政管理的秘密从此向公众开放，因为国王的特许状邀请并鼓励人们对财政问题进行思考。而同年问世的《国家财富》具有里程碑意义。这部小册子表达了"民族的意愿"，它掀起了一个"小册子浪潮"④。

《国家财富》的作者卢塞尔设计了一个类似于人头税（capitation）的

① Jules Flammermont, *Les remontrances du parlement de Paris au XVIIIe siècle*, Tome 3, p. 291.

② Werner Conze etc., "Freiheit", Otto Brunner etc. eds., *Geschichtliche Grundbegriffe, Historisches Lexikon zur politisch-sozialen Sprache in Deutschland*, Band 2, p. 486.

③ 蔺志强：《"自由"还是"特权"：〈大宪章〉"Libertas"考辨》，《历史研究》2016年第3期。

④ Arnaud Decroix, *Question fiscale et réforme financière en France. Logique de la transparence et recherche de la confiance publique*, pp. 275-276.

课税方式①：将全国的纳税人分为 20 个级别，分级课税。他认为，该方案与人头税的最大区别是，人头税的级别区分依据的是身份（dignité），而他的方案依据的是纳税人的财产状况，因而能达到人们向往的比例制平等。卢塞尔还强调，该税的普遍性也意味着它能实现城市与城市之间、教区与教区之间的平等。以财产状况为基础的税收平等成为其计划的核心②。显然，这个计划有抹平现有税收体制中的等级分别的意向：导致人与人之间产生纳税差异的唯一原因，是财产的多寡，而非财产的性质和个人的身份或地区归属的不同，这是一种普遍性的义务。普遍性的话语由此化为具体的税收方案。

特权制度的辩护者对此甚为敏感。题为《爱国财政家》的匿名小册子批评《国家财富》的方案不可行，宣称唯一的出路就是回到过去的老路，"普遍接受的风俗就是必须维持的法律，良好的意识根本不会去标新立异（innover）"。根据这种传统意识，以财产为依据的课税方法是"对所有土地不加区分地课税"，生来就是为国王服务的贵族应该得到赔偿，这样才叫公正合理③。

在特权制度的辩护者之中，王家史官雅各布-尼古拉·莫罗最为知名④。《国家财富》出版后不久，他发表数篇檄文反驳这个计划。他希望"所有人都缴纳税收，但又不取消特权：因为特权现在还存在，我还看不到任何应该摧毁它的理由"；接着他在一个虚拟对话中阐发了关于税收特权的看法。对话中的修士认为，卢塞尔的计划是对特权这一"野蛮偏见"的攻击，"所有人都受到国家对他的保护；捐税是这种保护的代价：所以应该平等地纳税"。代表贵族的骑士反驳说：

---

① Alain Guéry, "Etat, classification sociale et compromis sous Louis XIV: la capitation de 1695", *Annales, E.S.C.*, 41. année, N.6, 1986, pp. 1041-1060.
② Roussel de la Tour, *Richesse de l'Etat*, 1763.
③ *Le patriote financier, ou l'heureuse vérité*（按：这本小册子没有出版说明，但根据法国国家图书馆的馆藏说明，应为 18 世纪 60 年代的作品）。
④ Keith Baker, "Controlling French History: The Ideological Arsenal of Jacob-Nicolas Moreau", in Keith Baker, *Inventing the French Revolution. Essays on French Political Culture in the Eighteenth Century*, pp. 59-106.

所有人都应该提供捐助，但不是所有人都应该以同样的方式捐助。在法国，贵族从来都不是豁免义务的，但它豁免军役税。法官同样提供服务……但贵族和法官从来都只缴纳特别捐税。您认为所有这些非常尊贵的先生都应该降低地位吗？……有人竟让我与我的修鞋匠在同一个等级级别中交钱……贵族在丧失了所有他从前引以为荣的荣誉之后，贵族还应该放弃贵族称号吗？我还是希望人们坚持曾经坚持的原则……我的一个同事竟建议去除对抗权力滥用的一个堡垒，因为他建议确立所有人之间完全的平等。我且问您，当荣誉的层次只以财富来确定时，您把我们的大领主置于哪个级别呢？①

在这里，为贵族特权辩护的话语逻辑，与 1750 年教会特权辩护者们并无二致，特权涉及根本的身份问题。它还认为特权是对抗"权力滥用"的堡垒，是自由的保障。

1776 年初，卢塞尔计划中体现的普遍性税收理念体现在政府政策中，贵族特权的辩护者们也将特权话语的逻辑阐发得更为完整。当年，财政总监杜尔哥试图让所有公民而非主要由交通干道附近的农民来负担道路劳役捐（corvées）②，巴黎高等法院对正义、公平、自然法等启蒙时代常见的概念做了如下阐释：

正义的首要准则是维持每个人应得的东西，这是自然法、人类法律和政治法律的基本准则，这一法则不仅在于维护财产权，而且在于维护与个人紧密相连、源自其出身和地位的事物。

根据这个正义和公平（équité）的规则，任何……试图在一个秩序井然的君主制国家建立某种义务上的平等、摧毁必要的差异的制度体系之做法，都会很快导致混乱——这是绝对平等的必然结果——将会颠覆文明社会，而文明社会的和谐只有通过权力、权威、优越性和

---

① Jacob-Nicolas Moreau, *Entendons-nous*, *ou le Radotage du vieux notaire sur la Richesse de l' Etat*, 1764.

② 参阅 Marcel Marion, *Les impôts directs sous l' ancien régime*, *principalement au XVIII e siècle*, pp. 377-378。

荣誉的等级差异才能维持……不致产生身份地位之混淆。

　　这一秩序……起源于神的制度；宇宙秩序中无限的永不更易的智慧体现在力量和才智的不平等分配上，而其结果就只能是人与人之间状况（conditions）的不平等……这个由不可接受的平等体系产生的计划，其首要后果就是通过强加一个统一的土地税的枷锁来混淆国家的所有等级……①

"人生而不平等"，这是整个特权制度和"个别性"的话语的哲学前提。这段辩词最引人注目的地方，是它以最生动的方式表明，在为特权辩护的话语中——尽管它有时打着"民族"等旗号——自由、正义、自然权利之类的概念，统统与"平等"不兼容。

上文主要依据的是官方的和公开发表的文献，但另一个话语领域同样应该关注，这就是当时未曾公开发表的文字中对相关问题的思考，这或许更能反映公共舆论对特权问题看法的变化。本文选取两个例证：巴尔比埃和维里修士。

巴尔比埃律师出生于巴黎的律师世家②，他的日记从摄政时期一直写到七年战争结束。莫尔奈说他为人虔诚，在政治上非常胆小③。但是，从他有关税收问题的评论来看，这个胆小的人了解国家生活的所有重大事务，并且有自己的思考——或者说，受到了某些时髦思想的影响。

虽然他是个虔诚的信徒，但是当得知财政总监马肖准备对教会财产采取措施时，他觉得这个计划可以让教士像其他臣民一样纳税，"这是非常正确的"；他了解 1750 年教士大会之际关于教会特权的辩论，但他显然不赞成教会的辩解：

　　从根本上说，这种所谓的特权，以及所有其他的特权，纯粹是一

① Jules Flammermont, *Les remontrances du parlement de Paris au XVIII e siècle*, Tome 3, pp. 278-279.

② *Chronique de la Régence et du règne de Louis XV（1718-1763）ou Journal de Barbier*, avocat au *Parlement de Paris*, Paris: Charpentier, 1858, série 1（1718-1726）, p. v.

③ Daniel Mornet, *Les origines intellectuelles de la Révolution française, 1715-1787*, pp. 88-89.

种想象物（vision）。对财产的课税应该按比例均等地分摊到国王的所有臣民和国家成员头上，应该与王国每个人所占有的财富成比例。在英国，教士、贵族和第三等级的土地都同等纳税，没有分别……没有比这更公正的了。①

这些看法与伏尔泰、肖伟兰形成了呼应，因为公正概念与普遍性结合在了一起。可见，早在1750年，比例和平等的税收原则在法国文化阶层中已经成为一种相当普遍的意识。

巴尔比埃赞赏巩固王权的改革行动，认为马肖计划让王国的所有等级负担税收，"这对国王的力量而言十分重要"；教会的抵制"使得人民和公众反感教士，并追随高等法院"②。七年战争期间，他对政府的政策采取了批判立场，这与1750年时不同。1756年秋天，各地高等法院的反税收诤谏书公开出售，其中包括"一些最激烈地反对王权的原则，这在公众中产生持续的影响"，这些诤谏书"写得很好"③。1763年5月底，当国王前往高等法院强制登记清点财产的法令时，"国王进去和出来的时候，没有听到任何'国王万岁'的喊声，而这本来是应该有的"。高等法院在这次会议之后的诤谏书被禁止印刷，因为它对财政管理、大臣及国王的亲信的批评非常猛烈；有人出版了国王的回复，但"很短，无非是些套话"④。

作为巴黎高等法院的律师，巴尔比埃详细记载了1760~1763年各高等法院与政府的冲突，反复提到前者的抵制和诤谏书的发表在公众中造成的"巨大震荡"，"所有人都知道财政中有严重的不法行为……人们也认为高等法院的意见是正确的，是为了公众的利益"⑤。他也了解《国家财富》的

---

① *Chronique de la Régence et du règne de Louis XV (1718-1763) ou Journal de Barbier, avocat au Parlement de Paris*, série 4（1745-1750）, pp. 390-470.

② *Chronique de la Régence et du règne de Louis XV (1718-1763) ou Journal de Barbier, avocat au Parlement de Paris*, série 5（1751-1755）, p. 331.

③ *Chronique de la Régence et du règne de Louis XV (1718-1763) ou Journal de Barbier, avocat au Parlement de Paris*, série 6（1754-1757）, p. 365.

④ *Chronique de la Régence et du règne de Louis XV (1718-1763) ou Journal de Barbier, avocat au Parlement de Paris*, série 8（1761-1763）, pp. 71-85.

⑤ *Chronique de la Régence et du règne de Louis XV (1718-1763) ou Journal de Barbier, avocat au Parlement de Paris*, série 7（1758-1761）, p. 228.

意义，"我看到了好几种小册子，有支持的也有反对的，但内阁对此似乎根本不感兴趣"；他认为法国"一个很大的难题是设立单一税（impôt unique）和取缔总包税所和各种征收，看来这是高等法院和公众的愿望"①。

旧制度的税制因为各种特权的存在而显得纷繁复杂，巴尔比埃所指的单数的"单一税"显然是对这一现存制度的超越：从复数的税制中产生单数的也即统一的税制。卢塞尔的方案正是"单一税"的样板。稍后重农学派的勒·特罗内也提到，要用"单一税"取代"所有间接税"（tous les impôts indirects），以规范"各种个别利益"（les intérêts particuliers），税收制度应该是"简单而统一的"，应超越"多重的社会身份"（les conditions sociales）②；而且，这种单一税应该在各地按"同等的比例"征收③。这些概念中的复数形态与单一税之间的对立，其背后隐藏的是不同的社会理念之争。不过巴尔比埃还没有意识到，高等法院的税收话语是站在复数的、个别性的税制一边的。

维里修士则与之不同。维里出身上流社会，与杜尔哥、马勒泽尔布、内克等人交往频繁，是个洞悉宫廷政治的旁观者④。他的日记涉及的时段主要是从七年战争到 18 世纪 80 年代初。与巴尔比埃的日记相比，维里能让人更加清晰地感受到革命的脚步愈来愈近。

维里非常不喜欢高等法院，认为这些贵族团体"对于税收、人民的权益和公民的幸福，它们不闻不问；它们在所有抵制行动中都借用公共福利的名义，其实都只是为了团体的特权，为了个别的管辖权和出于对外省官员的特别的怨恨"⑤。法院贵族每每以"民族"的名义言说，但维里看穿了

---

① *Chronique de la Régence et du règne de Louis XV（1718-1763）ou Journal de Barbier, avocat au Parlement de Paris*, série 8（1761-1763），pp. 89, 115.

② Le Trosne, *De l' administration provinciale et de la réforme de l' impôt*, Paris：Duprin, 1788, Tome 1, pp. 114-115.

③ Le Trosne, *De l' administration provinciale et de la réforme de l' impôt*, Tome 2, p. 206.

④ 关于维里修士的简介，参阅皮埃尔·德·诺拉克（Pierre de Nolhac）为他的日记所写的序言和维里自己的自传：*Journal de l' abbé de Véri*, Mâcon：Talandier, 1928, "Préface", pp. ix-xvi；"Autobiographie de l' abbé de Véri", pp. 29-37；Daniel Mornet, *Les origines intellectuelles de la Révolution française, 1715-1787*, pp. 451-454。

⑤ *Journal de l' abbé de Véri*, Tome 1, pp. 64-65.

这种看似具有普遍意义的话语背后的个体主义的本质。

维里还揭示了旧制度在政治体制和思想基础方面的全面衰败。"财政因为战争狂热而搞得一团糟，税收资源因为各管理部门的浪费、宫廷可笑的排场和大笔的年金赏赐而搞得一团糟"；在宗教领域，"教会在人民之中的威信已经大为降低"；在军队中，"士兵也在推理，不愿像机器一样服从。平等与共和的观念在人们头脑中悄悄滋长"①。维里对凡尔赛的宫廷政治和权贵们的傲慢深感憎恶，"所有这些都极大地激发了共和主义思想"②。甚至在遥远的贝里地区，他也能觉察到共和主义的种子在发芽，他在贝里省议会的活动让他清楚地意识到了这一点。

设立地方议会的目的，从某种意义上说是旧制度解决税收问题上的争吵、回避高等法院的干涉的一个尝试。1778年，内克就此事给国王的报告中已经清楚地说明了这一点。内克的目标很有限，新的省级议会中仍存在等级之分，它的主要职责是分摊税收③。维里因为自己在贝里省的产业而成为省议会第一等级的代表，并经历了议会内部的争吵。

根据他的记述，特权问题一度成为议会争论的焦点。像巴尔比埃一样，维里也认为特权是个"纯粹的想象物"④，像杜尔哥一样，他也觉得"所有有钱人都在特权阶层之中了"，而且贵族的免税特权的那种古老依据已经站不住脚，"因为现在在军队中服役的贵族像没有特权的平民军人一样，都是领薪的"⑤；但在贝里省议会，"特权"一词还是让那些特权者"头脑发热"⑥。争吵的起因是道路劳役捐。议会中的教士和贵族成员极力为特权辩护，甚至要挟议会主席。维里提到了一个很重要的事实：在省议会中，

第三等级成员几乎也都因为其职位豁免道路劳役，但他们被几个贵族和教士的虚荣的话语激怒，因此他们希望人人都负担而不承认任

① *Journal de l' abbé de Véri*, p. 298.
② *Journal de l' abbé de Véri*, Tome 2, p. 148.
③ *Mémoire donné au roi par Monsieur Necker en 1778*, Paris, 1781.
④ *Journal de l' abbé de Véri*, Tome 2, p. 308.
⑤ *Journal de l' abbé de Véri*, Tome 1, pp. 422-423.
⑥ *Journal de l' abbé de Véri*, Tome 2, p. 235.

何豁免。争吵导致互不信任，谁都想占上风。①

维里本人不赞成特权等级的豁免权，因为道路维护"惠及所有人"。

但特权的拥护者根本不愿这样看问题。他们认为道路劳役是人民固有的负担，而贵族和教士从君主制奠基之日起就豁免了这些负担②。

这是普遍性话语与特权话语在实际政治层面的一次交锋。而且，这次交锋还揭示了旧制度末期法国精英阶层潜在的分裂和冲突：这主要不是经济原因造成的，而是特权的维护者与第三等级上层关于社会-政治秩序的不同理解和构想造成的，"虚荣的话语"与"平等的话语"之间的冲突就是这种差异的呈现。

有人强调，在旧制度后期，资产阶级与贵族本来正在形成一个统一的精英阶层，1788 年 9 月 24 日巴黎高等法院关于三级会议议事方式的决议才是第三等级与特权等级分裂的重要诱因，由此引发的反贵族运动是"意外、失算和误解"造成的③。但根据维里的日记，贵族与等三等级的冲突在革命前10 年就已经出现在贝里省议会中。而且，关于等级制度有效性的思考在这之前就已出现。当贝里省议会决定由高级教士担任主席时，他这样评论：

> 巴黎人在争论三个等级的区分。像我曾认为的那样，他们只希望以财产所有者为资格，不考虑上座权及财产性质。我认为他们的看法完全在理……但新的观念与教士不可撼动的优先权相对立。④

一些改革派大臣业已开始考虑取消这种区分。

内克曾对杜尔哥说："我的计划根本不是在每个省设立单一的议会，更不是分为三个等级：贵族、教士和第三等级……我不承认等级层次区分。唯一的身份是财产所有者身份，我将排斥一切团体特权和等级观念。"

---

① *Journal de l'abbé de Véri*, Tome 2, p. 236.

② *Journal de l'abbé de Véri*, Tome 2, p. 309.

③ William Doyle, *The Oxford History of the French Revolution*, 2nd edition, Oxford：Oxford University Press, pp. 423-424.

④ *Journal de l'abbé de Véri*, Tome 1, p. 174.

如果联系 1775 年杜尔哥关于市政会议的报告，可以认为这种看法在改革派大臣之中并非绝无仅有。杜尔哥在评论三级会议地区的旧式代表机构时说，组成这种机构的各个等级之间"利益极为分裂，与民族的利益也极为分裂"，因此他希望赋予其他省更优良的宪法制度，以培养真正的"公共精神"①。

不考虑财产性质、排除等级划分，这些观念是 1750 年以来的税收普遍性话语的社会表现，即抹平一切因为历史传统造成的个别性的差异，将分散在不同的等级、团体和地区的法国人整合到单数的"民族"（nation）概念中，这就意味着一种新的政治话语和文化的诞生：《人权宣言》第十三条规定，公共捐税应在"所有公民"之中按能力"平等地"承担。

四 结论：概念的单数化与一种新型政治话语的初创

对比特权辩护者的话语，法国大革命的一大"创新"（这也是特权的话语曾驳斥的概念）在于将"自由"和"平等"概念放在了一起。在特权者那里，自由和平等这两个概念无法兼容。但 1789 年《人权宣言》中的自由，是一种他人可以共享的普遍权利②。科泽勒克则把这种从多样和具体的自由中抽象出来的自由称为"总而言之的自由"或"自由本身"（Freiheit überhaupt）。对于作为特权的自由，其援引者只能是特权的持有者，而对于自由本身，每个人都可以援引③。从哲学基础上说，这种新的自由概念是以个人的自治为基础的，它可以撇开具体实际。个别化的复数的自由（freiheiten），与这种抽象并不兼容④。

随之而来的是概念关系的变化。当自由与平等并置时，它便与特权脱钩了。西耶斯的《论特权》把特权和自由对立了起来：任何排他性的权利

---

① "Mémoire sur les municipalities à établir en France, Tiré du porte-feuille de M. Turgot, Contrôleur-général des Finances", in *Oeuvres posthumes de M. Turgot, ou Mémoire de M. Turgot*, Paris, 1787, pp. 11-12.

② Werner Conze etc., "Freiheit", p. 482.

③ Reinhart Koselleck, "'Neuzeit'. Zur Semantik moderne Bewegungsbegriffe", p. 346.

④ Werner Conze etc., "Freiheit", p. 488.

（droit exclusif），即特权，都是对公民自由的剥夺①。在这篇檄文中，特权几乎全都是复数（les privilèges）②，"自由"（liberté）出现八次，全都为单数，因为西耶斯对这个概念做了抽象的定义：凡是法律未禁止的，都属于公民自由的范围③。

前文的描绘已经可以看到这种抽象自由概念的析出。所有为税收特权辩护的话语，都旨在维护一种具体的、个体化的、与他者的自由难以通约的自由。但到 1776 年，维里修士提到了另一种思潮在法国的发展，这就是关于"人与人的平等"（l'égalité des hommes）、关于"每个个体的自然自由"（la liberté naturelle de chaque individu）的思考，以及英属美洲殖民地的榜样作用④。从各个方面看，这种思潮与特权的话语均呈对立关系。首先是强调平等，其次是作为抽象的个体生而具有的自由，而非因为从属于某个等级或团体而得来的自由。

再就是关于自然法的新理解和美国革命的榜样。特权辩护者的话语中的自然是与历史结合在一起的，1750 年时伏尔泰等人已经开始把自然、理性与普遍性放在一起。《独立宣言》则把生而平等表述为"自然法则"，西耶斯认为自然法是母法，大自然"决定只以平等为原则赐人以幸福"⑤，这就把特权者们所谓"自然"的政治意味颠倒了。同时被颠倒的还有特权者强调的历史的意义："过去的拥有并不表示永久拥有的权利。否则，任何事物都不能改变。"⑥ 这种革命话语意味着对自然法和历史价值的重新定义，新定义至少从 18 世纪 50 年代有关税收特权的公共舆论中就已初露端倪，并且一开始就是作为特权话语的对立面出现的。

从某种意义上来说，旧制度国家和特权体制的辩护者都直接或间接地参与了公共舆论以及革命话语和概念的塑造，但在这个过程中它们都暴露出了无法克服的矛盾。绝对主义本身是一种有普遍主义趋向的体制，1/20

① Sieyès, *Essai sur les privileges*, 1788, p. 5.
② 单数情况的特权出现于做定义时，如《论特权》开篇处的两次。见 Sieyès, *Essai sur les privileges*, pp. 1-2。
③ Sieyès, *Essai sur les privileges*, p. 4.
④ *Journal de l'abbé de Véri*, Tome 2, p. 18.
⑤ Sieyès, *Essai sur les privileges*, pp. 4-5, 19.
⑥ Rabaut-Saint-Etienne, *Considérations sur les intérêts du tiers-état*, p. 13.

税和它的改革派大臣们的努力都体现了这一点，但它又一直强调维持旧的特权，并在开放"政治秘密"的同时坚持财政事务不可进入公共舆论。另外，以高等法院为代表的特权辩护者，的确以他们对新税制的抗议推动了政治事务的公开化，但也引发了一场话语之争。他们频频主张"民族""自然法""自由"等概念虽然有抵制专制主义的意图，但它们全都植根于个体主义的特权制社会结构，而当他们以历史、以哲学和神学上的原初不平等公设为这套复数和个别化的概念辩护时，作为一种对抗性的话语，一种非历史的、关于原初平等的新公设也随之浮现。这种对抗性的新话语，在《人权宣言》中得到了最坚定的表述：人生而自由，并且在权利上始终是平等的。

这种话语和概念的转变，以基思·贝克的话来说，意味着"关于政治及政治中的个人与群体的生存状态的重新表述"，因此法国大革命意味着一场政治文化的变革。① 简言之，就是从个别性的、复数的、差异性的权利表述，转向了单数的、抽象的、普遍性的表述。但这种转变并非仅仅像很多批评者认为的那样，是法国人喜欢抽象的结果。本文试图指出，这是一个内嵌于旧制度末期的政治史和社会史的进程。到 1780 年前后，新的话语和概念体系的全部社会和政治意蕴都已表达出来，这已经预示着 1789 年的来临。

---

① Keith M. Baker, "Enlightenment Idioms, Old Regime Discourses, and Revolutionary Improvisation", in Thomas E. Kaiser and Dale K. Van Kley eds., *From Deficit to Deluge: The Origins of the French Revolution*, Stanford: Stanford University Press, 2011, p.165.

后 记

　　最近这些年来，中国社会科学院为推进学科建设，出台了一系列资助政策。多年来，世界历史研究所欧美近现代史学科一直是重点学科，2017年又有幸被列为中国社会科学院"登峰战略"优势学科。编辑出版这部文集，就是为了展示本学科成员在学术研究方面已经做出的成绩。

　　收入文集的文章，都是本学科成员2016~2017年在国内完成的成果，其中有些文章与已经发表的版本完全一致，另一些文章与已发表的版本有所出入，但主体部分没有差异。为此我们对每篇文章都做了简单的说明。之所以收入一些与已发表的成果有所出入的文章，是希望向读者呈现一些未能展现在刊物上的文字。这些文章的研究范围相当广泛，相关课题也是我们近期可能会继续关注的。我们认为，它们或在国内学界属于前沿问题，或是涉及国计民生的热门课题，或是在传统研究领域内有所突破。尽管有些成果尚显浅薄，但假以时日，应该有进一步的发展。所以出版这部文集，也是希望得到学界同人的批评指正，以利于我们更好地推进研究工作。

　　出版这部文集是欧美现代史优势学科负责人俞金尧研究员倡导的，他对相关的组织工作提出了不少有益的建议。社会科学文献出版社宋月华女士也给了我们积极的支持，郭白歌编辑和郭锡超编辑为文本的编辑付出了很多精力。在此我们一并表示感谢。

编　者

2018年9月

图书在版编目（CIP）数据

欧美史研究. 第 2 辑 / 黄艳红，金海主编. -- 北京：
社会科学文献出版社，2018.12
ISBN 978-7-5097-7488-5

Ⅰ.①欧…　Ⅱ.①黄…②金…　Ⅲ.①欧洲-历史-
研究 ②美洲-历史-研究　Ⅳ.①K500.7②K700.7

中国版本图书馆 CIP 数据核字（2018）第 292931 号

欧美史研究（第 2 辑）

主　　编 / 黄艳红　金　海

出 版 人 / 谢寿光
项目统筹 / 宋月华　郭白歌
责任编辑 / 郭白歌　郭锡超

出　　版 / 社会科学文献出版社·人文分社（010）59367215
　　　　　　地址：北京市北三环中路甲 29 号院华龙大厦　邮编：100029
　　　　　　网址：www.ssap.com.cn
发　　行 / 市场营销中心（010）59367081　59367083
印　　装 / 三河市龙林印务有限公司

规　　格 / 开　本：787mm×1092mm　1/16
　　　　　　印　张：14.25　字　数：224 千字
版　　次 / 2018 年 12 月第 1 版　2018 年 12 月第 1 次印刷
书　　号 / ISBN 978-7-5097-7488-5
定　　价 / 98.00 元